問題社員トラブル円満解決の実践的手法

訴訟発展リスクを9割減らせる退職勧奨の進め方

弁護士 西川 暢春 NISHIKAWA NOBUHARU 著

日本法令®

はじめに

1　私が問題社員トラブル解決に取り組む理由

職場の問題社員の対応に悩む会社が少なくありません。

私は、

「業務を指示しても、指示がパワハラだと言って従わない」

「上司の指示に反論と質問を繰り返し、業務を進めない」

「同僚や部下をいじめて退職するように仕向ける」

「いくら仕事を教えてもミスを繰り返し、つきっきりで確認作業をする必要がある」

など、職場の問題社員の対応について多くの相談を受けてきました。

業務の指示に従わず、経営者を無能呼ばわりして誹謗中傷する問題社員への対応に悩んだ末、うつ病になってしまい、問題社員からメールが来るだけで動悸がすると言われる経営者もいました。

日本では、解雇に十分な理由と証拠が必要とされ、たとえ問題社員であっても安易に解雇することはできません。解雇トラブルが裁判になると、十分な証拠のない解雇は裁判所で無効とされ、会社は、多額の金銭の支払いをしたうえで、解雇した問題社員を復職させることを命じられることになります。

また、解雇トラブルが裁判になったときに、会社側から主張する解雇理由の証拠として重要になるものの1つが、同僚の証言です。しかし、素行が悪く粗暴なタイプの問題社員については、その問題の程度が大きければ大きいほど、その粗暴性を立証するために必要な同僚の証言を得ることが難しくなります。問題社員から報復を受けることを恐れるあまり、同僚が証言をすることについて協力を拒むケースが増えるからです。そのため、裁判手続の場で問題社員の粗暴性、暴力性を立証することは簡単ではありません。

このような事情から、会社が問題社員を解雇することについて弁護士に相談しても、裁判になった場合のリスクが大きいことを理由に解雇を思いとどまるように説得されることが多いのが実情です。

しかし、それでは、経営者や問題社員の上司、職場の同僚は、問題社員の対応にずっと苦しみ続けることになります。経営者や管理職が問題社員への対応に悩んだ挙句、仕事ができなくなり、企業自体が立ち行かなくなってしまったり、優秀な従業員が職場内の問題社員の対応に悩んで退職してしまったりすることになります。

この問題を解決するため、私は、企業にとってリスクの高い「解雇」による解決ではなく、問題社員と話し合いをしたうえで円満に退職してもらう方法をとってきました。本書では私が所属する法律事務所の経験を踏まえ、問題社員のタイプ別の円満解決の方法について、具体的な実践エピソードを多数盛り込みながら解説します。

問題社員のトラブルに実際に直面すると、「とてもじゃないけど話し合いでの解決はできない」と思いがちです。しかし、本書で説明するおおむね３つのポイントをおさえれば、職場の問題社員トラブルの大半は、円満退職で解決が可能です。実際に、私が所属する法律事務所は、本書で解説する方法で、９割がた、問題社員トラブルを円満解決してきました。

なお、本書で使用する、「問題社員」という用語は正式な用語ではありません。本書では、問題社員とは、

・著しい能力不足にもかかわらず改善の意欲がない
・業務上の指示に従わず反論を繰り返し、仕事を進めない
・正当な指導に対してもハラスメントだと主張して従わない
・セクハラやパワハラを繰り返し職場環境を悪化させる
・会社の金品を横領する

などといった問題点があり、雇用の継続が困難な社員を指す言葉として使用します。

(注) 本書で紹介する実践例は、実際の事例に改変を加えたり、複数の事例を組み合わせたりするなどしたものであり、特定の事例をそのまま紹介したものではありません。

2　話し合いでの解決は双方にメリットがある

問題社員トラブルを話し合いで円満解決するためには、交渉のノウハウや技術を学ぶ必要があります。会社から「合意による退職」を目指して退職に向けた説得活動を行うことを、「退職勧奨」といいます。

これまで、問題社員トラブルについて解説した書籍は、解雇に関する裁判例の分析を中心に、どのような場合に解雇が裁判所で有効と認められるのかということを解説するものがほとんどでした。

会社の紛争コストを最小化するという観点からは、多くの問題社員トラブルのケースで、解雇よりも合意による退職を実現することが望ましいことは明らかです。しかし、合意による退職を実現するために、会社がどのように取り組めばよいのかということを体系立てて解説した書籍はほとんどありませんでした。

本書では、「基礎編」で、合意による退職を実現するための基本的なポイントを説明し、「実践編」では、問題社員のパターンごとの話し合いの方法について説明します。さらに、「整備編」で、問題社員対応にのぞむ前に会社として整備しておくべきポイントを説明します。

問題社員トラブルを話し合いで解決するための技術を知っていただくことは、問題社員に対応する経営者や上司の立場からだけでなく、話し合いで退職することになる問題社員の立場からもメリットがあります。円満解決の技術を知ることは、問題社員対応に悩んだ挙句、違法な解雇に踏み切ったり、あるいは能力不足の社員を怒鳴りつけるなどのパワハラ行為に手を染めたりしてしまう経営者をなくすことに結びつくからです。多くの会社が円満解決の技術を身に付けることは、違法な解雇やパワハラのトラブルをなくすことにつながります。

筆　　者

目　次

基礎編

実践編

第10章　円満解決の落とし穴

第11章　問題社員対応の失敗事例

第12章　円満退職路線を目指す場面の弁護士の役割

整備編

資料編

凡　例

本書においては、法令等につき以下のように省略しています。

育児休業、介護休業等育児又は家族介護を行う労働者の福祉に関する法律	育児介護休業法
高年齢者等の雇用の安定等に関する法律	高年齢者雇用安定法
労働者派遣事業の適正な運営の確保及び派遣労働者の保護等に関する法律	労働者派遣法
労働施策の総合的な推進並びに労働者の雇用の安定及び職業生活の充実等に関する法律	労働施策総合推進法
雇用の分野における男女の均等な機会及び待遇の確保等に関する法律	雇用の分野における男女雇用機会均等法

■判決等■

地裁判決	地判
地裁決定	地決
高裁判決	高判
高裁決定	高決
最高裁判決	最判
最高裁決定	最決

（例）大阪地方裁判所堺支部判決………大阪地堺支判

本書の記述は、令和３年７月１日現在の法令等に依ります。

基礎編

基礎編では、「なぜ問題社員トラブルを解雇ではなく、合意による退職で解決する必要があるのか」ということを説明したうえで、「合意による退職を実現するために重要になる３つの要素」と「基本的な考え方」を説明します。

第1章 なぜ問題社員トラブルの円満解決が必要か？

1 「円満退職」とは？

会社から「合意による退職」に向けた説得をする「退職勧奨」は、あくまで合意による解決を目指すものであるという点で、従業員の同意なく会社側からの一方的な通知で雇用を終了させる「解雇」とは異なります。

そして、本書でいう「円満退職」とは、訴訟トラブルにつながりかねない解雇を避け、退職勧奨により合意による退職を実現するということを指しており、必ずしも双方ハッピーエンドであるというわけではありません。

退職する側も不本意ながら退職することになりますし、退職させる会社の側も不本意ながら一定の譲歩をしなければならないことがあります。しかし、そういった点はあるとしても、訴訟にまで至ることにより会社が大きなダメージを受けることは避けられるという方法です。

このような合意による解決ができた場合、筆者の経験上は、退職する問題社員の側に会社に対する強いわだかまりが残り、退職した後に会社と再度トラブルになるということはほとんどありません。その意味では、円満解決といっていいのではないかと思います。

円満退職の対極にあるのが、問題社員を解雇することです。

解雇は会社からの一方的な通知により、問題社員との合意によらずに雇用関係を終了させようとするものです。そのため、従業員を解雇すると、従業員から不当解雇であると主張されて、訴訟を起こされたり、労働審判を起こされたりという裁判トラブルに発展するケースが少なくありません。これは、「円満退職」ではありません。

2　解雇ではトラブルを解決できない

筆者の所属する法律事務所には、年間200人近い相談者が問題社員対応の相談に来られます。その相談者の中には、「話し合い」などといった面倒なことはせずに、問題社員を解雇してしまいたい、解雇の手順について相談したいと言われる人も多いです。

相談者が「解雇」という選択を希望される理由は、「問題社員トラブルですでに職場環境が悪化しており一刻も早く改善したい」といった事情や、「問題社員の上司や周囲の同僚のストレスが溜まりに溜まっており一刻も早く解決したい」といった事情など、ケースごとに様々です。

また、「話し合いでの解決など到底無理だ」と考えて、解雇したいと希望されるケースもあります。確かに、相談を受けるケースの中には、話し合いでの解決をあきらめるのも無理がないと思われるような事案も少なくありません。

しかし、それでも筆者が、「話し合いによる解決」をおすすめする理由は、以下の３つです。

理由１：解雇してしまうと会社の敗訴リスクが大きい
理由２：裁判で敗訴した場合の会社のダメージが大きい
理由３：裁判になれば費用と労力の負担が大きい

では、順番に説明していきます。

(1)　解雇してしまうと会社の敗訴リスクが大きい

問題社員を解雇したらどうなるのでしょうか？

会社から解雇されても、不当解雇だと訴えて裁判を起こすのはそのうちの一部にすぎません。しかし、会社の指示にことあるごとに反発してきたような問題社員は、解雇されれば高い確率で会社を相手とする訴訟を起こしてくるということを想定しなければなりません。そして、このように解雇が訴訟トラブルになった場合、日本の裁判所は、会社側から解雇について十分な理由とそれを立証する証拠が提示されなければ、解雇は無効であると判断して、会社に多額の金銭の支払いを命じています。

労働契約法には以下の条文があり、これにより、裁判所で多くの解雇が「無効」とされています。

●労働契約法16条（解雇）

> 解雇は、客観的に合理的な理由を欠き、社会通念上相当であると認められない場合は、その権利を濫用したものとして、無効とする。

例えば、以下の事例１～３の中で、裁判所が不当解雇であるとして、解雇を無効としたケースはどれでしょうか？　考えてみてください。

事例１　パワハラ被害の申告を理由に大学教授を懲戒解雇したケース

部下９名のうち５名からパワハラ被害の申告があり、４名が退職あるいは精神疾患にり患するなどした大学教授を大学が懲戒解雇したケース

事例２　セクハラを理由に東京支店長を懲戒解雇したケース

従業員ら40名が参加した会社の慰安旅行の宴席で女性従業員の肩を抱いたり、女性従業員に対して「（男性陣のうち）誰がタイプか。答えないのであれば犯すぞ」などと発言した東京支店長を懲戒解雇したケース

事例３　電車内の痴漢行為を理由に駅係員を解雇したケース

鉄道会社が、通勤中に電車内で14歳の女性に痴漢行為をして略式命令を受けた駅係員を解雇したケース

上記のような事例で解雇されたときに、不当解雇だと訴訟を起こすのはおかしいようにも思いますが、実際に裁判が起こされています。

事例１は、前橋地判平成29年10月４日、**事例２**は、東京地判平成21年４月24日、**事例３**は、東京地判平成27年12月25日の事例です。

結論としては、事例１～３のどの事件でも裁判所は不当解雇だと判断しています。

しかし、筆者は、これらの事例について、従業員に辞めてもらうべきだと決断した雇用主の判断は間違いとはいえないと思います。

まず、事例１のパワーハラスメント（以下、パワハラ）被害申告のあった大学教授の懲戒解雇の事例では、雇用主である大学は、部下９名のうち５名からパワハラ被害の申告があり、４名が退職あるいは精神疾患にり患したことを主張しましたが、裁判所は「ハラスメント等の悪質性が高いとはいい難い」としたうえで、教授が反省の態度を示していることも考慮すれば懲戒解雇は重すぎると判断しました。しかし、職員の退職や精神疾患が相次げば、組織として成り立たなくなる危険すらあり、大学がこの教授に辞めてもらうべきだと判断したことはやむを得ない判断だったのではないかと思います。

事例２のセクシュアルハラスメント（以下、セクハラ）による東京支店長の懲戒解雇の事例では、裁判所は、セクハラの内容は「相当に悪質性がある」としながらも、「何らの指導や処分をせず、労働者にとって極刑である懲戒解雇を直ちに選択するというのは、やはり重きに失する」などとして、解雇は無効であると判断しています。会社側は、この東京支店長を解雇しなければ、セクハラ被害を訴えた５名の女性従業員らは東京支店長からの報復行為などを恐れ、退職せざるを得な

くなると訴えましたが、裁判所はそのような主張も退けました。

しかし、この東京支店長の懲戒解雇が認められないとすると、セクハラ被害を訴えた女性従業員らは今後、この東京支店長にどのように向き合えばよいのでしょうか？ 筆者はこの東京支店長に辞めてもらうべきだと考えた会社の判断は正当なものだったと思います。

さらに、事例３の痴漢行為をして略式命令を受けた駅係員の事例では、裁判所は、痴漢行為の内容について「14歳の被害女性の臀部及び大腿部の付近を着衣の上から触るというもの」であったと指摘したうえで、「処罰の対象となり得る行為の中でも、悪質性の比較的低い行為である」としています。そのうえで、事件がマスコミ等で報道されなかったことや、駅係員に懲戒処分歴がなかったということも理由に挙げて解雇は重すぎるとしています。しかし、鉄道会社の駅係員というのは痴漢撲滅のために率先して取り組むべき立場です。それにもかかわらず、電車内で痴漢行為に及んだ駅係員を、着衣の上から触っただけで被害女性の下着にまで手を入れなかったからといった理由で、再度、駅係員として復帰させ、勤務させることは世間の納得を得られないのではないかと思います。

このような３つの事例を踏まえると、会社から排除しなければ会社の職場環境や対外的な信用に重大な悪影響が予想されるような問題社員であっても、裁判所では、解雇は無効だと判断されてしまうということをわかっていただけるのではないかと思います。

⑵　裁判で敗訴した場合の会社のダメージが大きい

問題社員を解雇するのではなく、話し合いにより円満退職にすることが必要な理由の２つ目は、解雇後の訴訟で会社が敗訴したときの会社のダメージが大きすぎるということです。

例えば、事例１のパワハラ被害申告のあった大学教授の懲戒解雇の事例で、敗訴した大学はこの教授に対して約1,900万円の支払いをしたうえで、この教授の雇用を継続することを命じられています。

また、事例2のセクハラによる東京支店長の懲戒解雇の事例では、敗訴した会社はこの支店長に対し約1,300万円の支払いをしたうえで、雇用を継続することを命じられています。

そして、事例3の痴漢行為をして略式命令を受けた駅係員の事例では、敗訴した鉄道会社はこの駅係員に対し約700万円の支払いをしたうえで、雇用を継続することを命じられています。

このように従業員を解雇した後、不当解雇であると主張されて訴訟が起こされ、会社が敗訴すると、

・多額の金銭の支払い

・雇用の継続

の両方を命じられることが通常です。

このうち、金銭の支払いは、バックペイと呼ばれるものです。バックペイについて簡単に説明します。

会社は解雇するとその後その従業員に対して給与の支払いをしません。しかし、裁判所で、解雇が無効であると判断されると、解雇はなかったことと同じ扱いになります。その結果、会社は解雇した時点にさかのぼって従業員に給与を支払うことを命じられます。これをバックペイ（backpay 「さかのぼって支払う」の意味）といいます。

解雇トラブルの裁判は長くかかります。そして、バックペイは従業員を解雇してから会社が敗訴して復職させるまでの期間が対象になるため、裁判が長くかかればかかるほど、バックペイの金額が膨らみます。その結果、バックペイの金額は中小企業の事例でも1,000万円を超えることは珍しくなく、解雇の裁判で会社が敗訴した場合のダメージは非常に大きいものになります。さらに、会社は解雇が無効とされる結果、解雇した従業員の雇用の継続を命じられます。

会社はセクハラやパワハラの加害社員に対しても、解雇の訴訟で敗訴すれば、多額の支払いをすることを命じられるとともに雇用の継続も命じられるという結果になるのです。

(3) 裁判になれば費用と労力の負担が大きい

問題社員にも円満退職してもらうことが必要な理由の3つ目は、裁判になれば費用と労力の負担が大きいということです。解雇の裁判は、比較的短期間で終わる「労働審判」と長期化しやすい「地位確認訴訟」がありますが、どちらを選択するかは、訴える側の判断であり、会社側でコントロールすることはできません。

解雇された問題社員が地位確認訴訟を選択した場合、一審だけでも短くて1年、長ければ2年かかります。裁判は通常、弁護士に依頼しますが、それでも会社は、依頼した弁護士からの事情聴取に応じたり、弁護士からの求めに応じて資料を集めたりといったことに大きな労力を割くことが必要になります。さらに、解雇した従業員の問題点を、会社の上司や同僚が裁判所で証言することが必要になることもあり、裁判について自社の従業員の協力も求めなければならないのです。

そして、このような大変な労力がかかる裁判になるため、弁護士費用も安いものではありません。

解雇トラブルの裁判は、自社の事業を進めるための前向きな仕事ではありません。そのような本来の事業とは違うことに、費用と労力を割くことは、会社にとって決して望ましいことではないでしょう。

以上説明した点をまとめると、会社が問題社員を解雇して訴えられると、会社の敗訴リスクが大きく、また敗訴した場合は多額の金銭の支払いと雇用の継続を命じられるうえ、裁判のための費用や労力の負担も大きいということがわかります。

そのため、問題社員を解雇するのではなく、合意による退職で問題を解決することが重要になるのです。

3　間違ってはいけないこと

本書では、問題社員とのトラブルを、解雇ではなく、話し合いで解決する方法について説明します。

ただ、その前に、お伝えしておきたいことは、「**決して安易に従業員を辞めさせる経営者、管理職になってはならない**」ということです。

筆者の法律事務所で、相談を受ける事例の中には、筆者が聴いていて、「それは問題社員ではなく、辞めさせようとするのは経営者や上司のわがまま、あるいは我慢不足ではないか」とか「もう少し長い目で見て、従業員を育てることが必要ではないか」と思うケースも少なくありません。人を安易に辞めさせる会社では、人は育ちません。また、大きな問題もないのに人を辞めさせるような経営者の行動は、一般の従業員からの理解を得ることができず、結局、従業員全体から信頼されない経営者になってしまいます。

また、「問題社員が周囲の従業員をいじめるため、周囲の従業員が退職する」といった相談もよく受けますが、この場合、本当にその問題社員が原因で人が辞めているのかも検証が必要です。筆者の所属する法律事務所の経験上、周囲の退職の原因とされた問題社員が退職した後も、会社の退職者数が減らないこともあります。人材が定着しないことについて、ほかに改善すべき問題があるにもかかわらず、特定の従業員に離職者増の責任を押しつけるような間違った判断になっていないかも検討することが必要です。

なぜ、問題社員を退職させなければならないかというと、そのような社員が会社に居続けると、従業員がやりがいを感じて就業できる職場づくりの妨げになるうえ、売上や利益の面でもマイナスになる結果、従業員の給与をあげていくことも難しくなるからです。また、職場環境が悪化し、よい従業員が退職せざるを得なくなる危険があるからです。

統計上も「人間関係」を理由に退職する従業員は非常に多いです。特に女性労働者についてはその傾向が顕著です。令和元年の厚生労働省の雇用動向調査結果によれば、女性の転職入職者が前職を辞めた理由として一番多いのが「職場の人間関係が好ましくなかった」という理由です。これは労働時間や休日などの労働条件に対する不満を理由とする退職や、給与に対する不満を理由とする退職を上回っています。この統計から、問題社員のいない職場にすることは、従業員の幸福度の高い職場をつくり、働きがいのある職場をつくるためにも重要であることがわかります。

逆に言えば、そういった大義名分がないのに、なんとなく経営者の言うことを聞かないからとか、仕事がすぐに覚えられないからというような理由で安易に人を辞めさせてしまう経営者になってはいけないということを、肝に銘じておいていただきたいと思います。

問題社員を辞めさせたいと思ったときは、本当にその判断が正しいかどうか、自分の独りよがりの判断になっていないかという点について、第三者の意見を聴くべきでしょう。その意見を聴く人は自分に対して遠慮なく思ったことを言える人でなければならず、自分に迎合するような人に意見を聴いても意味がありません。例えば、自分のために本当に正しい意見を言ってくれる経営者仲間に意見を聴くとか、自分のために本当に正しい意見を言ってくれる弁護士に意見を聴くといったことが大切です。

第2章 これで9割解決できる。円満退職の基本路線

1　合意を取り付けるために重要な3つの要素

円満退職のための基本路線は、問題社員を解雇するのではなく、会社から退職に向けた説得活動を行い、退職することについての同意を取り付けるというものです。

問題社員の中には感情的で粗暴なタイプの人も多いです。しかし、退職に向けて説得するにあたり、感情的な言い争いになってしまっては合意による退職というゴールにたどり着くことはできません。そのため、会社からの上手な説得が必要になってきます。

筆者の経験上、合意による退職を実現するために重要な要素は、「**自己認識のゆがみを修正させる努力**」「**予算の確保**」「**会社都合退職扱いとする**」の3つです。

このうち、最も重要なのは「自己認識のゆがみを修正させる努力」です。

「予算の確保」、つまり、金銭を支給することも円満退職を実現させるためのポイントの1つではありますが、金銭さえ支給すれば問題社員が退職に応じてくれるというわけではありません。以下で説明していきます。

2　自己認識のゆがみを修正させる努力をする

退職に向けた話し合いを成功させるうえで最も重要なことは、問題社員に自分が職場の要求水準を満たしていないことをはっきり認識させるということです。

問題社員は、経営者や上司の気持ちを察することができないタイプの人が多く、会社が自分の扱いに困っているなどということは気づいていないか、あるいは気づいていたとしても気にも留めていません。

本人は、自分はちゃんとできていると思っていて、上司から指導を受けても自分は正しいと思っていることがほとんどです。この「自分は正しい」と思っている状態で、金銭的な補償をするから辞めてくれという話をしても、本人からすると「辞めなければならない理由がわからない」「納得がいかない」ということになります。

そのため、「自分は正しい」と思っている、その自己認識のゆがみを修正させることが、退職に向けた話し合いを成立させるために、まず必要です。

この点について、参考になるのが、NECソリューションイノベータ事件（東京地判平成29年２月22日）です。この事件は、大企業の正社員についての能力不足による解雇が有効とされた事案ですが、判決は、解雇を有効と認める理由として、会社が従業員に対して、「勤務成績が著しく不良であることを感銘付ける努力を行っている」ことを指摘しています。「感銘付ける」というのは、「心にきざみつける」という意味です。

この裁判例は解雇に関するものですが、退職に向けた話し合いの場面でも同じ点が重要になります。まさに判決がいう「勤務成績が著しく不良であることを感銘付ける」ことにより本人に自分にあわない職場であることをはっきり認識させることができているかどうかで、本人が、退職を納得して受け入れるかどうかが決まるのです。

もちろん、問題社員は能力不足の事例だけでなく、例えばパワハラ、セクハラなどハラスメント行為を繰り返す従業員、業務命令に従わない従業員など様々です。こういった事例でも、いずれも「職場のメンバーとして不適格であることを感銘付ける努力」をして、本人に自分にあわない職場であることをはっきり認識させることが、合意による退職を成功させるための前提になります。

例えば、5頁で、従業員ら40名が参加した会社の慰安旅行の宴席で女性従業員の肩を抱いたり、「誰がタイプか。答えないのであれば犯すぞ」などと発言した東京支店長の事例を紹介しました。

この事例についての判決を読むと、会社は、この東京支店長のセクハラ事件のずいぶん前から、長い間、従業員に対しセクハラ防止研修を行い、セクハラをした従業員に対しては懲戒処分を科すなどの取組をしてきたことがわかります。そして、それにもかかわらず、この支店長は宴席の場だけでなく、普段から女性従業員に対してセクハラ行為を続けてきたことが読み取れます。

普通の感性のある人間であれば、会社がセクハラ防止に真剣に取り組む中で、東京支店長という立場にありながら、女性従業員に「誰がタイプか。答えないのであれば犯すぞ」といった発言はしません。この東京支店長は、自分だけは特別で、セクハラ発言、セクハラ行為をしても許されると誤解していたのでしょう。つまり、「自己認識のゆがみ」がある状態になっていたといえます。

そのような状態で、会社がこの支店長のセクハラに対してひととおりの指導をして反省を求めても、この支店長は自分が職場のメンバーとして不適格であるとは思わないでしょう。こういった人には、セクハラ行為に対して懲戒処分をしたうえで、支店長から降格させ、「自分だけは特別」という自己認識を修正させることがまず必要です。そして、今までは東京支店長という立場だったけれども、セクハラをきっかけに、会社からは不適格者と評価されたということを本人にはっきり認識させたうえで、それでも雇用継続が難しい場合には退職に向けた説得をしていくことが必要だったのです。

このようにケースごとの状況に応じて、問題社員の「自己認識のゆがみを修正させる努力をする」ことが重要です。多くの退職勧奨がこの努力をしないまま、問題社員に金銭提示をして退職を求めるだけの提案をすることによって失敗しています。問題社員の「自分は正しい」「自分はできている」という自己認識を正さないまま、突然退職を求める、いわば「青天のへきれき」型の退職勧奨は成功率が低いのです。

本書では、「実践編」で、著しい能力不足の従業員、業務命令に従わない従業員、パワハラを繰り返す従業員など、問題社員のタイプ別に、「自己認識のゆがみを修正させる努力」の取組方を説明し、早く円満に合意による退職を実現する具体的な進め方を解説します。

3　予算を確保する

次に、退職の合意を取り付けるために重要な要素の２つ目として、「予算の確保」について説明します。「予算の確保」というのは、問題社員に退職に向けた話を進めるにあたり、一定の金銭を支払う準備をするということです。

前述の「自己認識のゆがみを修正させる努力」を正しく行えば、問題社員は、自分は職場では評価されていないということをはっきり認識しているはずです。また、会社から退職を求められる理由についても十分理解できているはずです。

しかし、それでも、問題社員が退職を決めるにあたってネックとなるのが、職を失うことに対する不安です。退職にあたり会社から、次の職が見つかるまでの間の当面の生活資金を支給することで、この不安を解決して、退職の合意を得やすくすることができます。

⑴　問題社員に支払う金銭は「もったいない」か

「予算の確保」にあたってハードルとなるのが、「問題社員に金を払うなんてもったいない」「あいつのせいでさんざん苦労したのに、なぜさらに金を払うのか」という感情です。

もちろん、そういった気持ちになるのはよくわかります。しかし、金銭の支給なしで、問題社員から退職についての了解をほぼ確実に取り付けられるケースは多くありません。

金銭の支給なしでもほぼ確実に退職についての了解を得られるケースの典型例が、問題社員による社内での金銭的な不正について明確な証拠がある場合です。例えば会社の金を盗んでいる、商品を横領している、架空の経費を会社に請求している、そういった犯罪行為について明確な証拠がある場合は、それを指摘することによって、金銭の支払いをしなくても退職についての同意を得ることができます。

また、問題社員のプライドや学歴が高く、社長のことを見下しているというケースでも、金銭の支払いをしなくても退職についての同意を得ることが可能なことが多いです。これは、内心では自分が日ごろから見下している社長から、「あなたには会社を辞めてほしいと思っています」と伝えられたときに、会社に居座り続けようとしたり、会社と金銭面の交渉をしたりすることは自分のプライドが許さないタイプの人たちです。

このようなごく例外的な場面を除いて、問題社員から退職について早く確実に了解を取り付けるためには、金銭の支払いの提案があったほうがよいのです。問題社員に金銭を支払うのは感情的に納得がいかないという面もあるかもしれませんが、前述したとおり、問題社員を辞めさせるのは個人的な感情のためではありません。問題社員に退職を求めるのは、問題社員が会社に居続けると、従業員がやりがいを感じる職場づくりの妨げになるし、売上や利益の面でもマイナスになり従業員の給与をあげていくこともできなくなるからです。問題社員に支払う金銭は、自社の従業員が気持ちよく働くために職場環境を整備するための経費だと割り切って考える必要があります。

実際には、この「問題社員に金を払うなんてもったいない」という感情的なハードルを乗り越えることができず、退職についての同意をうまく取り付けることができない相談者もいます。そういった人は、いつまでも問題社員が居続けることにより起こる日々のトラブルに悩み、ストレスを抱え続けることになり、職場環境も悪い状態が長く続いてしまいます。結果、より大きな損を抱えることになってしまうケースが多いのです。

(2) 適切な金銭の額はいくらか？

一般論からいえば、問題社員への支払いのために用意できる金銭の額が多ければ多いほど、円満退職のための説得が成功しやすくなります。

しかし、会社のお金はみんなで稼いだ貴重な利益ですから、できるだけ出費は抑えたいところです。そこで、筆者がおすすめするのは、問題社員の給与の３か月分を予算として確保したうえで話をするということです。

なぜ、３か月分かということについては、前述した「自己認識のゆがみを修正させる努力」をきっちりやったうえで退職の話し合いをする場合、３か月分の金銭支給の提示があれば、ほぼ確実に合意を得ることができるという筆者の経験が根拠です。

前述したとおり、会社を辞める側からすれば、再就職までの間の生活費が足りるのかという点が、退職を決断するうえでネックになります。失業してから失業を脱するまでの期間は「失業継続期間」と呼ばれ、その期間については統計が公表されています。その統計によると最近では、おおむね、男性については3.8か月、女性については2.3か月、男女全体では3.1か月が平均になっています（労働政策研究・研修機構『ユースフル労働統計2020』）。３か月分の金銭支給という数字はこの統計からも説明がつきやすいのではないかと思います。

「問題社員に円満に退職してもらう金銭として３か月分が高いか」ということは、人によって感覚が異なるでしょう。ただ、解雇した場合に、会社は30日分の賃金を「解雇予告手当」として支払わなければならないことはよく知られています。法律上は30日以上前に解雇を予告すればこの解雇予告手当の支払いは必要ないのですが、辞めさせられる側からすると、解雇予告手当分は当然もらえるものという意識が強いです。さらに、有給休暇がある人については、退職に合意すれば有給休暇が使えなくなるから、その分の補償をしてほしいとなるでしょう。それらも含めて、すべてを清算するために、支給する金銭として３か月分というのは決して高くありません。むしろ、問題社員が円満に早く辞めてくれるメリットのほうがずっと大きいのです。

金銭を惜しんで退職勧奨に失敗し、やむを得ず解雇する場合、会社は後日敗訴して多額の金銭の支払いを命じられるリスクを負います。一方で、退職勧奨に応じない問題社員について解雇を思いとどまり、雇用し続けたとしても、職場環境の改善は見込めず、優秀な他の従業員が離職してしまったときの損失は計り知れません。こういった点を考えると、３か月分の支払いで円満に早く問題社員トラブルが解決するなら、むしろ安いと考えるべきでしょう。

３か月というのはあくまで目安です。問題社員トラブルを解決できる会社のメリットは非常に大きいため、３か月分の予算で万が一解決しない場合には、柔軟に対応し、予算を足してでも円満解決しておくべきです。

この原則３か月分の予算に加え、会社都合退職とすることにより雇用保険（失業保険）からの支給の面でも有利であることを、問題社員に対する退職勧奨の際の説得材料にしていくことになります。

⑶　金銭を提示することの意味

退職に向けた話し合いの過程で、問題社員に金銭の提示をすることは、交渉の進め方の面でも意味があります。

退職に向けた話し合いにおいて、会社から金銭の提示をしなければ、「辞めるか、それとも辞めないか」だけの議論になります。ところが、会社から金銭を提示することで、その金銭が「安いのか、高いのか」という議論に話を移すことができるのです。そして、「安いのか、高いのか」を議論することは、どちらにしろ、退職することを前提とした話です。このように、金銭の提示をし、その金銭に議論を移すことで、退職における話し合いの最も重要なポイントである「退職することに合意してもらう」という点をクリアできるという側面があるのです。

4　会社都合退職として扱う

退職の合意を早く確実に取り付けるために重要な要素のもう１つが「会社都合退職として扱う」ということです。会社からの退職勧奨に応じて従業員が退職する場合、雇用保険の給付においては、通常は会社都合退職扱いとなります。

ただし、自己都合退職、会社都合退職というのは正式な用語ではありません。雇用保険の用語では、退職勧奨を受けて退職した場合、原則として、「特定受給資格者」として扱われます。厚生労働省の「特定受給資格者及び特定理由離職者の範囲と判断基準」（資料編350頁）には、「事業主から直接若しくは間接に退職するよう勧奨を受けたことにより離職した者」が「特定受給資格者」に該当するとされています。

そして、この「特定受給資格者」は、雇用保険の給付において優遇される、いわゆる「会社都合退職」です。このように、退職勧奨により退職する場合は、そもそも会社都合として扱われるのが原則です。会社としてもこの点を認め、著しい能力不足であるとか業務命令の違反など会社として納得がいかない事情があったとしても、会社都合退職扱いを前提とした話し合いをすることが、退職についての合意を取り付けるために重要です。

なお、この特定受給資格者についての雇用保険の基本手当の給付日数は**図表２−１、２−２**のとおりとなります（令和４年４月以降の退職の場合、給付日数が変更になることがあります）。

会社都合退職として扱うことは、退職者の金銭的な不安をやわらげることにより合意を得やすくするというだけでなく、「納得を得る」という観点からも重要です。会社から説得して退職させるのに「自己都合退職」というのではなかなか退職する側の承諾を得ることができません。

▼図表2－1　特定受給資格者の雇用保険の基本手当の給付日数

<table>
<tr><th>雇用保険の加入期間
年齢</th><th>1年未満</th><th>1年以上
5年未満</th><th>5年以上
10年未満</th><th>10年以上
20年未満</th><th>20年以上</th></tr>
<tr><td>30歳未満</td><td rowspan="5">90日</td><td>90日</td><td>120日</td><td>180日</td><td>—</td></tr>
<tr><td>30歳以上
35歳未満</td><td>120日</td><td rowspan="2">180日</td><td>210日</td><td>240日</td></tr>
<tr><td>35歳以上
45歳未満</td><td>150日</td><td>240日</td><td>270日</td></tr>
<tr><td>45歳以上
60歳未満</td><td>180日</td><td>240日</td><td>270日</td><td>330日</td></tr>
<tr><td>60歳以上
65歳未満</td><td>150日</td><td>180日</td><td>210日</td><td>240日</td></tr>
</table>

※「年齢」は退職者の年齢、「雇用保険の加入期間」は退職者が雇用保険に加入していた期間を意味します。

▼図表2－2　いわゆる自己都合退職の場合の雇用保険の基本手当の給付日数

<table>
<tr><th>雇用保険の加入期間
年齢</th><th>1年未満</th><th>1年以上
5年未満</th><th>5年以上
10年未満</th><th>10年以上
20年未満</th><th>20年以上</th></tr>
<tr><td>全年齢</td><td>—</td><td colspan="2">90日</td><td>120日</td><td>150日</td></tr>
</table>

そして、会社都合退職扱いとなっても、それによって会社の金銭的な負担が発生することはありません。

ただし、会社が雇用関係の助成金を利用している場合、一定期間受給を受けることができなくなったり、あるいは金額が減らされたりするなどのデメリットもあり、この点は注意する必要があります。

助成金の制度は頻繁に変更されますが、例えば中途採用の拡大について支給される中途採用等支援助成金「中途採用拡大コース」は、会社都合の退職勧奨による退職者がいる場合、6か月間は申請できないことがあります。また、2年以内に2回以上の転職をしている就職困難者などを採用した場合に利用できる「トライアル雇用助成金」も会社都合の退職勧奨による退職者がいる場合、６か月間は申請できないことがあります。さらに、新型コロナウイルス感染症関連の雇用調整助成金については、会社都合退職者がいる場合、助成率が減らされるという扱いがとられました。

このように助成金を申請している会社は、雇用保険で会社都合退職扱いになることによりデメリットが生じることがあるので、注意する必要があります。

なお、業務態度が非常に悪いなどの事情で退職勧奨する場合にまで、会社都合退職扱いにしなければならないのかという点については疑問もあり得るところです。しかし、裁判例では、業務態度不良などの事情があったとしても、会社から退職を促した結果、退職に至った事例については、退職が会社の利益にかなうものだったと評価できるため、会社都合退職として離職票を作成するべきであるとしたものがあります（大阪地判平成19年６月15日）。

5　相手の立場、感情にも配慮する

ここまで説明した３つの要素をクリアすれば、あとは具体的な話し方を検討する必要があります。

話し方の面では、相手を一方的に攻撃するのではなく、相手の立場や感情にも配慮することが重要です。問題社員だからといって相手を一方的に攻撃してしまうと、退職についての了解を取り付けることができず円満解決には至りません。

過去に、50代の年配の男性従業員が店舗から商品を頻繁に無断で持ち帰っていたことが発覚し、辞めてもらいたいという相談がありました。商品の持ち帰りは犯罪だから辞めてもらわなければならないというのは当然のことです。ただ、そういった犯罪行為に該当するような事例であっても、退職に向けた話し合いにおいては、相手の立場、感情に配慮することが必要です。

具体的には、まず、この従業員が家族を養わなければならない立場にあること、退職した場合に再就職が簡単ではない年齢であることを念頭において話をする必要があります。

また、この従業員は会社の創業期から長年勤務し、会社に対して一定の貢献があった人でした。このような人については、仮に問題行動があり辞めてもらう方向で説得するにしても、過去に貢献してもらったという気持ちをもって話をすることも必要です。

このケースでは、退職に向けた説得を弁護士から行いましたが、その場に経営者にも同席してもらいました。経営者からこの男性従業員に対し、「長年貢献してもらったのに非常に残念ですが、今回のことは許されるものではなく、社内でけじめをつけるためにも退職してほしい」という気持ちを伝えてもらうことにより、スムーズに退職の合意を得ることができました。

協調性や能力面で問題がある従業員について、退職に向けて説得する場合も、「他社であなたの能力を生かせる場所は必ずあると思うが、うちの会社はあなたにはあわない」という方向性で、相手を一方的に攻撃しない話し方で説得していく必要があります。

退職に向けた合意を目指すというのは、問題社員と最後に握手をして別れるというイメージです。感情的に相手を攻撃するような話し方では「握手」に至ることはなく、合意ができずに終わってしまうのです。

6　退職に向けた説得方法のイメージ

問題社員との間で退職に向けた話し合いを進める場合、どういう話から切り出し、何を話して説得するのかということを、事前に十分に準備しておくことが必要です。話の順序や伝えるべき内容を十分に整理しておきましょう。

具体的な話し方は、ケースバイケースですし、相手のある話ですので、自分が最初に準備していたとおりに必ずしも進むわけではありません。相手の出方に応じて臨機応変に対応する必要があります。

しかし、そうはいっても、イメージがわかないと準備も進めにくいと思います。そこで、あくまで参考レベルにはなりますが、中小企業において社長が問題社員に退職勧奨を行うケースを想定して、その流れを例示すると以下のようなものになります。

■「退職勧奨」の具体的な流れの例

(1)　退職勧奨の方針を社内で共有する
(2)　退職勧奨の理由を整理したメモを作成する
(3)　予算を確保する
(4)　想定問答を作る
(5)　対象社員を個室に呼び出す
(6)　退職してほしいという会社の意向を伝える
(7)　退職届を提出させる
(8)　合意書を作成する

以下で順番に説明します。

(1)　退職勧奨の方針を社内で共有する

まず、対象の社員について退職勧奨を行うことに関して、会社の幹部や対象社員の直属の上司に意見を聴き、退職勧奨をする方針を社内で共有して理解を求めておく必要があります。

このように、会社一丸となって対応することにより、退職勧奨が社長個人の意向ではなく、会社の総意であることを対象社員に示すことができます。また、退職勧奨の前に会社の幹部の賛同を得ておくことで、社長自身としても退職勧奨に向けた決意を固めることができます。

(2) 退職勧奨の理由を整理したメモを作成する

次に、退職勧奨の理由を整理したメモを作成します。これは、退職勧奨をする際に、できるだけ説得的な話をするための準備です。

退職勧奨の場面では、退職勧奨を伝える側も、一定程度のプレッシャーがかかることが避けられません。また、退職勧奨を伝えられた側が、攻撃的な反論をしてくる可能性もあります。どのような場面でも必要な内容を伝えることができるように、事前のメモは必ず作成しましょう。

なお、このメモを作るにあたって、退職勧奨を行う人自身（この例では社長）が把握している対象社員の問題点だけを整理するのでは十分ではありません。対象社員の直属の上司や会社の幹部にヒアリングを行って、その上司や幹部が把握している対象社員の問題点も十分把握してメモに盛り込むようにしてください。社長個人が把握している問題点だけでなく、他のメンバーが把握している問題点も退職勧奨の理由として対象社員に伝えることで、退職勧奨が社長の個人的な意向ではなく、会社の幹部陣の共通の意思だということを対象社員に伝えることができます。

(3) 予算を確保する

退職勧奨にあたって、会社から提示する金銭支給の予算を確保しておきましょう。すでに説明したとおり、対象社員の給与の３か月分が目安です。

(4) 想定問答を作る

対象社員からの質問や反論にあわてないためには、退職してほしいと伝えたときに、対象社員から予想される質問や反論について、自分がどのように答えを返すのかもあらかじめ決めておくことをおすすめします。

例えば、退職を求めた際に「辞めなければどうなるんですか？」と質問されることが想定されます。この場合に、「退職に同意しないのであれば解雇する」と話をすることは、特殊なケースを除き、してはいけません。これについては、263頁で説明します。では、どのように答えるのか、あらかじめ決めておくべきです。

そのほかにも「提示された金銭とは別に退職金を出してほしい」とか「就職先が決まるまでは会社に在籍させてほしい」と要求されるケースがあります。また、人によっては、「生活が成り立たないのでなんとか会社においてほしい」などと懇願するケースもあります。そのような予想される対象社員の反応に対して、自分の答えを決めておくことで、あわてて不用意な回答をしてしまうことを避けることができます。

(5) 対象社員を個室に呼び出す

退職勧奨は、会社の会議室など、静かに落ち着いて話せる個室で行いましょう。

また、退職勧奨の話をする際に、会社側の人数が多いことは、そのこと自体が対象社員に心理的圧迫を与えるおそれがあり適切ではありません。対象社員と１対１、あるいは、会社側から２人出席して、１

対２くらいが適切です。
「○○さん、話があるので来てください」といって個室に対象社員を呼びます。

⑹　退職してほしいという会社の意向を伝える

対象社員に退職してほしいという会社の意向を伝えます。以下では、勤務態度が不良で顧客ともトラブルが多い従業員に退職勧奨をするケースを例に説明します。

①　退職勧奨の話の切り出し方

「これまで、私からもあなたの上司の○○さんからも、あなたの勤務態度について何度も指導し、改善するようにお願いしてきました」と話を切り出します。

②　会社としても雇用を継続するための努力をしてきたことについて伝える

「あなたが上司の○○さんとトラブルになったときは、△△という話をしましたし、あなたが顧客対応でトラブルになったときは□□という話もしましたね。あなたに何度もチャンスを与えて、改善をお願いしてきました。しかし、今回、また同じような問題が起こりました」などと、会社としても何度もチャンスを与えて指導してきたが問題点が改善されなかったことを伝えます。
また、会社として対象社員にあう部署を探すために配置換えなどをした場合は、さらに「あなたが顧客とのトラブルを繰り返すので、●●部に配置換えして、仕事の内容を変えてみましたが、それもうまくいきませんでしたね」などと話をします。

③　退職してほしいという会社の意向を伝える

「あなたをどう処遇すべきかについて社内でも話し合った結果、あなたにはこの会社があっていないと考えています。そのため、会社としては、あなたに退職してほしいと考えています」と退職してほしいという会社の意向を伝えます。

ここでは、退職を求めることが、社長個人の意向ではなく、社内で話し合った結果であり、会社の幹部全員の共通の意向だということを伝えることが重要です。

④　反論や質問に対応する

退職勧奨された従業員の反応としては以下のようなものがあります。

・伝えられた退職勧奨の理由に反論したり、会社側の落ち度を指摘して会社を非難するケース
・お願いだからやめさせないでほしいなどと、懇願するケース
・その場で退職勧奨に応じないことを表明するケース

どの場合も、「**(2)　退職勧奨の理由を整理したメモを作成する**」のところで作成したメモを見ながら、冷静に、会社の考え方を説明しましょう。無理に１回で話をまとめようとせずに、最初の退職勧奨は、会社は退職してほしいと思っているという意思を伝えることができれば十分という考え方で取り組みましょう。

⑤　退職勧奨についての回答の期限を伝え、検討を促す

退職勧奨についての回答を面談の場ですぐに求めることは強引な印象が強いので避けるべきです。また、対象社員が家族を扶養している場合、退職については家族にも相談しなければ回答できないことも多いでしょう。

そのため、退職してほしいという会社の意向を伝えた後は、再度の面談の期日を設けて、再度の面談までに回答するように、対象社員に

検討を促しましょう。

⑥　退職の時期や金銭面の処遇を話し合う

対象社員が条件によっては退職に応じる意向を示した場合は、退職の時期や金銭面の処遇を決めていくことになります。退職の話をする前に、対象社員の自己認識のゆがみを修正させ、職場のメンバーとして不適格であることを理解させる努力をしている場合は、通常は、3か月分程度の予算の範囲で話をまとめることができます。

ただし、注意点として、お金の話をする前に、対象社員の有給休暇の残日数を確認しておきましょう。そのうえで、「あなたには有給休暇の残りもあることを踏まえて、会社からは退職にあたり給与の○か月分の支払いをする予定です」というように有給休暇の残日数も含めた形で、金銭面の提示をしていくべきです。

有給休暇の残日数があるのにそれに触れないまま、金銭の提示をしてしまうと、例えば3か月分の支給での退職という内容でおおむね合意に至った後に、対象社員から有給休暇の残日数を買い取ってくれという話が出てくる危険があります。そうなると、有給休暇の残日数の買い取りのためにさらに予算が必要になり、当初の予算の3か月分ではおさまらなくなることがあるので注意してください。

(7)　退職届を提出させる

退職勧奨の結果、退職の時期や金銭面の処遇についてまとまったときは、退職届を必ず提出させます。この退職届を取得することは、対象社員が退職勧奨に応じて退職を承諾したこと、つまり解雇したわけではないことを示す重要な書類です。

口頭で対象社員から「退職に応じます」と言われて、そのときは円満に合意により退職を受け入れたと思っていても、退職届がなければ、会社は安心するべきではありません。退職した対象社員が、後になって、「会社から不本意な扱いを受けた」という気持ちが芽生え、さらに次の職も決まらなければ、退職を取り消したいという気持ちになるのはよくあることです。

実際にも、退職届が提出されていないケースでは、いったんは退職に合意して退職した従業員が「解雇された」などとして訴訟を起こすことは少なくありません。そして、裁判所は、退職届がない場合に「口頭で従業員から退職の意向を伝えられ、退職について合意していた」という雇用主側の主張をほとんど認めません。

例えば、東京地判平成29年12月22日は「退職の意思表示は、労働者にとって生活の原資となる賃金の源たる職を失うという重大な効果をもたらす重要な意思表示であり、取り分け口頭（中略）による場合は、（中略）退職の意思を確定的に表明する意思表示があったと認めることには慎重を期する必要がある」として口頭で退職の合意があったという雇用主側の主張を退けています。退職後に再度トラブルになることを防ぐためには、退職届は必ず取得しなければなりません。

また、退職届の書式にも注意しましょう。一般的な退職届の書式は、「一身上の都合により令和○年○月○日付で退職します」となっているものが多いです。しかし、会社からの説得に応じて退職する場合は、「一身上の都合により」とするのは適切ではありません。例えば、「会社からの退職勧奨を承諾し、令和○年○月○日付で退職します」などとすべきです。退職届の書式は会社で用意することが多いと思いますが、書式に「一身上の都合により」とあることで、対象社員が腹を立ててしまい、退職届をスムーズに書かなくなるということもあり得ますので注意してください。

(8) 合意書を作成する

退職届の提出までいけば、退職勧奨はおおむね成功したといえます。つまり、退職勧奨は退職届を提出してもらうことをゴールとして行うべきです。

ただし、退職届を提出させた後、さらにもうひと手間かけて、会社と対象社員の間で合意書も作っておくことがベストです。特に退職にあたって対象社員に金銭を支給する場合は、それが職場の他の従業員に伝わらないように、第三者への口外を禁止する口外禁止条項を入れておくことが重要です。問題社員にだけ会社が金銭を支給したということが他の従業員に知られたら、いい気がしない人もいるからです。

また、退職後に会社に対して一切の請求をしないことを約束させる条項（「清算条項」といいます）を入れておくことも必須です。

さらに、会社と退職した従業員がお互いに誹謗中傷しないことを約束する条項（「誹謗中傷禁止条項」といいます）も入れておきましょう。合意での解決の場合、合意後に退職した従業員から会社が誹謗中傷されることは多くはありません。しかし、念には念を入れて、インターネットのクチコミや対象社員自身のブログやSNSなどでの会社に対する誹謗中傷の投稿がされることを防ぐために、誹謗中傷禁止条項を合意書の中に入れておくことをおすすめします。

オーソドックスな合意書の例を資料編の366頁に掲載していますので参照してください。

以上、退職勧奨の流れのイメージを説明しました。

注意してほしいのは、問題社員から退職の合意を取り付けるためには、会社が問題社員に辞めてほしいと思う本音の理由を伝えるべきだということです。本音を隠して、形式的な理由を伝えたり、あるいは嘘の理由を告げるべきではありません。本音を隠して話をしても、退職勧奨されている側の納得感は得られず、「何か隠している」「本音を言ってもらえていない」と感じることになり、退職の合意を得ることができません。

そして、本音を伝えつつも、できるだけ問題社員に対する批判的な内容は避け、あくまで本人にとって会社や仕事内容があっていないという「ミスマッチ」の観点で話すことがポイントです。問題社員の問題点をあげつらうようなことをしてしまうと、相手も感情的になり、合意が遠のいてしまうことにも注意してください。

退職勧奨の話をするときは、後日、退職勧奨の場で脅されたなどの主張が問題社員の側から出てくることがあるため、原則としてその内容は録音しておくべきでしょう。退職勧奨の際に会社側が無断で録音することについては、後日のトラブルに備えて会話の内容を記録する目的での録音であり、録音記録が目的外に使用されるなどの事情がなければ、違法性はないとされています(東京地判平成31年２月27日等)。

なお、退職勧奨を受ける問題社員の側も録音していることが多く、不当な退職勧奨をしてしまうと、退職強要であるとして裁判を起こされ、裁判で録音テープが証拠提出されるケースが増えています。退職勧奨の話は当然録音されているというつもりで進めることが必要です。退職強要にならないための注意点は実践編の第10章（263頁以降）で説明します。

実践編

問題社員には、「業務命令に従わない」「ミスを繰り返す」「いじめやハラスメントで周囲を退職させる」「金銭的な不正をする」など様々なケースがあります。ここからは問題社員のパターンごとに具体的にどのように対応していけばよいか、実際の事例も踏まえて説明していきます。

第１章 著しい能力不足で改善意欲のない従業員

【設例１】

自分の誤りを認めず指示を受けても返答しない従業員の事例

弊社は従業員５名の設計事務所です。先日、40代の男性従業員を採用しました。この男性は専門学校卒業後、橋の設計を業務とする会社を数社経験しており、弊社としては、すでに設計業務についての知識経験があることを見込んで採用したものです。

採用後、この従業員に、注文主から依頼された橋の設計図面の作成を指示しました。橋の設計図面の作成で最も重要なことは、注文主から提供されている資料に記載された指示に従うことや、国土交通省が定める基準に従うことであり、これができていないと、橋の耐久性に深刻な問題が生じたり、あるいは施工のために当初予定していた以上の鉄筋が必要になり建築コストがかさむなどの問題が生じたりします。ところが、この従業員が仕上げた図面を確認すると、鉄筋を無駄に延ばしたり、注文主からの指示と違う無意味な鉄筋を入れたりしており、使用する鉄筋の量が大幅に増えたものとなっていました。どうやら基本的な設計図面の作製能力すら備えていないようです。私はこのような図面を作成した意図をこの従業員に尋ねましたが、この従業員は「構造計算上はこれで合っており、自分は構造計算の知識･経験が十分にある」

などと主張し、誤りを認めません。
　また、この従業員は、私が、図面の作成意図を注文主に説明するために打合せに同席するように求めても、試用期間中であることを理由に出席を拒みました。さらに、私が不在にしている間に注文主から自分の担当業務について問合せの電話がかかってきたときも、電話での対応を拒否しました。そのため、注文主からは「電話をかけても担当者と話ができない」とのクレームが来ました。このように図面の作成や注文主とのやり取りがスムーズにいかなかったことから、会社はこの注文主との契約を打ち切られてしまい、会社としても損害が出ています。
　能力面だけでなく業務態度にも問題を感じています。この従業員は指示を受けても何ら返答をしないことが多く、他の従業員が業務について話しかけても応対しないことが頻繁にあります。弊社のような小さな会社では従業員全員が密にコミュニケーションをとって業務を進める必要があり、この従業員とうまくやっていくのは難しいと考えています。
　幸い、まだ試用期間中だったので、３か月の試用期間が終わるタイミングでこの従業員の雇用を打ち切る方針で顧問弁護士に相談しましたが、顧問弁護士からは雇用を終了することは会社にとってリスクが高いのでもっと指導を重ねるようにと言われました。しかし、この従業員は私の言うこともきかず、これ以上指導を続けることも難しいと感じています。どのように対応したらよいでしょうか？

　設例は、東京地判平成27年１月28日の事案を題材としたものです。実際の事例では、会社は３か月の試用期間で雇用を打ち切り、従業員は雇用の終了が不当であるとして、会社に訴訟を起こしました。裁判所は、会社からより具体的な指導を行うべきだったとして、会社が雇用を終了したことについて「客観的に合理的な理由が存在するとは認められない」として、会社を敗訴させています。その結果、会社は約750万円の支払いとこの従業員の雇用の継続を命じられています。

では、設例のように、能力不足であるにもかかわらず、周囲の指導にも従わず、改善意欲に乏しい従業員について、どのように対応していけばよいのでしょうか？

会社に入社する従業員の大半は、最初は、会社から求められるとおりにできなくても、会社から十分な指導や教育を施せば、会社の戦力になっていきます。そのため、入社直後の印象で「この人はできない」と考えてしまうのではなく、会社として十分な教育と指導を行うことが大切です。

しかし、そのような教育と指導を行っても、指導に耳を傾けず、改善の意欲もみせないような従業員について、雇用を続けることは難しいことが現実でしょう。従業員がミスを繰り返すために、ほかの従業員が時間をかけて仕事をチェックしなければならない、あるいはいくら教えても改善意欲がないため独り立ちできるめどが立たない従業員の雇用を続けることは、会社の収益性を犠牲にすることになります。

また、指示を受けても応答すらせず、改善意欲もうかがえない従業員について、いつまでも指導していかなければならないようであれば、その従業員を指導教育する立場の従業員を疲弊させることにもなります。そのような状態はよい職場環境とはいえませんし、必要な仕事ができない従業員に給与を払っていることは、他の頑張っている従業員の給与を上げていくことの足かせにもなるでしょう。改善意欲がなく、改善の見込みも立たないのであれば、話し合いにより退職の合意を得ることで問題を解決することが必要です。

1　能力不足で改善意欲もない従業員への間違った対応

(1)　十分な指導をしたことを立証できなければ不当解雇とされる

能力不足で改善意欲もない従業員に対する正しい対応方法を知らずに、感情的な対応をしてしまい、パワハラ問題を起こしてしまったり、あるいはその従業員を解雇して不当解雇であるとして訴えられるケースがあります。

裁判所は、能力不足の従業員について、まず、十分な指導をすることが会社の責任であると考えています。そのため、能力が不足しているというだけでは解雇は認められず、適切な指導を十分行ったけれども改善が見込めないという事情が会社側から立証されなければ、能力不足を理由とする解雇は裁判所で不当解雇と判断されることになります。

例えば、訪問介護事業者が、訪問介護サービスを担当する40代の女性職員を能力不足を理由に解雇し、この職員から解雇が無効であるとして訴訟を起こされた事件（大阪地判令和２年９月10日）があります。この職員は、訪問介護サービスにおいてミスを繰り返し、また利用者からも度重なるクレームを受けており、さらに、排せつ処理や更衣の手際が悪かったため、４回にわたり、職場の看護師に介護現場に同行してもらい指導を受けていたという事情がありました。この事件について、裁判所は、この職員が複数回のミスを繰り返し、利用者からもクレームを受けていたことは認めましたが、「注意指導を受けても同じミスを繰り返したなどの事情は見当たらず、いまだ指導教育をしても改善が見られないとまではいえない」として解雇は無効であると判断しています。

このように、すでに事業者からひととおりの指導を行っている場合でも、さらに指導を行えば改善の余地があると裁判所に判断された場合は、解雇が無効と判断されるリスクがあります。

なお、特定の業務能力を備えることを前提として即戦力として中途採用された従業員が、期待されたような能力を有していなかったことが採用後にわかったという事案については、未経験者に対する指導ほど懇切丁寧な指導をしなくても解雇が有効とされているケースもあります（東京地判令和元年５月31日等）。

ただし、裁判所が「特定の業務能力を備えることを前提として即戦力として中途採用された従業員」と認めるケースは決して多くありません。前述の訪問介護事業者の女性職員の事例でも、雇用主は、この女性職員は訪問介護士の有資格者であり、即戦力として機能する高い介護技術をもつことを前提とする採用だったと主張しました。しかし、裁判所は、この主張を認めず、雇用主側から十分な指導をすることが必要であると判断しています。

⑵　他部署で適性をみていないことを理由に不当解雇とされることも

従業員の能力不足を理由とする解雇では、「解雇の前に配置転換をして、他の職種での就業の機会を与えていないこと」を理由に不当解雇と判断しているケースもあります。

例えば、日本アイ・ビー・エムが、営業やシステム運用を担当していた従業員５名を能力不足を理由に解雇したところ、この従業員らから不当解雇であるとして訴訟を起こされたケース（東京地判平成28年３月28日）です。この事件で、裁判所は、解雇された従業員らの能力不足や業績不良は認められるとしながらも、日本アイ・ビー・エムが「従業員を適性のある業種に配転したり、解雇の可能性を伝えて業績改善の機会を与えたりせずに解雇した」ことを理由に解雇は無効であると判断しました。

この事例からもわかるように、複数の職種や部署がある会社では、配転等により従業員の適性にあう仕事を探す努力をしないまま解雇したと判断されると、不当解雇として企業側が敗訴するリスクがあります。

(3) 試用期間中の従業員の解雇もリスクが高い

誤解が多いのは、試用期間中の従業員への対応です。試用期間中の従業員を解雇したことについて、従業員から不当解雇として訴えられ、訴訟トラブルに発展するケースがあります。また、試用期間満了のタイミングで会社側から本採用を拒否して雇用を終了することを「本採用拒否」といいますが、本採用拒否をした従業員から訴えられ、訴訟トラブルに発展するケースも少なくありません。

筆者が相談を受けた中には、試用期間中であれば、問題なく、解雇あるいは本採用の拒否ができると会社側が誤解されているケースもありました。確かに、試用期間満了後の本採用拒否は、通常の解雇よりも広い範囲で認められるという最高裁判所の判例（最判昭和48年12月12日。三菱樹脂事件）があります。しかし、広い範囲で認められるといっても、実際には、試用期間中の解雇や、試用期間満了後の本採用拒否が無効であると判断とされ、会社が敗訴しているケースが後をたちません。

設例の題材である東京地判平成27年１月28日も、試用期間満了後の本採用拒否を無効としたケースの１つですが、それ以外にも、例えば、以下のような事例があります。

① 大阪地判令和元年11月８日

労働保険事務組合が、事務職員として採用した試用期間中の従業員を著しい能力不足を理由に解雇した事例。解雇は無効とされ、事務組合は約400万円の支払いと雇用の継続を命じられました。

② 東京地判平成27年９月30日

医療法人が、経理の事務職員として採用した試用期間中の従業員を著しい能力不足を理由に解雇した事例。解雇は無効とされ、医療法人は約470万円の支払いと雇用の継続を命じられました。

③ 福岡地判平成25年９月19日

社会保険労務士法人が、試用期間中の従業員が顧客の意向を十分確認しないまま雇用保険の手続をしたことなどを理由に解雇した事例。解雇は無効とされ、法人は約340万円の支払いと雇用の継続を命じられました。

これらの事例で、裁判所は、いずれも雇用主が試用期間中の従業員に対して十分な指示や指導を行わないまま、能力不足と判断して雇用を終了させたことを、解雇を無効と判断した理由としてあげています。

また、新入社員をいったん例えば６か月あるいは１年といった期間の有期雇用としたうえで、有期雇用の終了のタイミングで、正社員としての契約を締結するかどうかを判断する制度を採用している会社もあると思います。これは、有期雇用の期間中の勤務ぶりを見て、正社員採用しない選択肢を設けることで、企業のリスクを少しでも回避しようとする制度だと思われます。しかし、裁判所は、このような勤務ぶりを見るためにひとまず有期で雇用するというやり方については、最初から正社員採用して試用期間を設けるケースと同等であると判断しています。最判平成２年６月５日は、「使用者が労働者を新規に採用するに当たり、その雇用契約に期間を設けた場合において、その設けた趣旨・目的が労働者の適性を評価・判断するためのものであるときは、右期間の満了により右雇用契約が当然に終了する旨の明確な合意が当事者間に成立しているなどの特段の事情が認められる場合を除き、右期間は契約の存続期間ではなく、試用期間であると解するのが相当である」としています（下線は筆者）。そのため、このような有期雇用の終了のタイミングで正社員採用しないことも、試用期間中の従業員の本採用拒否と同等のリスクがあることに注意しなければなりません。

(4) 一番の問題点は予測可能性がないこと

このように、能力不足を理由とする解雇を裁判所で正当と認めてもらうには相当なハードルがあります。そして、一番の問題点は、裁判になった場合の結論の予測可能性が低いことです。

多くの裁判で、「解雇の前により具体的な指導をすべきだった」とか、「解雇の前に他部署で適性をみるべきだった」などという理由で会社側が敗訴しています。しかし、では、「どのくらい指導すれば十分なのか」「どのくらい他部署で適性をみれば十分なのか」についての明確な基準はありません。裁判官によって基準がまちまちだというのが実態であり、解雇した場合に解雇が有効と認められるか、それとも不当解雇と判断され多額の支払いと雇用の継続を命じられるかということについて、事前の確実な予測は困難です。

こういった点から、設例のような著しい能力不足で改善意欲のない従業員についても、解雇で対応するのではなく、合意に基づく円満退職で解決する必要があるのです。

2 【実践例１】
能力不足が顕著だが、退職勧奨に応じない職員に悩むクリニックの退職勧奨事例

では、具体的にどのように進めていけばよいのか、実践例をあげて説明していきます。

(1) 事案の概要

本件は、クリニックの受付として中途採用した職員の能力不足が著しく、患者からクレームが出たり、他の職員に悪影響を与えていた事案です。

概要は以下のとおりです。

① この職員には一般企業や他のクリニックで受付事務として勤務した経験があり、クリニックが正職員として採用しました。

② ところが、勤務開始当初から患者の名前を間違える、会計で誤差を出す、患者の予約を予約管理表に記入し忘れるなど、ミスを繰り返しました。

③ 院長や先輩職員が何度も注意をしましたが、一向に改善される気配がありませんでした。

④ 院長は、試用期間の途中でこの職員に対して退職勧奨を行いましたが、職員は「絶対辞めません」と回答し、退職を断りました。

そこで、この職員への今後の対応について、クリニックからご相談いただいたケースです。

⑵ 解決結果

相談を受けて、弁護士が、院長に対して、対象職員の指導方法について継続的なアドバイスを行いました。院長や指導担当の先輩職員がアドバイスに基づき、対象職員の指導を行いましたが、問題点は十分に改善されませんでした。そのため、弁護士の助言に基づき、院長が再度退職に向けた話し合いを対象職員とした結果、合意による円満退職に至りました。

⑶ 具体的な対応

相談後に行った具体的な対応は以下のとおりです。

① 対応方針を決める

まず、クリニックからの相談の際に、対象職員の経歴や、クリニックで対象職員を採用した後に発生した問題点を、弁護士がヒアリングしました。その結果、以下の点が判明しました。

・現在試用期間中であり、試用期間満了日までは２か月半の期間があること
・受付事務の経験があり、即戦力として採用したにもかかわらず、単純な注意不足を原因とするミスが多かったこと

相談の際に、院長もこの職員の対応にすでに疲弊していて、この職員には辞めてもらいたいと考えていました。しかし、前述のとおり、試用期間中の解雇であっても、裁判所に解雇を正当と認めてもらうためには、相当のハードルがあります。そこで、解雇により問題を解決するのではなく、まずは試用期間満了まで対象職員の業務能力の改善・向上を目指して指導を行うことを弁護士として助言しました。そのうえで、試用期間満了が近づいても対象職員の業務能力に改善がみられなければ、再度、対象職員に退職を求める話し合いをする方針を立て

ました。

ただし、対象職員は、前述のとおり、すでに院長から退職勧奨を受け、「絶対辞めません」と断った経緯がありました。弁護士が聴く限り、退職を断られた理由は、基礎編のところで説明した「自己認識のゆがみを修正させる努力」をしないまま、いきなり退職の話をしていることが原因だと思われました。対象職員は、院長や先輩職員から注意、指導を受けているにもかかわらず、自己認識としては、「自分は十分仕事ができている」と思っていることがうかがえました。つまり、クリニックでは自分は能力不足と評価され、院長も他のスタッフも対応に困っていることが対象職員に十分伝わっていなかったのです。

このような本人の自己認識のまま退職に向けた話をしても、うまくいかないことは目に見えています。このようなケースでは、退職に向けた話をする前に、まず、自分が職場で必要とされる能力を発揮できていないことに気づかせ、対象職員の自己認識を変えさせる必要があります。これは、13頁で紹介したNECソリューションイノベータ事件（東京地判平成29年２月22日）にいう「勤務成績が著しく不良であることを感銘付ける努力」をするということにあたるともいえるでしょう。試用期間満了日までまだ２か月半の時間があったので、その期間を利用して、指導による改善に取り組み、また、対象職員の自己認識のゆがみを修正することに取り組む方針をとりました。

② 指導方法を明確にする

上記の方針のもと、弁護士から院長に対し、これからの指導方法について、以下の点を説明しました。

ア 複数人での指導体制をつくる

問題のある職員には、責任者を明らかにしたうえで、複数人で指導する体制をつくることが必要です。

役割分担や、複数の視点からの指導が可能となるためです。また、複数で指導をすることにより、指導担当者の負担軽減にもなります。

指導担当者は、自分の仕事を抱えながら、対象職員への指導も行わなければなりません。また、後で説明するように、指導記録票の作成もこなす必要があります。そして、ミスを繰り返す職員に粘り強く指導を繰り返すことには、相応の精神的な負荷がかかります。このような負荷を１人に負わせることはなるべく避けるべきです。

この相談事例のケースでは、クリニックにおける先輩格の職員１人を指導担当とし、院長とこの指導担当の先輩職員の２名で対象職員の指導を行う体制をとることにしました。

イ　対象職員に毎日業務日報を書かせる

「指導」というと、雇用主側から対象職員に対して、改善すべき点を整理した指導の文書を渡すということをイメージしがちです。もちろんそのような指導もときには必要ですが、雇用主側から改善すべき点をまとめた文書を渡すという形式の指導では、対象職員の指導に対する理解度を把握しづらいという問題点があります。むしろ、対象職員自身に自分の課題を整理して文書化させることにより、対象職員が指導をどのように理解し、受け止めているのかを把握することが重要です。要するに「指導する側が書く」ことだけでなく、「指導される側に書かせる」ことも重視すべきです。

この事例でも、指導にあたって、毎日、対象職員に業務日報を書かせることを助言しました。

この業務日報には以下の欄を設けることをおすすめします。書式を資料編の368頁で紹介しているので参照してください。

i　日報作成の日付

ii　当日の仕事内容

iii　頑張ったこと、よくできたこと

iv　注意・指導を受けた内容

v　注意・指導に対する改善内容

vi　指導者のコメント欄

このうち、ｉ～ｖの部分を毎日、対象職員に記載させることで、職員の仕事に対する理解度や、指導についての理解度をみることができます。

つまり、対象職員が業務日報に、その日に注意・指導を受けた内容を的確に記載し、適切な改善内容を記載しているのであれば、対象職員が指導事項を理解していたことがわかります。一方で、指導された内容を正しく記載されていなかったり、改善内容としておかしなことを記載している場合には、理解が不十分であることがわかります。理解が不十分である場合には、再度口頭で指導を行ったり、日報にコメントを入れて指導するなどして、改善を促すことが必要です。

この相談者の場合は、院長が毎日、業務日報を確認し、「指導者のコメント欄」にコメントを入れることにしました。そして、翌日には、コメント入りの業務日報のコピーを対象職員に交付し、それをもとに必要な指導を行うことにしました。指導をしてみると、この対象職員は、当日指導を受けたことも忘れてしまっており、業務日報に記載しないことが多々ありました。そのような場合は、院長がコメント欄で指摘することで、再度指導を行いました。

ウ　指導担当の先輩職員は指導記録をつける

指導担当の先輩職員には、対象職員について業務上の問題があったときは、必ずそのつど適切な指導をすることをお願いしました。また、指導した内容について記録をつける用紙（指導記録票）を準備し、指導した内容を記録することをお願いしました。これは、対象職員の問題点を記録して、院長と指導担当の先輩職員との間で共有することにより、指導に役立てるためです。

この指導記録票や前述の業務日報は、対象職員に能力の改善がみられず、やむを得ず解雇等が必要になった場合には、対象職員の能力不足を示す証拠にもなります。ここまで説明してきたとおり、解雇はできる限り避けるべきですが、どうしても円満退職の合意に至らない場合の最後の手段として視野には入れておくべきです。

指導記録票には、以下の点を記載します（指導記録票の書式を、資料編369頁に掲載していますので参照してください）。

i　指導日時

ii　指導対象となった問題点

iii　問題点が業務に与えた影響

iv　行った指導の内容

v　指導を受けた対象職員からの応答

指導担当の先輩職員が対象職員を指導するたびに、指導記録票に指導内容の記録を残しました。多い日には、１日の指導記録票の枚数が５枚を超えることもありましたが、根気強く指導を続けることをアドバイスしました。

エ　院長による定期的な業務面談の実施

院長には、数週間おきに対象職員に対して、業務日報と指導記録票をもとに面談を行い、改善がみられない点については直接指導を行うことをお願いしました。

面談にあたっては、面談資料として、対象職員から以下の点を記載した書面を事前に提出させることにしました。

i　前回の面談以降にどのような指導を受けたか

ii　ミスしやすいことや、繰り返し指導されたことは何か

iii　ミスをしないための改善策

これらを対象職員に記載させることで、注意・指導された内容を覚えているか、正確に理解しているかなど、対象職員の認識を把握することができます。また、指導する側の準備の負担を少しでも減らすことにも役立ちます。注意・指導を何度も受けたのに、提出された面談資料にそのことが記載されていない場合は、なぜ記載していないのかを確認し、再度、院長や指導担当の先輩職員から指導を行いました。

③　指導にあたり具体的な改善方法を伝える

対象職員がミスを繰り返す場合も、単に対象職員を叱りつけるだけでは指導にはなりません。なぜその行為が指導対象になり、クリニックにどのような悪影響を与えるかを説明したうえで、具体的な改善策を対象職員に伝えることが必要です。

例えば「新人でもしないようなミスをしないでください」「もっと集中して、仕事をしてください」というような叱り方では、具体的な改善策が全く明らかではなく、適切な指導とはいえません。「今日、○○さんは、△△をしていましたが、そのようなやり方ではお客様が不快に思ってしまいます。理由は□□だからです。今後、◇◇というやり方をしてください」というように指導を行う必要があります。

④　業務チェックリストを作成させ理解の程度を確認する

対象職員の理解の程度を確認するために、対象職員に自分の業務をチェックするためのチェックリストを作成させることも、クリニックに助言しました。例えば、クリニックの閉院の際にやるべき片付け作業が多くあり、対象職員が何度も忘れてしまうという問題があったので、閉院の際に行うべき片付け作業についてのチェックリストを対象職員に作成させることを助言しました。対象職員が作成したチェックリストを見ると、閉院の際に行うように指示した項目の多くが記載されておらず、対象職員が作業内容を把握できていないことがわかりました。そのため、院長から、対象職員に対して、重要な項目が漏れていることを指摘して、チェックリストを修正するように指導することをお願いしました。

こうしてできあがったチェックリストは、対象職員が実際に閉院時に片付け作業を行う際にチェックを入れることにより、作業の漏れがないかどうかを確認するために使用し、業務の改善に役立てました。

(4)　指導期間中の弁護士によるサポート

院長には、指導期間中、毎週末にその週の業務日報と指導記録票を弁護士までメールで送ってもらいました。それをもとに、弁護士から院長に対して、指導方法をアドバイスします。対象職員の問題点は多岐に及び、指導記録票の枚数は100枚を超えました。具体的には以下のようなものがありました。

①　会計ができる状態であるにもかかわらず、会計待ちの患者を呼ばない
②　会計の順番を間違える
③　受付で鼻歌を歌う
④　会計の金額が合っていなかったにもかかわらず、それを報告せずに帰る
⑤　健康保険証の有効期限を確認しない
⑥　患者の予約時刻を間違える
⑦　患者の予約をとったのにクリニックの予約管理表に記載しない
⑧　予約内容を間違える
⑨　閉院時の片付け作業として指示されていた留守電セットや、ごみ箱の確認等をしない
⑩　作成を指示された業務チェックリストを作成しない、あるいは作成しても明らかに不備のあるものである
⑪　業務チェックリストのごみ箱の確認欄に、業務を行ったことを示すチェックを入れているが、院長がごみ箱を確認するとごみ袋が交換されていない

これらの問題点に対してどのように指導を行うのかが、非常に重要です。特に、問題点の中には、指導をするまでもなくやってはいけないことが明らかなものも多く、それに対してどのように指導すればよいかわからず、指導内容があいまいになりがちでした。

しかし、ダメなことが明らかなことであっても、「業務に対してど

んな支障が生じるのか、なぜダメなのか」を説明のうえ、どのような方法で改善すべきなのかについて具体的に指導することが必要です。例えば、鼻歌を歌う点については、「患者様によっては不快に思う方がおり、現にクレームが出ているため、受付業務中に鼻歌は今後歌わないでください。受付はクリニックの顔ですので、受付への信用の低下はクリニックの信用の低下につながります。受付に、鼻歌を歌わないこと、と付箋を貼って、常に注意するようにしてください」などと指導をするように助言しました。

⑸　試用期間満了日に再度退職に向けた話し合いをする

①　人格を傷つけない話し方が必要

対象職員は、試用期間満了が近づいても同じような初歩的なミスを繰り返し、改善の傾向がみられませんでした。そのため、再度、院長が面談を行い、退職に向けた説得を行いました。

ここまで説明してきたように、円満に合意に至るためには、問題がある職員に対しても、人格を傷つけない、本人を不必要に非難しない話し方が必要です。このケースでは、院長から「あなたには他社で能力を生かせる部分があると思いますが、うちの職場にはあっておらず、雇用の継続が難しい」という話をしました。その結果、対象職員は退職を素直に受け入れ、あとは退職の条件の交渉になりました。対象職員は他社に就職するまでの期間、収入が途絶えることを気にしていたので、クリニックから給与の３か月分の退職金を出すことを提示し、その内容で退職の合意に至ることができました。

②　本人の自己認識を改めさせたことが円満退職に至ったポイント

冒頭でも説明したとおり、対象職員は、以前、院長から退職を求められた際、退職を強く断った経緯がありました。これは、この職員が

「自分は仕事ができている」と思っていたことが原因です。しかし、ここまで説明した弁護士の助言による指導を経て試用期間満了日に再度退職に向けた話し合いをしたときには、それまでの指導の経緯の中で、対象職員は、自分の能力がクリニックで求められている水準に達していないことを十分認識していました。このように、退職に向けた話し合いをする前の段階で、自分にあわない職場であることに気づかせることができていたからこそ、対象職員としても、退職勧奨を納得して受け入れ、退職の合意をまとめることができたといえます。

③　指導をサポートする立場も重要

問題のある職員に適切な指導を行い、それを記録化していくことは負担が大きい仕事です。弁護士などの適切なアドバイスのもと、先を見通し、正しいと思える方法で行っていかなければ、継続して行うことはできません。このクリニックの院長や指導担当の先輩職員も、真剣な指導にもかかわらず一向に改善の姿勢をみせない対象職員に対して、疲れ果てていました。

弁護士がアドバイスを行い、先の見通しを説明し、ときには勇気付けることで、試用期間満了までの約２か月半、最後まで指導を行うことができました。合意による解決に至ったのは、試用期間満了まで院長らが、対象職員を改善させるために自信をもって本気で指導し、真剣に向き合ってきたからこその結果でした。

3　能力不足で改善意欲がない従業員について円満退職の合意をまとめるためのポイント

クリニックの事例では、本人に自己認識を改めさせることが重要であることを説明しました。自己認識を改めさせるための指導の方法については以下の点をおさえておいてください。

(1)　複数で指導する体制をつくる

問題がある社員を指導する際は、まず、「誰が指導するのか」を明確に決めることが必要です。問題行動があった場合に放置せずに必ず指導を行うためには、指導の担当者をあらかじめ決めておき、その人が責任をもって指導を行う体制をつくらなければなりません。

具体的には、以下の２人で指導する体制をおすすめします。

①　対象社員の上司にあたる人（＝責任者）

役割：対象社員の業務日報に毎日指導コメントを入れる
　　　対象社員と２週間に１度程度の面談を行う

この役割は、クリニックの事例でいう院長の役割です。対象社員の上司にあたる人が担当することが基本ですが、小さな会社では社長が担当することも適切です。

②　同じ部署内の先輩格の社員（＝指導担当者）

役割：対象社員の言動に気を配り、問題があるときはその場で指摘して指導する
　　　指導記録票をつける

この役割は、クリニックの事例でいう「指導担当の先輩職員」の役

割です。同じ部署内にいる、対象社員からみて先輩格の社員で、対象社員の上司をサポートする立場にある人が担当することが基本です。

指導担当者は対象社員の言動に気を配り、問題があるときはそれを指摘して指導することが役割になります。問題点について決して見て見ぬふりをせずに、その場で指摘して改めさせることが重要であり、そういうことをいとわない胆力のある人が指導担当者になる必要があります。

なお、指導はその場で行うことが基本です。中には人前で指導を行うことは、適切ではないとする意見もあると思いますが、その場で指導しなければ、対象社員が問題となる行動をしたことを忘れてしまい、後になって指導しても指導の効果をあげることができません。

ただし、大声や威圧的な叱責を他の従業員に聞こえる状況で行うことは避けるべきです。厚生労働省は令和２年にパワーハラスメントについての指針を定めています（令和２年厚生労働省告示第５号）。これは一般に「パワハラ防止指針」と呼ばれるものですが、その中で厚生労働省は、「他の労働者の面前における大声での威圧的な叱責を繰り返し行うこと 」をパワーハラスメントの例として挙げています。

一方、大声を出さず、威圧的でもない通常の指導であれば他の従業員に聞こえる状況で指導を行ってもパワーハラスメントにあたるわけではありません。他の従業員に聞こえる状況での指導は、問題点の指摘や具体的な改善の指導を内容とするべきで、本人の能力を否定するような発言は避けるべきです。パワハラ防止指針については資料編370頁を参照してください。

⑵　毎日、業務日報を書かせる

クリニックの事例のように、問題がある社員を指導する際は、その社員に毎日、業務日報を書かせることがまず必要です。普段から業務日報を提出させている会社も、問題社員の指導の際は、それにあった業務日報になるように別のひな形（資料編368頁参照）を用意してください。

また、業務日報をまとめて提出することは認めず、必ず、当日の終業前に提出させることが重要です。

業務日報の「本日の仕事内容」「頑張ったこと・よくできたこと」「注意・指導を受けた内容」「注意・指導に対する改善内容」の各欄をすべて記載するように指示してください。特に、「注意・指導を受けた内容」については、対象社員が指導の内容を振り返り、問題点を改善するために重要な項目ですので、指導を受けた内容をすべて記載するように伝えることが必要です。

(3) 指導担当者は指導記録票を作成する

指導担当者（＝先輩格社員）は、前述のとおり、対象社員の言動に常に気を配り問題があるときはその場で指摘して指導することが役割になります。

そして、その指導の内容について必ず指導記録票の形で記録し、対象社員の上司に提出することで、対象社員の上司と指導内容を共有します。

この指導記録票（資料編369頁参照）は１つの指導につき１つ作り、例えば、１日に３つの問題を指導したときは３つの指導記録票を作成することが基本です。

指導記録票の作成は、指導担当者が対象社員の上司（＝責任者）に対して、対象社員が改善すべき課題を共有することが目的です。その目的を意識して、対象社員の上司が面談時の指導に生かせるように記録することが必要です。

⑷　業務日報には端的な指導のコメントを入れる

業務日報は、対象社員の上司（＝責任者）が毎日目を通し、「指導者のコメント」欄に毎日、指導のコメントを入れることが必要です。

そして、翌日、対象社員に渡してコメントの内容を確認させてください。

対象社員の問題点がどうすれば改善できるのかという点について直球の指導コメントを入れることが重要です。決して、感情的なコメントや嫌味なコメントは入れるべきではありません。

①　良い例

「今日、あなたは営業先でお客様に角の折れ曲がった名刺を渡していましたが、そのような名刺を使用するべきではありません。お客様を不快にさせるからです。名刺は必ず名刺入れに入れて、きれいなものを使用するようにしてください」。

「今日、上司の○○さんから仕事を頼まれたときに明確に返事をしていませんでしたが、そのような態度は正しい態度ではありません。返事がないようでは、仕事を頼む側から、あなたが仕事の内容を理解したのかどうかがわからないためです。仕事を頼まれたら、その指示がわかったかどうかが相手に伝わるようにはっきりと返事をしてください」。

「繰り返し指導していますが、遅刻をなくしてください。定刻に出社するかわからないようでは仕事を任せることができません。時間に余裕をもって家を出て、朝礼前に必ず出社するようにしてください」。

このように、改善すべき行動を具体的に指摘し、さらにどのように改善すべきかを指摘し、できれば改善すべき理由も記載することがポイントです。

② 悪い例

・「真面目に指導を受けてください！」といった精神論的で具体性のないコメント

・「いい加減にしてください！」といった感情的なコメント

・「新人でもわかりますよ！」といった皮肉を含むコメント

このように、コメントを読んでも、具体的にどうすればよいかが伝わらないようなコメントは、「指導」とはいえません。

なお、対象社員が業務日報を出すこと自体に反発し、日報を白紙で出したり、「出勤して労働した」などとのみ記載して出すといったケースも存在します。筆者が所属する法律事務所でサポートしたひどい事例の中には、所長による指導の対象となっていたスタッフが業務日報に「所長の頭が臭い」などと書いて出したというケースすらありました。そういったケースでは、コメント欄で業務日報を適切に記載して提出するべきことを指導する必要があります。それでも適切な記載をしないときは、業務命令を文書で出し、業務命令違反として懲戒処分を進めたうえで、退職の話し合いをしていくことが必要です。強い反発にめげそうになることもあると思いますが、それでも正しい方法で対応すれば、話し合いによる解決が可能です。

業務命令違反のケースでの退職の話し合いの進め方については、次の第２章で解説します。

⑸ 対象社員の上司は毎日指導記録票を確認する

対象社員の上司（＝責任者）は、指導担当者が作成した指導記録票に毎日目を通すことが必要です。その際、以下の点に注意してください。

① 指導担当者が指導記録票に記載している「行った指導の内容」のうち重要なものが、対象社員の業務日報の「注意・指導を受けた内

容」から抜けていないか

② 指導担当者が指導記録票に記載している「指導に対する対象者の応答」が問題のあるものになっていないか

これらの点に問題がある場合は、日報の「指導者のコメント」欄にその点を指摘するコメントを入れることが必要です。

(6) 対象社員にチェックリストを作らせる

対象社員に業務に関するチェックリストを作らせることも有効です。

重要なことは、会社あるいは上司の側でチェックリストを作って対象社員に渡すのではなく、指導対象となっている対象社員本人にチェックリストを作らせることです。

チェックリストを作らせることで、対象社員がどの程度指導を理解しているのかを確認することができます。

(7) 2週間に1回は面談を行う

「毎日、業務日報を書かせて、指導のコメントを入れて対象社員に確認させる」「指導担当者は指導のつど、指導記録票を作る」ということができるようになれば、次は、対象社員に対する面談を行うことが必要です。

面談は対象社員の上司（＝責任者）が行うことをおすすめします。従業員に対する面談は半期に1度という会社も多いと思いますが、少なくとも問題社員については、そのような頻度で面談を実施していたのでは十分な指導を行うことができません。問題社員に対する面談は2週間に1度程度の頻度が適切です。

■面談方法について

対象社員の上司は、対象社員の面談の前に、必ずそれまでの業務日報やそこに記載した指導のコメント、指導記録票に記載されている指導担当者の指導内容を確認しておくことが必要です。

そのうえで、面談で、まず、対象社員に自分で課題と思う点を尋ねます。対象社員の自己評価が、会社の評価とどの程度一致しているかを確認することが重要です。

それから、直近2週間の指導内容や対象社員の改善内容を確認し、次の面談までに改善するべき課題や今後長期的に見て改善していくべき点を具体的に伝えるようにしてください。

また、面談時に対象社員に伝えた「今後改善していくべき課題」や面談での対象社員の応答内容については必ずメモを残し、次の面談時に役立てることが必要です。

(8) 指導書を作成して交付する

指導にもかかわらず対象社員に改善がみられないときは、対象社員の上司（＝責任者）が指導書を作成して交付することも必要です。「指導書」の書式は資料編の383頁を参照してください。

ただし、最初から指導書を渡すのではなく、まずは面談で指導された点を面談後に対象社員に整理して提出するように指示し、指導が対象社員に正しく伝わっているかを確認しましょう。対象社員が記載した内容を確認し、足りない点や間違っている点は指摘したうえで指導書を渡すようにしてください。

(9) まとめ

このように、まず、複数で指導する体制をつくるために、誰が指導するかを決めたうえで、以下の点に取り組んでいきましょう。

指導する側がすること	指導対象者がすること
業務日報に毎日指導コメントを入れて指導対象者に返す	毎日、業務日報を書き、提出する
問題行動があったときはその場で指導し、そのつど、指導記録票を作成する	
指導記録票をもとに２週間に１回面談を行う	面談で指導された内容を整理して提出する
必要に応じて指導書を作成して交付する	

問題社員への指導は、まずは、１か月から２か月の短期間でもかまわないので、ここで説明したような密度で行うことが必要です。指導の密度が低く、例えば、３か月に１回などの頻度の面談で課題を与えて改善の程度を確認するというようなやり方の場合、問題社員の自己認識を正し、現在、職場で評価されていないということをはっきりと理解させることができません。これでは、問題が改善されないことが多く、また、問題が改善されない場合には退職に向けた話し合いをしても、うまくいきません。

裁判例の中には、一定の指導期間を設定して指導を行ったが改善がみられなかったために退職勧奨をしたものの、本人が受け入れずに、やむなく会社が解雇し、訴訟に至っているものもみられます。しかし、その内容を見ると、指導期間中の指導の密度が不十分であるため、退職勧奨で合意に至らなかったと思われるものが多くなっています。そして、このような事例では、解雇についても、裁判所の判決で「指導が十分にしきれていない」という理由で無効とされているケースが多くみられます。

なお、成績不良者の自己認識を正す方法は、指導だけではありません。例えば、職務等級制度を採用している会社では、指導とあわせて、職務等級を本人の能力に見合う等級まで引き下げることを検討すべきですし、成績不良者が役職者である場合は役職の引下げも検討するべきでしょう。そして、そのような職務等級の引下げや役職の引下げを行った後も、本人の勤務ぶりが賃金に見合わず、会社として雇用の継続が困難であれば、退職に向けた話し合いをすることになります。いずれにせよ、退職の話し合いをする前の段階で、本人に職場で評価されていないこととその理由をはっきり理解させておくことが、退職の話し合いをまとめるために重要です。

4　設例に対する回答

では、36頁の**設例1**の設計事務所の事案では、会社はどうすればよかったのでしょうか？

問題の男性従業員は、会社の社長が図面の作成の問題点を指摘したのに対し、「構造計算上はこれで合っており、自分は構造計算の知識・経験が十分にある」と反論して誤りを認めていません。また、この従業員は他の従業員から指示を受けても何ら返答しないことも多い状況でした。

このような態度からは、問題の従業員が、会社からは仕事の能力が不十分でありかつ業務態度が不良と評価されているにもかかわらず、「自分はできている」と考えていることがうかがえます。そのため、まずは試用期間を延長したうえで、1か月または2か月でもよいので、密度の濃い指導を行うことにより、「自分はできている」という自己認識のゆがみを修正させることが必要でした。そのうえで、指導を受けても改善ができなければ、退職に向けた話し合いを行い、合意による退職で問題を解決することが必要です。

密度の濃い指導を行った後であれば、本人の自己認識が正され、本人も自分が会社から評価されていないことを理解しているので、会社都合退職扱いにして3か月分程度の退職金を出すと話せば、退職について合意を得ることは難しくありません。そうすれば、設例1の題材となった東京地判平成27年1月28日の事案のように、長い裁判を行ったうえで敗訴し、750万円もの支払いと、従業員の雇用の継続を命じられるような事態は避けることが可能でした。

5　指導がパワーハラスメントだといわれないための注意点

能力不足の従業員に対する指導にあたり、指導がパワーハラスメントにあたるという指摘を受けないか心配になる人もいると思います。適切な指導を自信をもって行うためにも、パワーハラスメントの意味をよく理解しておく必要があります。

また、経営陣が能力不足の従業員の指導を自分の部下にまかせるときは、指導を担当する部下にパワーハラスメントの意味をよく理解させ、部下がパワーハラスメントと指摘されることを恐れて必要な指導を控えることにならないように気をつけなければなりません。

以下ではパワーハラスメントの意味やパワーハラスメントにならない指導の仕方について確認します。

⑴　パワーハラスメントとは

パワーハラスメント（以下、パワハラ）の定義は、「労働施策の総合的な推進並びに労働者の雇用の安定及び職業生活の充実等に関する法律」により以下のように定められています。

パワーハラスメントとは、 ①職場において行われる優越的な関係を背景とした言動であって、 ②業務上必要かつ相当な範囲を超えたものにより ③その雇用する労働者の就業環境が害される ものです。

①から③をすべて満たすもののみがパワハラに該当します。例えば上司から部下に対する必要かつ適切な方法で行われる業務上の指示や指導については、②にあてはまらないためパワハラではありません。

(2) 業務上の指導とパワハラの境界線

このように必要かつ適切な方法で行われる業務上の指導はパワハラにはあたりませんが、業務上の指導とパワハラの線引きは必ずしも明確ではありません。

厚生労働省のいわゆるパワハラ防止指針（令和２年厚生労働省告示第５号。資料編370頁）においても、パワハラにあたるかどうかは、「言動の目的」「言動が行われた経緯や状況（言動を受けた労働者の問題行動の有無や内容・程度を含む）」「業種・業態、業務の内容・性質」「言動の態様」「言動の頻度・継続性」「労働者の属性や心身の状況」「行為者との関係性」等の要素の総合考慮より判断すると記載されています。

これをもう少し詳細にみていくと、パワハラにあたるかどうかの判断においては、以下のような事情が考慮されています。

●言動の目的

言動が業務上の指導や部下の行動の改善を目的としたものであることは、パワハラを否定する要素の１つになります。一方で、上司の部下に対する個人的な嫌悪の感情に基づいた言動や嫌がらせを目的とする言動であることは、その言動がパワハラと判断される要素の１つになります。

●言動が行われた経緯や状況（言動を受けた労働者の問題行動の有無や内容・程度を含む）

これまで問題行動を繰り返してきた経緯がある部下に対しては、ある程度強く指導することも業務上必要と判断される傾向にあります。一方、軽微なミスに対して、バランスを欠いた強い叱責が行われたときはパワハラと判断される要素の１つとなります。

●業種・業態、業務の内容・性質

医療現場や危険な作業を伴う現場におけるミスなど、業務の性質上、人の生命や健康にかかわるミスについては、強い指導でも業務上必要と判断される傾向にあります。

●言動の態様

「辞めてしまえ」「死んでしまえ」「新人でもできる」など、発言が部下の人格を否定するような内容を含む場合や感情的な発言であることは、パワハラと評価される要素の１つとなります。また、必要以上の大声や罵声、必要以上の長時間の叱責であることも、その言動がパワハラと判断される要因の１つになります。必要がないのに見せしめ的に大勢の前で叱責したり、社内や部署の一斉メールで叱責するということもパワハラと判断される要因の１つになります。

●言動の頻度・継続性

軽微なミスなのに執拗に指摘を続けたり、もう指導する必要がない過去のミスに対してまで嫌味や皮肉めいた発言をすることもパワハラと判断される要素になり得ます。

●労働者の属性や心身の状況

新入社員や立場の弱い派遣社員であること、あるいは、すでに問題を指摘され精神的に落ち込んでいる状況の従業員に対しての厳しい叱責は、パワハラを肯定する要素の１つとなることがあります。

一方で指導を受けている部下の態度に問題があるようなケースでは、パワハラを否定する要素の１つとなります。

●行為者との関係性

日ごろからコミュニケーションがとれていない部下に対する強度の叱責であることは、パワハラを肯定する要素の１つになります。

68頁から始まる**図表１－１**は、最近の裁判例のうち、パワハラか指導かの境界線が問題になった裁判例を整理したものです。

これらの裁判例を見ると、まず、指導や叱責に対し、それを受ける側が反論し、口論になっているケースは通常パワハラにあたらないとされます（図表１－１の事例６、事例14)。

また、必要な指導をした後も指導対象者の勤務態度や能力に重大な問題がある場合は、相当程度強い叱責もパワハラにあたらないとされています（事例13、事例16)。しかし、そういう場合でも、指導対象者を侮辱する言動（事例５）や退職を強要する言動（事例17）はパワハラにあたります。

さらに、指導する側が、何らかの誤解により強い叱責を行った場合（事例12)、必要もないのに他にも聞こえる大声で叱責した場合（事例３、事例11)、必要な指導をしないまま強度の叱責をした場合（事例11）はいずれもパワハラに該当するという判断になりやすい傾向にあるといえるでしょう。

また、時間外に業務の対応を要求する行為がパワハラに該当すると主張されるケースがあります。これについては、業務への対応の要求が、就業規則上利用が認められている短時間勤務制度等の利用を妨げるような態様で行われる場合は、パワハラにあたりやすいことが指摘できます（事例１)。一方で、就業規則上、時間外労働を命じることができる旨の規定がある場合に、早朝に勤務を求めたり、遅くまで就業させたりすることはそれだけでただちにパワハラにあたることはありません（事例10)。

理不尽なクレーマーに対して謝罪するように指示したことをパワハラにあたると判断した事例（事例４）にも注意が必要です。この事例は、小学校の事例ですが、一般の企業においても、現場で顧客対応にあたる従業員が顧客から理不尽な要求、理不尽な謝罪を求められることがあります。そのようなケースで顧客の勢いに押されて、穏便にその場を収めるために、現場の従業員に顧客からの理不尽な要求に応じるように指示することは、現場の従業員に多大な苦痛を与え、パワハラに該当する可能性があります。

▼図表1－1　パワハラか正当な指導かの境界線に関する裁判例

事例	結論	裁判例	言動の内容	備考
1	パワハラにあたる	東京地判令和２年６月10日	育成部長の立場にあった従業員が、育児のため午後４時までの短時間勤務制度を利用中の育成対象社員に対し、午後７時から午後８時を過ぎて、遅いときには午後11時を過ぎてから電話等により頻繁に業務報告を求めた行為	
2	パワハラにあたる	東京地判令和元年11月７日	韓国籍の女性に対する国籍に関する差別的言動（あなた何歳のときに日本に来たんだっけ？　日本語わかってる？）	発言内容そのものが被害社員を著しく侮辱する内容であり、被害社員が日本国籍を有しない者であることからしても、強い精神的な苦痛を与えると判断。
3	パワハラにあたる		部下を自分の席の横に立たせて注意をしたり、人事部あるいはフロア全体に聞こえるような大声で怒鳴りつけて注意をした行為	注意後に被害社員が泣いていたことも考慮。
4	パワハラにあたる	甲府地判平成30年11月13日	小学校長が、理不尽に謝罪を求める保護者への対応として、現場の教員に対して、保護者の要求に応じて謝罪するように指示した行為	教員が謝罪することに納得できないことは当然であり、校長は、保護者の理不尽な要求に対し、「事実関係を冷静に判断して的確に対応することなく、その勢いに押され、専らその場を穏便に収めるために安易に行動し

4	パワハラにあたる	甲府地判平成30年11月13日		たというほかない」としたうえで、謝罪の指示は、職務上の優越性を背景とし、職務上の指導等として社会通念上許容される範囲を明らかに逸脱したものであり、教員の自尊心を傷つけ、多大な精神的苦痛を与えたと判断。
5	パワハラにあたる	東京地判平成30年6月29日	新入社員に対し、机を他の従業員から隔離し、他の従業員の前で「パラサイト」「寄生」などと侮辱したり、ロールプレイ試験に合格することができなかった場合は退職する旨の文書を作成させ、上記ロールプレイ試験に合格することのできなかった新入社員に対し、必要のない人物であることを確認する旨の職場アンケートの実施を示唆してまで退職するように迫ったり、職場の忘年会への出席をしないように働きかけたりした行為	他の新入社員と異なり、5か月間にわたる研修を受講しても、商品の基本的な知識を欠き、また、ロールプレイ時の顧客役に対する応対が著しく適切を欠いたりするなど、このまま営業活動に出すと営業事故を起こしかねない危険な状況にあったという事情があるもののパワハラにあたると判断。
6	パワハラにはあたらない	東京地判平成30年1月24日	派遣労働者によるメールの誤送信について、指摘を受けても自己の責任を軽視する態度を変えなかった派遣労働者に対し、「私にも人事権があるから」と述べ	派遣労働者が自己の考えに固執し、一連の注意・指導を正面から聞き入れない態度を示すものであったことに照らせば、人事

6	パワハラにはあたらない	東京地判平成30年1月24日	て派遣労働者の人事評価に影響しかねない旨をほのめかした行為	評価に影響しかねない旨をほのめかしたことも、なお業務上の注意・指導の域を超えるものとまではいえないと判断。
7	パワハラにはあたらない	前橋地判平成29年10月4日	部下に対し、「今後とも先生には無理なこともどんどんお願いし、きついことも言うと思いますが、どうかよろしくお願いいたします」という内容のメールを送信した行為	厳しい要求に対する協力をお願いするものにすぎないと判断。
8	パワハラにはあたらない		体調不良を理由に有給休暇を取得していた部下に対し、4回にわたって電話をかけて実験で使用するサンプルの置き場所等を問い合わせ、また「急に休まれたら困る」「明日は来れるのか」などと述べた行為	休養中の部下にかわって実験を行うため、サンプルの保管場所等について問い合わせることはやむを得ないし、「急に休まれたら困る」「明日は来れるのか」などと述べたことがただちに必要以上の精神的な負担をかけたともいえないと判断。
9	パワハラにはあたらない		昼食休憩時に自宅に帰って昼食をとることが多かった部下に対し、「12時から1時まできっちり休んでコミュニケーションとれないのも、それも当たり前だっていう、そういう姿勢はおかしいんではないか」と発言した行為	構成員間のコミュニケーションを図る時間を確保するため、昼食休憩時間の取り方について一定の要請をすることがただちに業務の適正な範囲を超えるものということはできないと判断。

10	パワハラにはあたらない		部下に対し、「夜早く帰りたいのだったら、朝６時から仕事をはじめるのはどうか、自分も６時に来るから」などと発言した行為	部下にはフレックスタイム制が適用され、また就業規則上、業務上必要がある場合は時間外労働を命じることができる旨が定められていたことを考慮。
11	パワハラにあたる	前橋地判 平成29年 10月４日	実験の失敗を理由に、研究者失格である、大学院生以下であるなどと午前１時頃まで叱責し、転職活動を勧めたり、別の日も実験の失敗を理由に約２時間から３時間にわたって叱責したこと	叱責は、短期間に、連日にわたって行われており、その時間も長時間に及ぶものであり、廊下を隔てた別の部屋にまで聞こえるくらい大声のときもあった。部下が失敗した原因を掘り下げて究明し、失敗しないようにするためにはどうすればよいかを指導したような様子は全くうかがわれないことを踏まえ、パワハラと判断。
12	パワハラにあたる		前提事実を誤解して「あんた、実験やったことあんのか」「ようそんなんでやってきたな」などと発言して叱責した行為	
13	パワハラにはあたらない	東京地判 平成28年 10月７日	入職後１か月がたち、工夫された指導を受けた後も基本的な業務を覚えずミスを繰り返す新人看護師に対し、先輩看護師が１時間半以上にわたり、仕事をいつまでにできるようになるのかという期限の目標について繰り返し質問し、ナースだからここを辞めても仕事はあるはずであること、	健康診断業務や巡回検診業務を行っており、少ない人員で効率的、安全に業務を遂行しなければならない要請が高いところ、新人看護師のミスや不手際は、正確性、安全性が要請される医療機関においては軽視することはできないと

13	パワハラにはあたらない	東京地判平成28年10月７日	３か月とか６か月とかの期限が来ても業務を行うことができるようになっていなければ現在の職場で働くことは無理だと納得して辞めるということを考えられるのか等と発言した行為	指摘して、パワハラにはあたらないと判断。
14	パワハラにはあたらない		本来看護師がやる仕事ではない行為を新人看護師が行い先輩看護師から注意された際に、新人看護師が先輩看護師に反論したところ、先輩看護師が新人看護師に対し「人間的に無理」と言った行為	互いに口論をしたという性質のもので、先輩看護師が一方的に新人看護師の人格を否定するような発言をしたというものではないから、パワハラにあたるとはいえないと判断。
15	パワハラにはあたらない	東京地判平成28年３月17日	土曜日・日曜日と連続する形で有給休暇の利用を申し出た部下に対し、「なんで自分だけおいしいとこばっかり休むんだよって言いたいの、俺は」「それだったらさ、もうさ、申し訳ないけど、パートさんになってくれよ、ほんとに。社員としてさ、みんなのリーダーに任せるっていう気概がないんだったらもう、ほんとにいらねえよ。なんでおまえ、パートさんの年収の３倍ももらってやってんのにそんな程度なの？」などと述べた行為	会社において有給休暇について他の社員と調整し不公平にならないよう取得することを要請していたにもかかわらず、他の従業員と話し合うなどして調整をすることをせず、土曜日ないし日曜日に連続する形で有給休暇を取得することを繰り返していたことを踏まえるとパワハラにあたらないと判断。

16	パワハラにはあたらない	東京地判 平成28年 3月17日	「あなたは、正社員でうちの会社にいる意味は何なの？」「お前の時給はもうパートナーさんに比べて何倍だと思っている？ そんなおまえ、ぷらぷらするんだったら、パートナーさん雇ってやってもらった方が良いんだよ」「お前はもういる場所ないんだ」「申し訳ないけどさ、お父さんのコネでうちの会社で雇ったっての、義務はもう果たしてる、うちは、正直言って」などと述べた行為	勤務態度等に問題を抱え、何度注意してもそれが改善しないことから、この半年がチャンスであり、仮にそれでも勤務態度が改善されないとなると会社に居場所がなくなってしまうと警告して、改善を迫った際の発言であることを踏まえ、パワハラにあたらないと判断。
17	パワハラにあたる		部下に対して退職を決断しない場合には部下の父母を訪ねるつもりであることも示唆した発言	事実上退職せざるを得ない状況に追い込むためにした発言であり、パワハラにあたると判断。

(3) 適切な指導を行うために注意するべきこと

ここまで説明してきたとおり、パワハラに該当するかどうかは、その発言の内容だけでなく、様々な要素が考慮され、訴訟になったときも、一審と二審でパワハラにあたるかどうかの判断が分かれるケースも少なくありません。

しかし、そもそもパワハラに該当するかどうか怪しいようなぎりぎりの指導をするべきではありません。問題社員に対する指導では、以下の点に注意してください。

①　相手の人格を非難するのではなく、行動の改善を促す

「辞めてしまえ」「死んでしまえ」「新人でもできる」「新人以下だ」等の言葉は、人格を非難する言葉の典型例です。このような発言は部下に正しい行動を示すものではなく、指導ではありません。指導は、行動の改善を促す発言により行う必要があります。

②　どのように改善するべきかをわかりやすく具体的に示す

例えば、営業成績があがらない従業員を指導する場合に、結果が伴わないことを指摘するだけでは具体的な改善につながる指導とはいえません。なぜ改善が必要なのか、改善のために具体的に何をするべきなのかを端的に伝えることを心がけてください。嫌味な言い方、持って回ったような言い方、皮肉めいた言い方はすべきではありません。

③　問題が繰り返される等の場合を除き、叱責ではなく指導をする

何か問題があったときも、それが１度目であれば、原則として叱責は控え、具体的にどうすればよいかを教える指導にとどめるべきです。

④　１回の問題行動に対する指導は１回のみにとどめる

必要もないのにたたみかけるように叱責したり、過去の問題点を時間がたってから持ち出すことは避けるべきです。

⑤　厳しい指導が必要だと感じたときはまず事情を聴く

すでに指導をしているのに問題が繰り返されたり、問題の程度が大きいときは厳しい指導や叱責をすることも必要になります。しかし、そのような場合も、まず、なぜ部下がそのような行動をしてしまったのかについて事情を聴いたうえで、指導、叱責を行うことを心がけましょう。裁判例の中にも、事情をよく確認せずに上司の思い込みや誤解で厳しい叱責をしてしまった結果、パワハラに該当すると判断され

ているケースがあります。

⑥ 大声を出したり、感情的な発言をしない

緊急事態でない限り大声を出すべきではありません。感情的な議論になった場合、口頭での注意･指導を中断し、メールなどによる注意･指導に切り替えることを心がけましょう。

⑦ 丁寧な言葉、落ち着いた口調で指導する

乱暴な言葉ではなく丁寧な言葉、落ち着いた言葉で指導、叱責することを心がけましょう。丁寧な言葉で落ち着いて話すことで、自分の冷静さを保ち、指導や叱責の内容を適切なものにとどめやすくなります。

⑧ 朝礼での叱責や一斉メールでの叱責はしない

たとえ部下の能力に問題があると考えても、他の従業員がいる場をあえて選んで叱責したり、あえて他の従業員にもわかるように叱責することは適切ではありません。１人の従業員のミスや問題点を、他の従業員にも注意点として共有する必要があるときは、個人名は伏せて一般的な注意事項として共有するように心がけましょう。

(4) 必要な指導を確実に行うための注意点

問題社員に対して必要な指導を確実に行うために以下の点が重要です。

① 適切な指導方法を社内で共有する

問題社員に対して必要な指導を怠っているようでは、職場環境は悪化し、有能な従業員から職場を去ってしまいます。必要な指導は確実に行うことが大切です。そのためには、前述の「(3) **適切な指導を行**

うために注意するべきこと」の①～⑧の８つのポイントを社内で共有し、これらを守る限り、パワハラにはならないことを確認しておくべきです。

②　相手が不快に思えばパワハラになるわけではない

管理職層が「相手が不快に思えば、パワハラに該当する」と誤解しているケースもありますが、誤りです。64頁のパワハラの定義のところで説明したとおり、パワハラかどうかは個人の主観で決まるのではありません。パワハラに該当するのは、「業務上必要かつ相当な範囲を超えた言動」により「労働者の就業環境が害される」場合に限られます。

このうち、「業務上必要かつ相当な範囲を超えた言動」にあたるかどうかは、65頁で説明した要素を総合的に考慮して判断されますが、「社会通念に照らして」判断するとされており、受け取り手の主観で判断されるわけではありません。

また、「労働者の就業環境が害される」とは、労働者が就業するうえで重大な支障が生じるような場合を意味し、部下が上司の指導に対して不快感を覚えたとしても、それだけでは就業環境が害されたとはいえません。そして、就業環境が害されたかどうかも、受け取り手の主観を基準に判断するのではなく、「平均的な労働者の感じ方」を基準に判断されることが、厚生労働省のパワハラ防止指針（令和２年厚生労働省告示第５号。資料編370頁）にも明記されています。つまり、社会一般の労働者が、同じ状況で同じ言動を受けた場合に、就業するうえで重大な支障を感じるような言動であったといえるかどうかが、判断基準となるのです。

③　業務を強制することはパワハラではない

管理職が「部下に業務を強制するとパワハラに該当する」と考えているケースもありますが、これも誤りです。従業員は、雇用契約上、会社の業務命令権の範囲内で出された業務命令に従う義務があります。仮にやりたくない仕事であっても、強制的にやらせるのが業務命令です。もちろん、業務は主体的、意欲的に取り組んだほうがよい結果を期待することができ、業務を強制的にやらせなければならない状況になってしまうのは望ましいことではありませんが、業務を強制することがパワハラに該当するわけではありません。

一方で、不要あるいは不適切な業務を強制することはパワハラに該当することがあります。厚生労働省のパワハラ防止指針（令和２年厚生労働省告示第５号。資料編370頁）では、パワハラに該当すると考えられる例、パワハラに該当しないと考えられる例としてそれぞれ以下のものがあげられています。

■パワハラに該当すると考えられる例

・自身の意に沿わない労働者に対して、仕事を外し、長期間にわたり、別室に隔離したり、自宅研修させたりすること。

・長期間にわたる、肉体的苦痛を伴う過酷な環境下での、勤務に直接関係のない作業を命ずること。

・新卒採用者に対し、必要な教育を行わないまま到底対応できないレベルの業績目標を課し、達成できなかったことに対し厳しく叱責すること。

・労働者に業務とは関係のない私的な雑用の処理を強制的に行わせること。

・管理職である労働者を退職させるため、誰でも遂行可能な業務を行わせること。

■パワハラに該当しないと考えられる例

・労働者を育成するために現状よりも少し高いレベルの業務を任せること。

・業務の繁忙期に、業務上の必要性から、当該業務の担当者に通常時よりも一定程度多い業務の処理を任せること。

・新規に採用した労働者を育成するために短期間集中的に別室で研修等の教育を実施すること。
・懲戒規定に基づき処分を受けた労働者に対し、通常の業務に復帰させるために、その前に、一時的に別室で必要な研修を受けさせること。

管理職層に対しては、どういった行為がパワハラに該当するのかという点だけでなく、適切な指導をするためにはどうすればよいかという点を研修などで伝え、かつ、部下に対して正しい指導を行うことが管理職の責任であることを伝えていく必要があります。

6　日ごろから整備しておくべきこと

ここまで能力不足の従業員に対する指導について説明してきましたが、能力不足の従業員を抱えてしまって困るというケースをできるだけ避けるために、日ごろの準備としてやっておくべきことについても触れておきます。

(1)　新入社員の指導・教育体制を整備する

まず、能力不足の状態を早く発見し、試用期間中に十分な指導を行うために、新入社員の指導や教育の体制を社内できっちり整備しましょう。試用期間中は新入社員１人に対して、先輩社員１人を指導担当者としてつけ、毎日の業務に対して必要なフィードバックを行うことが理想的です（ただし、新入社員と指導担当者の人間関係が固定化してしまうことで、２人の関係がうまくいかない場合に新入社員が離職するといったことにならないように気を配る必要もあります）。試用期間に十分に指導を行わないまま、気づかないうちに試用期間が過ぎてしまい、本採用した扱いになってしまったということがないように試用期間を会社もしっかり意識し、新入社員にもしっかり意識させましょう。

ただし、社内にいま担当者がいない職種について、新たに従業員を採用するようなケースでは、会社内での指導や教育が難しい場合があります。例えば、これまでシステム部門がなかった会社が新たにシステム部門を立ち上げるにあたってシステム責任者となる人を採用する場合や、新たに取り組むことを予定している新規事業の準備を進めるために新規事業の経験者を採用するような場合です。このような場合は、社内に必要な能力や経験を備えた人がいないため、採用後に指導や教育ができません。そのため、採用の段階から、すでに必要な能力と経験を備えた人のみを採用することが重要です。新しく採用する人がどのような能力や経験を備えていなければならないのかを求人段階で明確にしたうえで、それを求人情報に明記し、基準をクリアする人のみを採用するという考え方をとる必要があります。

⑵ 人事評価制度を整備する

人事評価制度を整備しておくことも、能力不足の従業員の指導のために有用です。事前に評価項目を定めて評価を行い、評価結果を本人にフィードバックすることで、本人に会社からの評価を伝えることができます。

能力不足の問題社員は、会社が能力不足で対応に困っているのに、本人は「自分はできている」と思い込んでいるというように、会社からの評価と自己評価のギャップが大きいことが特徴です。人事評価制度を利用して会社からの評価を定期的に本人に伝えることは、このようなギャップによるトラブルをなくすことにつながります。

⑶ 就業規則を整備する

試用期間の制度を設けても、試用期間中の解雇や、試用期間満了時の本採用拒否が裁判例上認められないケースも多く、能力不足の従業員に関する対策としての特効薬にはなり得ないことはすでに説明しました。しかし、だからといって、試用期間の制度が全く意味がないわけではなく、最高裁判所も、試用期間満了後の本採用拒否は、通常の解雇よりも広い範囲で認められるとしています（最判昭和48年12月12日。三菱樹脂事件）。そのため、試用期間の制度を適切に定めておくことは重要です。

①　就業規則の試用期間は適切か

まず、就業規則に試用期間が定められている場合は、その「期間」が適切かを確認しておきましょう。就業規則には、労働条件の最低基準を決める効力があり、個々の従業員との雇用契約で、就業規則を下回るような労働条件を設定することはできません。労働契約法12条で「就業規則で定める基準に達しない労働条件を定める労働契約は、その部分については、無効とする」とされています。

例えば、新入社員を採用するときに、採用は決めたものの、本人の適性について気になる点もあり、試用期間を少し長めに6か月とした雇用契約書を締結して採用したとします。この場合でも、就業規則で試用期間が3か月と記載されているのであれば、就業規則が労働条件の最低基準ですから、試用期間は3か月という扱いになります。

このように、雇用契約書で就業規則よりも長い試用期間を定めても、就業規則のほうが基準になります。そのため、就業規則で試用期間の定めがあるときは、その期間を適切なものにしておくことが重要です。

②　試用期間の延長、再延長について

能力不足の従業員についての対応として、試用期間中に本採用するという判断ができない場合、試用期間を延長して、再度、その期間の勤務ぶりを評価したうえで、本採用の可否を判断するということが必要になることがあります。このような場合に備えて、会社が試用期間を延長できることについて、就業規則に規定を設けておくことが必要です。

厚生労働省は、「モデル就業規則」を作成して公開していますが、この厚生労働省のモデル就業規則では、試用期間に関する規定は以下のようになっています。

（試用期間）
第●条　労働者として新たに採用した者については、採用した日から●か月間を試用期間とする。
2　前項について、会社が特に認めたときは、試用期間を短縮し、又は設けないことがある。
3　試用期間中に労働者として不適格と認めた者は、解雇することがある。ただし、入社後14日を経過した者については、第●条第●項に定める手続によって行う。
4　試用期間は、勤続年数に通算する。

このモデル就業規則のような規定では試用期間を短縮したり、設けないことはできても、試用期間の延長については規定がないため、延長することはできませんので注意してください。

また、「試用期間を延長することがある」という規定を就業規則に設けた場合、その記載は「試用期間の延長は１回限りと読むのが自然である」として、１回は試用期間の延長ができるが、２回以上の延長（再延長）はできないと判断した裁判例も存在します（神戸地判平成30年７月20日）。このような裁判例も踏まえると、試用期間の延長だけでなく、再延長もあり得ることを就業規則に定めておくべきでしょう。

前述の神戸地方裁判所の裁判例からもわかるように、労務のトラブルが裁判になると、就業規則の細かい文言が取り上げられ、裁判所の判断の基準とされます。そのため、就業規則は日々磨き上げ、できるだけ精緻なものに作り上げていくことが必要です。

筆者は、毎年、直近の裁判例の傾向や法改正を踏まえて、オリジナルの就業規則の規程例を作成しています。試用期間については例えば以下のように定めておくことが考えられます。

第●条（試用期間）

1．会社は正社員について6か月間の試用期間を設ける。ただし、事情により試用期間を短縮し、または、延長し、若しくは延長した試用期間を再延長することがある。

2．前項の試用期間は、勤続年数に通算する。

3．試用期間中に技能、勤務態度、人物および健康状態等に関して、従業員として不適格と認めた場合は会社は当該従業員を解雇し、または試用期間満了時に本採用を行わない。試用期間中の最初の14日間中に解雇する場合は、30日前の解雇予告を行わず、また解雇予告手当も支給しない。

第2章

業務命令に従わない従業員

【設例2】

年下の女性上司に反発し机をたたくなどの粗暴な言動をとる従業員の事例

弊社は特別養護老人ホームの運営や老人デイサービスなどを事業とする社会福祉法人です。4年前に採用した職員を、特別養護老人ホームに配属し、年下の女性主任の下につけたところ、主任が命じる業務を正当な理由もなく一方的に拒否したり、仕事の話をしてもすぐに否定的な意見を言い出したりするようになり、困っています。

気に入らないことがあると、施設利用者がいる場でも、主任に対して、大声を出したり机をたたくなどの威圧的言動をとり反発します。最近でも、他の職員の前で「主任のやり方じゃあ、まずいんだよ。やってられないよ」などと発言したということがありました。このときは、これを聞きとがめた職員が「上司に対する物言いではないでしょう」などと厳しく注意してくれたのですが、その後も一向に態度が改まりません。

社内でも他の職員に対して、弊社がブラック企業だなどと触れ回っており、最近ではこの職員の影響で上司の指示命令に従わない若い職員も出てきています。どうしたらよいでしょうか。

まず、このような事案で職員を解雇することについて、会社のリスクは大きいといわざるを得ません。実際にこの設例と類似の解雇事案では、解雇された職員から社会福祉法人に対して訴訟が起こされています。第一審の裁判所は解雇を有効としましたが、第二審の裁判所は、不当解雇と判断し、法人に、650万円を超える支払いと、職員の雇用の継続を命じています（東京高判平成30年１月25日）。裁判所は、この職員の勤務態度は重大な服務規律違反であるとしながらも、年下の女性主任への反発という事情もうかがえることから、解雇する前に、別の部署に配置転換して他の上司の下で就業する機会を与えるべきだったなどとしています。

しかし、上司の正当な指示に対してあからさまに反発し、業務上の指示に従うことを一方的に拒否したり威圧的な態度をとる職員を、判決がいうように別の部署に配置換えするということでは、職場の規律を保つという意味で大きなマイナスになります。上司に対して反抗的な態度をとれば別の部署に配置換えしてもらえるというのでは、どの上司のもとで働くのかを部下のほうが選ぶことを認めることにもなりかねません。しんどい仕事、やりたくない仕事を拒否する職員が他にも出てきて、法人の経営が成り立たなくなります。

また、この職員が「年下の女性上司」だから反発しているのであれば、そのようなことは到底正当とはいえません。社内の規律を維持するためにも、正当な業務命令に従わない職員に対しては、しかるべき対応が必要です。

では、この社会福祉法人はどうすればよいのでしょうか？

この章では業務命令に従わない従業員とのトラブルを円満退職により解決する方法を紹介します。

1　解雇せずに合意による解決をするべき理由

業務命令に従わないような従業員は、解雇すればよいと考えがちです。しかし、現実には、設例の事案のほかにも、業務命令違反を理由とする解雇について従業員から不当解雇であるとして訴訟を起こされたケースで、企業が敗訴している例が少なくありません。

例えば以下のような事例があります。

●業務命令を口頭で行い、記録が残っていなかったため、裁判所で業務命令違反の存在自体が認められず、不当解雇と判断された事例（東京地判平成30年４月13日）

●業務を命じられた従業員が会社に無断で業務の担当を降りるなどと述べたことなどを理由に解雇した事例について、裁判所が、この従業員は長時間残業が続いており体調不良を訴えていたことを指摘して、業務を拒否することについて正当性があるとして、会社の解雇を不当解雇とした事例（東京地判平成28年２月４日）

●業務命令違反を理由に契約社員の雇用を終了した事例について、雇用を終了する前に懲戒処分等により従業員に態度を改める機会を与えるべきだったとして、雇用契約を更新しなかったことは不当であると判断し、会社に損害賠償を命じた事例（東京地判平成28年７月20日）

●上司からの業務命令に従うことを拒否し、「上司の指示に対して反抗している訳ですから、会社さんからのどの様な評価も甘んじて受けいれるつもりでお伝えしています」などとメールを送信した従業員を解雇したケースについて、会社はこの従業員に業務命令の趣旨を説明し理解を得る努力をすべきだったのにそれをしないまま解雇したとして不当解雇と判断した事例（東京地判平成27年10月28日）

このように業務命令違反が問題になった事例でも、様々な理由で正社員の解雇や、契約社員の雇用契約の終了が不当と判断されています。

しかも、裁判所の判断は必ずしも予測できるものではないことも問題です。例えば、「解雇の前に懲戒処分等により従業員に態度を改める機会を与えるべきだった」などの理由で企業が敗訴しているケースは多いですが、ではどの程度態度を改める機会を与えればよいのかについては、はっきりとした基準は見当たりません。また、「業務命令の趣旨を説明し理解を得る努力をすべきだった」などの理由で企業が敗訴しているケースでは、どの程度業務命令の趣旨を説明して理解を得る努力をすればよいのかが不明です。

このように業務命令違反を理由に従業員を解雇した場合、裁判所に不当解雇と判断されるか、それとも解雇を有効と判断されるかについて明確な基準がなく、どの裁判官にあたるかによって結論が変わる可能性も十分あるといえるでしょう。設例の題材である東京高判平成30年1月25日の事案でも一審と二審で判断が分かれています。

そして、不当解雇と判断されると、会社は解雇した従業員を復職させたうえで、解雇後の時点にさかのぼって給与の支払いをすることを命じられます。この支払いが1,000万円を超えることも少なくありません。これらを踏まえると、会社が「解雇しても従業員が訴えてこないこと」や「訴えられても裁判所で解雇が有効と認めてもらえること」に賭けて、問題社員を解雇することは非常に危険です。

裁判で敗訴するリスクや裁判に伴う会社の負担を考えると、業務命令違反に対しても解雇することによって対応するのではなく、合意による退職での解決を目指すべきなのです。

2　業務命令に従わない従業員に円満退職してもらうには

では、業務命令に従わない従業員に円満退職してもらうためにはどういった点が重要になるのでしょうか？

(1)　自己認識のゆがみを修正させる

目の前に業務命令に従わない従業員がいる場合、なぜ従わないのかを考える必要があります。例えば、社長や上司の指示よりも自分の考えのほうが正しいと思っているから、社長や上司の指示に従わないというタイプがいます。簡単にいうと、「社長や上司のことを馬鹿にしている」タイプです。社長よりも高学歴であることや、上司よりも専門知識に秀でている専門職であること、あるいは、社長よりも社歴が長い先代社長時代からの古参幹部であることが、社長や上司の指示に従わない背景事情になっていることがあります。一方で、若い従業員が特に根拠もなく自分が正しいと信じ込んで、上司や社長の指示に従わないケースもあります。

また、自分の利益を重視する利己的な傾向が強く会社全体に貢献するという視点を欠いているタイプの従業員もいます。このタイプの従業員は、自分の担当業務以外の業務について業務上の指示を受けた場合に、それに従っても自分の成績につながらないことを理由に消極的な姿勢をとり、指示に従わないというケースがあります。

これらの業務命令に従わない従業員は、社長や上司の話に対して聴く耳をもたず、平気で反論してくるので円満解決は難しいのではないかと考えがちです。しかし、実際には正しい手順で話をすれば、合意による解決が可能です。

合意による解決のためには、基礎編で説明したように、自己認識のゆがみを修正させる努力をすることが、まず重要です。具体的には、「自分が正しい」あるいは「上司の指示に従わなくてもやっていける」という認識が誤りであることを気づかせ、自分が会社から評価されていないことをはっきりと認識させることが必要です。

業務命令に従わない従業員について、自己認識のゆがみを修正させる努力をしないまま、いきなり金銭的な提案をして退職を促しても、合意に至る可能性は低くなってしまうことは、これまで説明してきたとおりです。

では、業務命令に従わないタイプの問題社員に自己認識のゆがみを修正させ、会社から評価されていないことを認識させるためにはどのようにすればよいのでしょうか？

その手段は主に以下の３つです。

●業務上の指示に対する違反についてそのつど注意・指導をする
●文書で業務命令を出す
●業務命令違反に対して懲戒処分を科す

このうち、「業務上の指示に対する違反についてそのつど注意・指導をする」については、実践編第１章の３「能力不足で改善意欲がない従業員について円満退職の合意をまとめるためのポイント」(54頁)で説明した指導方法と同じです。

ただ、業務命令に従わない従業員については指導自体が難しいケースも多いため、他の手段も併用して進めることが必要です。そこで、以下では、業務命令に従わない従業員に特徴的な対応である「文書で業務命令を出す」「業務命令違反に対して懲戒処分を科す」という点について、説明していきます。

⑵　文書で業務命令を出す

業務命令に従わない従業員は業務命令に従わなくても社内でやっていけると考えています。その自己認識のゆがみを正す方法の１つが、文書で業務命令を出すことです。

業務命令に従わない従業員は、文書で業務命令を出したとしても、業務命令に従うことが期待できるわけではありません。しかし、口頭やメールでの業務の指示とは違い、社長名の文書で業務命令を出され、それに対して拒否したということは、従業員に対して、「このまま就業を続けても、会社からは評価されないことに気づかせる」ためには大きな意味があります。

⑶　業務命令違反に対して懲戒処分を科す

業務命令違反に対して懲戒処分を科すことも、業務命令に従わない従業員について、会社から評価されていないことをはっきりと認識させる手段の１つです。

懲戒処分とは、会社が就業規則に基づき、問題行動があった従業員に対して、正式に制裁を科す制度です。懲戒処分は、法律や就業規則のルールに則って行う必要があり、その進め方の詳細は後述しますが、大まかな流れとしては以下のとおりです。

■懲戒処分の流れ

文書で業務命令を出す

⬇

従業員が従わないときは業務命令違反について懲戒処分を検討していることを告げ、従業員の言い分を聴く機会を設ける（「弁明の機会の付与」といいます）

⬇

会社から懲戒処分通知書を従業員に交付して、従業員に期限を区切って始末書の提出を求める

⬇

社内に懲戒処分を行ったことを公表する

業務命令を拒否するような従業員は、この流れの中で始末書の提出を拒否することも考えられます。しかし、懲戒処分を科された後もなお業務命令に従う態度をみせない場合は、始末書の提出の有無よりも、上記のような手順を踏む中で、本人に「自分にあわない職場であることに気づかせる」ことが重要です。自分にあわない職場であることに気づかせることで、合意による退職に向けた話し合いをする土壌をつくっておくことが必要です。

(4) 参考にしたい裁判例

ここで、１つの参考材料になるのが、86頁で少し紹介した、東京地判平成28年７月20日です。以下で紹介します。

① 事案の概要

この事件は、バイク便で医薬品を病院やクリニックに配達する業務を事業とする会社が、配達業務を担当していた契約社員（以下、「契約社員Ａ」といいます）から訴訟を起こされた事件です。

この会社と契約社員の雇用契約では、土日祝が休みとされていましたが、業務上必要なときは会社が休日に契約社員に出勤を命じることがあることが定められていました。

そして、この会社の重要な取引先が、土曜日についても配送業務を希望したことをきっかけに、会社は土曜日にバイク便担当社員を交代で出勤させ、土曜日の配送体制を整えることになりました。

会社は、契約社員Ａにも、１か月に１回程度、土曜日に出勤するように求めましたが、契約社員Ａは週休２日を確保したいなどと主張して、土曜日出勤を拒否しました。そのため、会社が、この契約社員Ａとの雇用契約を契約期間満了のタイミングで更新せずに雇用を終了したところ、契約社員Ａが会社を訴えたというのが事案の概要です。

② 裁判所の判断

裁判所は、会社が雇用契約を更新しなかったことは違法であるとして、会社を敗訴させ、会社に損害賠償を命じました。

その理由として、裁判所は以下のように述べています（以下で引用する判決文において、「被告」は会社、「原告ら」は契約社員Ａをさします。契約社員Ａのほかにも１名原告がいたため、「原告ら」と表記されています）。

まず、裁判所は、「被告が、原告らに対し、業務命令として、土曜日勤務を命じたにもかかわらず、原告らがこれを拒否した場合には、業務命令違反があったとして、本件雇止めをすることに客観的に合理的な理由があり、社会通念上も相当であると認められる余地がある」と述べています。

契約社員との雇用契約を、契約期間が終了したタイミングで更新せずに打ち切ることを「雇止め」といいますが、裁判所は、契約社員Ａが土曜日勤務を拒否したことは業務命令違反にあたり、雇止めの理由となる余地があったことを指摘しています。

しかし、続けて裁判所は、「しかしながら、上記認定事実のとおり、被告が原告らに対し、再三、土曜日勤務に応じるように要請していたことが認められるものの、当該要請が、飽くまで従業員に対する任意の協力を求めるものにすぎないのか、それとも会社の業務命令であり、これを拒否した場合、明らかな業務命令違反に問われるものであるのかについて判然とせず、そのため、原告らも、土曜日勤務に応じないことが、業務命令違反の状態にあるとの明確な認識を有していなかったものと認められる」と述べました。

このように裁判所は、会社は再三、契約社員Ａに土曜日勤務に応じるように要請していたけれども、それがあくまで「協力を求めるもの」か、それとも「会社の業務命令」なのかがあいまいだったと指摘しました。

そして、裁判所は「被告においては、本件雇止めという手段を採る前に、土曜日勤務の必要性を踏まえて、正式に業務命令を発令し、これに違反した場合には、注意・指導を行い、ときには懲戒処分に処するなどの手続を検討するべきであり、このような手続を経なかった本件雇止めに、客観的に合理的な理由があり、社会通念上も相当であると認めることはできず、本件雇止めは、労契法19条に違反するものであるといわざるを得ない」と判断しました。

つまり、会社は、契約社員の雇用を終了する前に、「正式に業務命令を発令し、これに違反した場合には、注意・指導を行い、ときには懲戒処分に処するなどの手続を検討するべき」だったと指摘しています。

③ 文書での業務命令や懲戒処分が必要

ここまで業務命令違反の従業員への対応として、「文書で業務命令を出す」ことや、「業務命令違反に対して懲戒処分を科す」ことが必要であることを説明してきましたが、それは、まさに裁判所が求める対応でもあることをわかっていただけるのではないかと思います。

また、この判決の事案については、裁判所が、会社から再三、土曜日出勤を要請していたことが認められるとしながらも、業務命令だったのか、それとも単なる協力依頼なのかがあいまいであると指摘している点にも注目してください。経営者や上司の立場からすれば、何度も土曜日出勤を本人に要請しているのだから、当然、業務命令だと考えがちですが、裁判所はそのようには判断していません。業務命令であることを明確にするためには、文書で業務命令を出すことが必要なのです。

(5) 退職勧奨のタイミング

本章でも、以下で具体的な実践例を紹介しながら、業務命令に従わない従業員に対して、どのように文書による業務命令や、懲戒処分の手続を進めていくべきかを解説します。また、従業員がこれらの手続を進めても業務命令に従う態度をみせない場合に、どのようにして、退職に向けた話し合いをしていくべきかについても説明します。ただし、その前に、退職勧奨を行うタイミングについての考え方を述べておきます。

裁判例上は、会社からの退職勧奨については、従業員がいったん退職に応じない意向を示した場合もさらに退職に向けた説得を続けること自体はただちに禁止されるものではないとされています（横浜地判令和２年３月24日等）。

ただ、退職勧奨を複数回繰り返していると、従業員が外部の労働組合に加入し、外部の労働組合との団体交渉に発展するケースもあります。外部の労働組合が介入した後は、従業員本人に対して直接退職に向けた話し合いをすることはできなくなります（この点は258頁で説明します）。そのため、何度も退職勧奨することは違法ではないとしても望ましいことではありません。退職に向けた合意を成立させるためには、やみくもに退職勧奨を繰り返すのではなく、合意が得やすいタイミングを見極めて、退職勧奨を行うことが必要です。

業務命令に従わない従業員については、おおむね、以下の流れで、文書による業務命令と懲戒処分を進めることになります。

文書で業務命令を出す

⬇

懲戒処分を検討していることを対象社員に告げ、弁明の機会を与える

⬇

懲戒処分通知書を対象社員に交付して、始末書の提出を求める

⬇

懲戒処分を行ったことを社内で公表する

この流れの中で、退職勧奨のタイミングとして考えられるのは、以下の３つです。

・文書で業務命令を出し、それに対して対象社員が業務命令を拒否する態度を示した後のタイミング
・懲戒処分を検討していることを告げ、弁明の機会を与えた後のタイミング
・懲戒処分を行ったことを社内で公表した後のタイミング

この3つのうち、どのタイミングで退職勧奨を行うのがよいかは、それまでの経緯や対象社員の性格、予想される対象社員の対応を検討したうえで判断が必要であり、ケースバイケースということにはなります。ただし、一般論として以下のようにいえます。

まず、文書で業務命令を出し、それに対して対象社員が拒否の態度を示した後のタイミングでの退職勧奨は、「会社の業務命令に従わないのであれば退職するのが筋」という意味では、論理的には筋がとおりやすいといえます。そのため、後日、対象社員から退職勧奨が違法であったなどと主張されるリスクは小さいといえます。ただ、一方で、対象社員が業務命令を拒否し、会社の話を聞かない態度を鮮明にしているタイミングで、退職に向けた話し合いをしても、合意が得られにくい可能性があります。また、対象社員に対して懲戒処分を科せば業務命令に従う可能性が残っている場合は、懲戒処分の手続をとる前に退職勧奨をするのは適切ではないという考え方もあるでしょう。

これに対して、懲戒処分を検討していることを告げ、弁明の機会を与えた後のタイミングでは、対象社員が今後も業務命令を拒否する態度を続けるかどうかおよその見込みをつけることができます。この時点でも、まだ対象社員が業務命令を拒否する態度を続ける場合は、退職勧奨を行うことについて社内の賛同も得られやすいでしょう。

また、懲戒処分を検討していることを告げ、弁明の機会を与えた後のタイミングは、対象社員の気持ちとして、会社との話し合いによる解決を受け入れることで懲戒処分を回避したいという意向が働きやすいタイミングであるといえます。この時点では、懲戒処分の内容がま

だ決まっていません。対象社員の立場からすると、会社からどのような懲戒処分をされるかわからないという不安要因もあるため、会社からいくばくかの金銭の支給に加え、会社都合退職扱いとするという提示をすれば、対象社員が受け入れる可能性が高いタイミングであるといえます。

一方で、このタイミングでの退職勧奨は、退職に向けた話し合いが長引くときは、その間、懲戒処分の手続が止まってしまうという問題点があります。

最後の社内に懲戒処分を公表したタイミングは、処分が決まったことにより、対象社員も冷静な話し合いがしやすいという側面があります。一方で、対象社員によっては処分が決まったことで業務命令違反の件はもう済んだものとしてとらえてしまうこともあります。また、懲戒処分について対象社員が不当と感じている場合は、対象社員が外部の労働組合や弁護士に相談するケースがあります。その結果として、外部の労働組合や弁護士が会社と対象社員との話し合いに介入し、対象社員との直接の話し合いが難しくなる可能性があることに注意する必要があります。

このように、退職勧奨のタイミングによって、メリットとデメリットがそれぞれありますので、具体的な事情を踏まえて、いつ退職勧奨を行うべきかを検討することも、退職勧奨を成功させるポイントの1つといえます。

3 【実践例2】「担当業務ではない」として業務への協力を拒否する若手社員に対する退職勧奨事例

以下では、事例をもとに退職に向けた話し合いの進め方の例を紹介します。

(1) 事案の概要

本件は、ある外食フランチャイズチェーンからの相談事例です。

この会社の所在する都道府県では、介護休業の取得を奨励するため、法律の規定を上回る介護休業の制度を導入し、かつ、実際に従業員に介護休業を取得させた中小企業に、都道府県が奨励金を支給するという制度がありました。

この会社でも男性社員が長期の介護休業を取得し、それに伴い、会社は、男性社員の担当業務をカバーするために派遣社員の受け入れや業務のアウトソーシングを行い経費を支出したため、その経費を補う意味でもこの奨励金を申請しようとしました。この奨励金の申請のためには、実際に介護休業が取得されたことを確認するための資料として、介護休業を取得した男性社員本人の署名や、介護対象者の要介護状態等がわかる介護保険の被保険者証のコピーの提出が必要とされていました。

会社としては、男性社員にこの奨励金の制度を説明し、奨励金受給に必要な署名や介護保険の被保険者証のコピーの提出について協力を求めました。しかし、男性社員は「奨励金が入金されるのは会社であり自分にはメリットがない」「自分の個人情報を出したくない」などの理由を述べて、会社からの協力要請に対して拒否を続けました。
会社としては、法律上義務付けられていることとはいえ、一定の負担をしてこの男性社員に介護休業を取得させたにもかかわらず、奨励金の申請への協力を拒否する態度には納得がいきませんでした。また、その拒否の理由は、「会社に奨励金が支給されても自分にはメリットがない」という自己中心的なものでした。この男性社員は、奨励金の申請の件以前から、自分の営業成績につながる仕事についてはひととおり行うものの、新人の教育などといった自分の成績につながりにくい業務は嫌がる傾向が強く、業務上の指示を受けても、自己中心的な主張をして従わず、たびたびトラブルを起こしてきた経緯がありました。これまでの経緯や奨励金への協力拒否を踏まえ、この男性社員にどのように対応するかをご相談いただいた事例です。

⑵ 解決結果

会社として、まず、奨励金の申請に必要な署名や必要書類の提出を命じる業務命令を文書で出しました。そして、それでも男性社員が従わないため、業務命令違反について懲戒手続を進めたところ、男性社員も訴訟の可能性をちらつかせるなどして強く反発しました。しかし、話し合いの結果、退職金規程に基づく退職金に１か月分の給与を加算する条件で円満退職の合意が成立しました。

⑶ 解決に至るまでの経緯

① ご相談いただく前の経緯

会社からは、奨励金は個人に支給されるものではないが会社全体の利益のために協力してほしいことを男性社員に伝え、何度も協力を依頼していました。また、男性社員の署名や必要書類の提出により、男性社員の個人情報を出すことについても、この奨励金に関する必要書類は自治体に提出するものであり、外部に個人情報が漏れるなどの恐れは考えにくいものでした。しかし、男性社員は上司からの協力依頼を拒否し、その後、取締役からも、この男性社員の説得にあたりましたが、男性社員は「自分に利益がないから」という理由で拒否を続けていました。その態度からは、男性社員が会社あるいは上司に対して何らかの不満をもっており、それが拒否の原因になっていると思わせる節もありました。

② 書面で業務命令を出す

弁護士が相談を受け、まずは、奨励金の申請に必要な署名や必要書類の提出について、会社から文書で業務命令を出すことを助言しました。

この男性社員は、フランチャイズ店舗に対する指導を担当業務としており、奨励金の申請への協力は自分の業務ではないと主張していました。また、男性社員は、自治体や労働基準監督署にも奨励金について問合せを行い、「この奨励金は強制ではない」といわれたなどと述べ、そのことも拒否の理由としていました。

しかし、弁護士から、過去の最高裁判所の判例（例えば、駅係員に対して、担当業務ではない、鹿児島営業所に降り積もった桜島の火山灰の除去作業を命じた業務命令を適法とした判例）などを踏まえ、この奨励金への協力を業務として命じることができる旨を会社に助言し、書面での業務命令を実行しました。これに対し、男性社員は「業務命令として出せるんですか？」などと質問してきたため、取締役から「過去の判例も踏まえ、出せると判断しました」と回答しました。

その後も、男性社員からは、会社が業務命令として命じられる根拠を明示してほしいという主張をされました。これに対して、会社は、前述の最高裁判所の判例をもとに担当業務以外であっても業務命令権の対象になりうる旨を説明し、期限を区切って改めて署名と必要資料の提出を命じました。

これに対して、男性社員も書面で反論し、再度、業務命令を拒否しました。

③　懲戒手続を進める

男性社員が業務命令を拒否する態度を続けたため、会社は、男性社員に対し、業務命令違反について、懲戒手続を進める旨を伝え、男性社員に対して、弁明の機会を設けました。

懲戒手続は会社としてもあまり気が進むものではないため、簡単に懲戒処分を言い渡すのみで済ませようとしがちです。しかし、業務命令に従わなくても会社でやっていけると考えている対象社員について、そういう考え方は通らないということをはっきり認識させるためには、懲戒処分の手続をきっちり行い、会社が懲戒手続に入ったことを重く受け止めさせるような工夫が必要です。

そのためには、社長あるいは取締役が対象社員を呼び出して、対象社員に懲戒手続に入ることを伝え、期限を区切って弁明書を提出するように求めることが望ましいです。このとき、口頭での説明にあわせて、懲戒処分を検討している懲戒対象事実の内容や、懲戒処分についての就業規則の根拠条文、弁明書の提出先などを記載した弁明通知書を対象社員に交付することが大切です。弁明通知書の書式例は資料編384頁を参照してください。このような書面での手続により、対象社員に弁明の機会を十分に与えることができますし、また、対象社員に会社が懲戒処分に向けて正式な手続をとっているのだということを強く印象付けることができます。

この事例でも、男性社員をわざわざ個室に呼び出したうえで、人事担当の取締役から懲戒処分を進めることを告げ、弁明通知書を交付して、弁明書を提出するように求めました。これに対し、男性社員は、懲戒処分となると訴訟も視野に入る、自分の知り合いの弁護士に相談するなどと述べて、反発する姿勢を明確にしていました。

さらに、男性社員からはどのような懲戒処分を考えているのかという質問がありました。このような質問には、取締役会で協議して決まることなので懲戒処分の内容については回答できないというように回答すべきです。そのように回答することで、懲戒処分の手続が会社において重要な議題として扱われており、また取締役全員がこの手続に関与していることを対象社員に示すことができます。その結果、対象社員に、懲戒手続を重いものとして印象付けることができます。

男性社員からは弁明書の提出期限の延期の要請がありましたが、会社はこれを断り、期限までの提出を求めました。提出された弁明書は、これまでの男性社員の主張を繰り返すものでした。

その後、会社から懲戒処分の内容と理由を記載した懲戒処分通知書を交付しました。懲戒処分通知書は、すべての取締役がこの手続に関与し賛同していることを示すために、取締役全員の連名で作成しました。そのうえで、懲戒処分の内容について社内での公表を行いました。

④　退職に向けた話し合い

懲戒処分公表後に、社長から男性社員に対して、転職して自分にあった職場を見つける方向で考えてほしい旨の話をしました。男性社員も、この段階では、このまま社内で就業を継続できる立場にないことを自分なりに理解しており、会社の提示を素直に受け入れました。その結果、1か月分の給与を退職金に加算して支給し、会社都合扱いとすることで退職の合意が成立したのです。

(4)　まとめ

本件では、男性社員は、会社からの業務命令に対して強く反発し、会社から懲戒処分されたときは訴訟も視野に入れるなどと発言していました。しかし、一方で、これらの一連の流れの中で、自分の考えが受け入れられる職場ではないことを明確に認識するに至り、その結果、合意による退職が実現したと考えられます。このケースは、業務命令に反発している状態で退職勧奨を実施しても、男性社員はさらに反発し会社との話し合いに応じなかった可能性が高いと思われる事案でした。業務命令を文書で出し、それでも従わない男性社員に対し、懲戒手続を進めたからこそ、退職の合意が成立したと評価できる事例です。

4　【実践例３】
業務に支障を生じさせるようになった工場長に対する退職勧奨事例

前述の事例は、弁護士に相談しながらも会社内で対応した事例でしたが、問題社員の社内での地位が高く、影響力が強い場合は、会社だけでは対応が難しいこともあります。そのような場合は、早い段階で、弁護士が介入することにより、問題を解決することも必要です。以下では、弁護士が介入して問題社員に対応した事例を紹介します。

(1)　事案の概要

本件は、会社に古くから勤める工場長とのトラブルの解決事例です。

この工場長は、以前は独立して会社を経営していましたが、経営が悪化し、相談者の会社に買収された経緯がありました。工場長は買収後も工場長として工場の運営を任されていました。

相談を受けた時点では買収からかなりの年月が経過していましたが、それでも工場長には「工場は本来自分のものだ」という意識がありました。そして、本社と離れた場所に工場があったという事情もあり、本社から指示した生産計画に従わずに、取引先への納品を遅らせるなどのトラブルを発生させていたのです。

また、工場長は買収された後も、相談者の会社に長年勤務しており、現社長よりも工場の業務に詳しく、取引先との関係も深い立場にありました。日々の業務もこの工場長を中心に行われており、工場長がいなければ業務がまわらない状況でした。そのため、会社もこの工場長を特別扱いせざるを得ない状態で、無断での遅刻・早退や多少の放言など、細かな問題については黙認するようになってしまっていました。

その結果、工場長の増長を招くことになり、最終的に工場長は自分の待遇について不当な要求をし、要求が通らないと会社の指示に従わない等の問題行動をとるようになりました。そのため、会社業務にも大きな支障が出る事態になっていました。

そこで、この工場長に対して、どのように対応するかをご相談いただきました。

⑵　解決結果

本件では、不当な要求をしてくる工場長に対し、業務上の指示や規律を守らせることができるかが課題となりましたが、話し合いの末、工場長が退職することにより解決に至りました。その後は社内ルールの運用を厳格にしたことで社内の規律が正され、健全な職場環境を回復することができました。

⑶　解決に至るまでの経緯

①　顧問弁護士が会社の立場で介入したことが解決のきっかけ

会社からはじめてご相談を受けたときには、長年、工場長を特別扱いしていたことで、もはや社長が工場長に何か言っても、工場長は真剣にとりあわず無視するような状況でした。社長も、工場長に問題行動があっても、反抗されて業務に支障が出ることを恐れて強く言えない状態でした。そして、これが他の従業員にも波及し、会社が言うことに対して、他の従業員も真面目に対応しないような状況になっていました。

そこで、まずはこのような乱れた規律を正すために、本社から社長の娘婿を工場に送り込みました。さらに、第三者である顧問弁護士が会社の立場で介入し、問題行動の指摘、注意･指導を行うようにして、工場長が会社の意向を無視できない状況にしていきました。

具体的には、工場に送り込んだ社長の娘婿からの報告を受け、会社として問題ありと判断した工場長や工場の従業員の行為について、こまめにその日時、場所、内容を弁護士に連絡してもらうようにしました。

そして、弁護士が内容をチェックしたうえで対応が必要と判断したものについては、社長の娘婿から問題の工場長や従業員に対して注意・指導を行うことを徹底してもらいました。また、注意・指導の内容については、将来に備えて日時、内容、指導対象者の対応状況などを記録に残すようにしました。

こうすることで、「工場長は特別である」「会社の言うことは真面目にとりあわなくていい」といった雰囲気を変えていき、会社の規律を取り戻していきました。

②　業務の主導権を会社に取り戻す

次に、工場長を工場の業務の管理から外して管理権を会社に取り戻し、工場長がいなくても会社の業務が行える体制をつくることを目指しました。

それまで工場長が取引先との連絡窓口を担当しており、取引先との関係は工場長がすべて掌握していました。これを改善するため、取引先との連絡窓口を別の社員に変えることを弁護士から提案し、実行してもらいました。これにより、それまで工場長を通してしかわからなかった取引先の状況や要望を、会社として把握できるようになっていきました。

③　不正行為の発覚

会社が工場の業務を管理するようになると、会社備品の無断転売などそれまで把握できていなかった工場長の過去の不正行為が明らかになりました。

しかし、工場内ではまだまだ工場長の影響力が強く、工場長が出勤している状態のまま、工場内で工場長の不正行為を調査することは困難でした。そこで、まず、不正行為の内容を調査するために、工場長に対し、調査期間中の自宅待機を命じることにしました。このとき、単に会社から自宅待機命令を出すだけでは、工場長がのらりくらりとかわして、業務を続ける恐れがあったため、自宅待機命令は、弁護士が工場に出向いて行いました。出社してきた工場長に対し、工場の入口で自宅待機を伝え、許可なく工場に立ち入らないよう命じました。工場長が無視して立ち入ろうとするので、警察を呼び、警察官からも、会社の許可なく会社敷地内に立ち入らないように伝えてもらいました。

弁護士から工場長に対し、工場の鍵の返還を求めましたが、工場長は鍵の返還に応じませんでした。そのため、やむを得ず工場の鍵を会社側で新しいものに取り替えました。

自宅待機命令後に、工場の従業員への聞き取り調査や、工場長のメールや保管されていた資料の調査を行ったところ、工場長が会社を通さずに取引先と取引をして、その売上を自分のものにしていたなどの不正行為が発覚しました。その中には重大な不正行為もあり、会社としてもはや、この工場長と信頼関係を築くことはできないとの結論になりました。そのため、この工場長に対し、退職を求める方向での話し合いを行うことを決めたのです。

④　工場長が労働組合に加入

会社が退職を求める意思を固めたのとちょうど同じころに、工場長が外部の労働組合に加入し、団体交渉の申入書が届きました。申入書には、自宅待機命令は不当であり、工場長がこれまで会社に貢献してきたことについての誇りを傷つけるものであるなどと、労働組合側の要求が記載されていました。

会社からの依頼を受けて、弁護士も団体交渉に立ち合うこととしました。弁護士事務所の会議室に労働組合を呼び、第１回の団体交渉を開始。労働組合からは工場長の雇用を継続すべきであるという強い申入れがありましたが、会社側としては事前に準備した工場長の不正の証拠を組合に提示し、労働組合に雇用の継続はできないことを伝え、話し合いました。団体交渉後は弁護士が会社側の窓口となり、労働組合と協議を重ねた結果、不正の証拠が決め手になり、労働組合も工場長を退職の方向で説得することになりました。

会社としては、工場長が円満に退職するのであれば、工場長に対し、不正についての賠償まで求めるつもりはありませんでした。ただし、団体交渉の場では、本来、不正行為について賠償が必要であることを主張することで、話し合いを有利に進めることができました。

労働組合からは、せめて退職にあたりいくらかは金銭を出してほしいという要望があったので、最終的に会社から30万円程度の解決金を支払うことで、工場長を退職に同意させました。

あわせて、工場長の個人のパソコンに会社の取引先情報等が入っていたので、会社担当者と工場長が立ち会いのもと、パソコン内のデータを確認し、取引先情報を完全に削除する作業を実施しました。そのうえで、パソコンを工場長に返却しました。その他にも、工場長の私物が工場内に多く残されていたので、弁護士立ち会いのもと工場長に返却しました。

(4) まとめ

この事例のように、中小企業では、勤続年数の長い従業員が事実上強い影響力をもち、社長や役員であっても、遠慮のない指導ができない事態になっていることが少なくありません。

もちろん、長く勤めてくれている従業員は会社の財産ですから、そのような従業員を大切にすることが原則です。そのため、長年の功労に報いる意味で、ルールに則って昇給させるなどして、待遇面をよくすることは必要でしょう。

しかし、長く勤続している従業員だからといって、問題行動に目をつぶり、ルールを曖昧にすることは、この事例のように間違いの元になります。会社の財産であった従業員がむしろ会社にとって害を与える存在になってしまいます。長年勤めてくれている従業員に対しても例外をつくらず、社内の規律を守らせることが重要です。

5　設例に対する回答

では、84頁の**設例２**の社会福祉法人の事案では、法人はどう対応すればよかったのでしょうか？

設例の題材となった裁判例の一審判決では、問題の職員は、女性主任に対してことあるごとに反発しており、他の若い職員もそれに同調する者が出て、職場環境が異常な状態になり、緊急性を要する事態であったことが認定されています。また、社会福祉法人は、この問題の職員に自宅待機を命じたうえで、50万円の金銭を提示して退職を打診したが、問題の職員はこれに応じなかったことが認定されています。

この事案では、まずは、職場環境が異常な状態になる以前の段階で、十分な指導や懲戒処分をするなどして対応しなかった社会福祉法人の労務管理に問題があったといわなければなりません。もっと早い段階で手を打つべきでした。

次に、会社は50万円の金銭を提示して退職を打診していますが、ここまで説明したとおり、問題社員に対して退職を了解させるためには、金銭提示だけでなく、「自己認識のゆがみを修正させる努力」をすることが必要です。この努力を怠り、単に金銭提示しても、問題社員が「なぜ自分が辞めなければならないか」を納得しないことが多く、退職について合意が得られないケースが多いのです。

設例の事案のように、職場環境が異常な状態にまでなってしまった場合、会社だけで問題職員の自己認識のゆがみを正していくことは難しいのが実情です。**実践例３**の工場長の事例で紹介したように、会社側弁護士に介入してもらい、必要な業務命令、懲戒処分の手続を進めたうえで、それでも職員が態度を改めないときは、３か月分の給与の支給と会社都合退職を提案して、合意による退職を実現するべきであったといえるでしょう。

6　業務命令に従わない従業員への対応の注意点

以下では、業務命令に従わない従業員に対応する際の注意点について説明します。

(1)　残業の指示に従わない従業員に対応する場合の注意点

①　残業の指示は３つの条件を満たすことが必要

残業の指示も業務命令の１つです。そして、裁判例上、個々の従業員が残業を嫌う場合でも、会社が業務として残業を命じ、従わない場合は懲戒処分を科すことが認められています(最判平成３年11月28日、大阪地判平成19年７月26日、大阪地判令和２年１月29日など)。

ただし、残業が必要になる業務を指示するためには、以下の条件を満たす必要があることに注意が必要です。

・36協定が正しく締結され、命じた残業が36協定の範囲内であること(36協定については次頁参照)

・残業義務を定めた雇用契約書が締結されているか、残業義務を定めた就業規則が周知されていること

・妊娠中、育児中、介護中、あるいは体調不良などの理由により残業が制限される場合でないこと

この３つの条件は、会社が従業員に適法に残業を命じるために必要な条件です。そのため、残業の指示に従わない従業員に対して、文書で残業の業務命令を出したり、それに従わない従業員に懲戒処分を科したりする前に、上記の３つの条件を満たしているかどうかを必ず確認してください。

以下ではこれらの条件を１つずつみていきます。

② 36協定が正しく締結され、命じた残業が36協定の範囲内であること

「36協定」とは、企業が従業員に時間外労働・休日労働をさせる場合に従業員の過半数を代表する者との間で締結することが義務付けられている労使協定です。正しくは、「時間外労働・休日労働に関する協定」といいますが、労働基準法36条が根拠規定となることから、一般に「36協定」と呼ばれています。この36協定が締結できていない場合は、企業は従業員に時間外労働・休日労働をさせてはならないというのが法律のルールです。そのため、36協定を締結していなければ、そもそも、企業は従業員に時間外労働が必要となる残業命令を出すことはできません。

この36協定は社内で協定書を締結するだけでなく、協定書の内容を労働基準監督署に届け出ることが必要です。36協定届の記載例は、厚生労働省から公表されています。

時間外労働は、法律上、原則として月45時間、年360時間が上限です。この範囲内で時間外労働を命じる場合は、資料編386頁の様式で36協定届（様式第９号）を提出する必要があります。

これに対し、臨時的な特別の事情により、月45時間、年360時間を超えて時間外労働を命じる必要がある場合は、「特別条項付きの36協定」を締結することで、月45時間、年360時間を超えて時間外労働を命じることができます。その場合は、資料編388～391頁の36協定届（様式第９号の２）を提出する必要があります。

36協定届は、労働基準監督署に36協定の協定書の内容を届け出る書式であり、本来は、36協定届とは別に36協定の協定書を社内で作成することが必要です。ただし、資料編386頁、390頁の記載例にあるように36協定届の書式に過半数代表者の署名をもらうことで36協定の協定書を兼ねることができます。

ア　36協定の過半数代表者が正しく選出されているか

事業場の従業員の過半数が加入する労働組合がある場合、会社は36協定をその労働組合との間で締結します。これに対し、事業場の従業員の過半数が加入する労働組合がない場合は、会社は、従業員が民主的に選出した「過半数代表者」との間で36協定を締結することが必要です。

そして、この「過半数代表者」は会社側で指名することはできず、従業員の投票や挙手あるいは話し合いなどによる民主的な手続で選出される必要があります。過半数代表者を会社が指名するなどして正しく選出していない場合は、結果として36協定が無効となり、残業命令が許されないことになりますので注意が必要です。

この点について、著名な事件として、トーコロ事件という裁判例（東京高判平成９年11月17日）があります。この事件では、残業の指示に従わない従業員に対して、会社が残業を命じることができるかが問題になりました。

この会社では、36協定締結の際に過半数代表者を正しく選出せず、社内の親睦団体である「トーコロ友の会」の代表者と36協定の締結をしていました。裁判所は、過半数代表者を正しく選出していない以上、36協定は無効であり、会社は従業員に残業を命じることはできないと判断し、最高裁判所も同様の判断をしています（最判平成13年６月22日）。

また、過半数代表者を投票により選出する場合に、誰にも投票せずに賛否を明らかにしない従業員を賛成扱いとしてカウントすることも、適切ではありません（36協定についてではないですが、派遣法上必要になる労使協定の締結の際の過半数代表者の選出に関して公開された厚生労働省のＱ＆Ａにもこの点が記載されています。「労使協定方式に関するＱ＆Ａ【第３集】令和２年10月21日公表」）。

過半数代表者について、任期制を採用し、１年間などの期間を定めて、36協定の締結の場面だけでなく、他の手続においてもその従業員を過半数代表者として扱う方法をとっている会社もあります。しかし、過半数代表者はどの労使協定の締結のために選出するかを明らかにして選出させる必要があり、この点があいまいになる任期制は適切ではありません（労働基準法施行規則６条の２第１項２号）。過半数代表者の選出が必要になるたびに、過半数代表者を選出する手続を行うことが適切です。

イ　36協定の「具体的事由」に該当するか

36協定では、時間外労働・休日労働の対象となる「業務の種類」や時間外労働や休日労働をさせる必要のある「具体的事由」を定めることが必要です（資料編386頁参照）。

時間外労働が必要な残業命令を出す前に、残業命令が、36協定で定めた対象業務に関するもので、かつ、36協定で定めた「時間外労働をさせる必要のある具体的事由」に該当しているかを必ず確認します。

■例１：「経理」の業務について「時間外労働をさせる必要のある具体的事由」を「月末の決算事務」と定めた36協定を締結している場合、月末以外の時期に臨時で時間外労働を命じることは36協定の内容に違反してしまいます。

■例２：「製品検査」の業務について「時間外労働をさせる必要のある具体的事由」を「製品不具合への対応」と定めた36協定を締結している場合、製品の不具合がないけれども受注の集中で臨時の検査が必要になったという場面で時間外労働を命じることは36協定の内容に違反してしまいます。

ウ　残業の上限規制の範囲内か

残業を命じる場合は、36協定で定める時間外労働の上限時間の範囲内かどうかも必ず確認すべきポイントです。36協定を締結する際は、１か月あたりの時間外労働の上限や、１年あたりの時間外労働の上限を36協定で定めることが義務付けられています。そのため、時間外労働を命じることができる時間は、36協定で取り決めた上限時間の範囲内に限られることに注意が必要です。

③　残業義務を定めた雇用契約書が締結されているか、残業義務を定めた就業規則が周知されていること

従業員に残業命令に応じる義務があるというためには、36協定が締結されているだけでなく、雇用契約書または就業規則で、残業命令に応じる義務が定められていることが必要です。

通常は、「会社は従業員に対し、業務の都合により、所定労働時間外に又は所定休日に労働させることがある」といった規定が就業規則または雇用契約書に設けられているので確認してください。

■就業規則で残業義務を定めている場合は周知されていることが必要

就業規則は作成後に従業員の過半数代表者から意見を聴いたうえで、労働基準監督署に届け出て、その内容を従業員に周知することが義務付けられています。

周知されていない就業規則は多くの裁判例で無効とされていることから、就業規則の作成後に正しく周知することは非常に重要です。残業に応じる義務を雇用契約書ではなく就業規則で定めている場合、就業規則を周知していなければ、就業規則の効力が認められず、残業を命じる根拠もないことになりますので、注意が必要です。

就業規則の周知方法は労働基準法施行規則52条の２で定められており、以下のようなものがあります。

i　各事業所（支社、営業所、店舗など）の見やすい場所に掲示する

ii　書面で従業員全員に交付する

iii　電子媒体に記録し、それを常時パソコンのモニター画面等で確認できるようにする

また、裁判例上は、この労働基準法施行規則の規定とは別に、就業

規則の周知について、実質的に「労働者が就業規則を知ろうと思えばいつでも知り得る状態にしておくことが必要である」とされています。例えば、従業員控え室の棚に就業規則をとじたファイルが備えられていても、従業員にそのことが説明されておらず、またファイル背表紙に就業規則であることを示す記載がされていた証拠もなかったという事案においては、就業規則の周知がなかったとして、就業規則の効力が否定されています（甲府地判平成29年３月14日）。

そして、就業規則を掲示することにより従業員に周知する場合、掲示は事業所ごとに行わなければなりません。本社に行けば就業規則を見ることができるが、支店や支社では見ることができないというのでは、支店や支社の従業員に対して就業規則が周知されていたとはいえないので、注意してください。

④　妊娠中、育児中、介護中、あるいは体調不良などの理由により残業が制限される場合でないこと

従業員に妊娠中、育児中、介護中、あるいは体調不良など、残業を拒否する正当な理由がある場合は、会社は従業員に残業を命じることはできません。

ア　体調不良の場合

体調不良の従業員に残業を命じることは、安全配慮義務違反になる可能性があり、注意が必要です。残業の可否について従業員の主治医や産業医に事前に相談することが必要です。

イ　妊娠中、育児中の場合

妊娠中の従業員や育児中の従業員については、以下のとおり、法律上、残業を命じることができない場合があることに注意が必要です。

まず、妊娠中の女性従業員や産後１年以内の女性従業員から請求があった場合、会社は時間外労働・休日労働を免除する義務を負います

（労働基準法66条２項）。

次に、３歳未満の子を育児中の従業員が、育児のために残業の免除を求めたときは、会社は所定労働時間を超える労働、つまり残業を免除する義務を負います（育児介護休業法16条の８第１項）。

さらに、小学生になる前の子を育児中の従業員から請求があった場合、会社は原則として、月24時間、年150時間を超えて時間外労働をさせてはならず、また、午後10時から午前５時までの間、就業させることができません（育児介護休業法17条１項、19条）。

ウ　家族を介護中の場合

家族を介護中の従業員からの請求があった場合、会社は原則として、月24時間、年150時間を超えて時間外労働をさせてはならず、また、午後10時から午前５時までの間就業させることができません（育児介護休業法20条、23条３項）。

このように、残業の業務命令については、36協定、雇用契約書や就業規則の整備が必要であり、日ごろからこういった点を整備しておくことが前提になります。また、残業命令の対象となる従業員について妊娠中、育児中、介護中、あるいは体調不良などの事情がないことも確認しておく必要があります。

(2)　担当業務でない業務についての指示に従わない従業員に対応する場合の注意点

担当業務については一応指示に従うが、自分の担当業務以外については「自分の業務ではない」として協力を拒否するというケースがあります。この場合、会社に従業員の担当業務以外の業務を命じる権限があるのかという点が問題になります。

この点については、過去の最高裁判所の判例で、担当業務以外の業務について業務命令権を肯定したものもある一方で、会社の業務命令権も無制限ではないとされています。

以下では過去の判例も踏まえながら、問題社員から「自分の業務ではない」と業務を拒否された場合にどう対応すればよいかについて説明します。

①　まずは就業規則に業務を命じる根拠がないかを確認する

問題社員から「自分の業務ではない」と業務を拒否された場合、まずは就業規則に従業員の担当外の業務についても会社が業務として命じることができる根拠となる規定があるかどうかを確認することがポイントになります。

これについて、参考となるのが、最判昭和61年３月13日の事例です。この事件は、頸肩腕症候群により本来の業務に従事できない状態にあった従業員に対して、企業（正確には、現在のＮＴＴグループの前身である日本電信電話公社）が２週間の入院を伴う精密検査の受診を業務として命じたところ、従業員がこれを拒否した事件です。公社は、業務命令に違反したとして、この従業員に懲戒処分を科し、この従業員はその懲戒処分が不当であるとして訴訟を起こしました。

この事案で、第二審の札幌高等裁判所は、病院の受診は、従業員の個人的な領域であり業務として命じることはできないと判断しました。しかし、最高裁判所はこの判断をくつがえし、精密検査受診を業務として命じられた従業員はこれに従う義務があったと判断しました。

最高裁判所は、その判断の主な根拠として、公社が、就業規則において、健康管理上必要な事項について指示もしくは指導を受けたときは従業員はこれに従う義務を負うことを定めていたことをあげています。

このような判例を踏まえると、問題社員から「自分の業務ではない」と業務を拒否された場合、まずは就業規則にその業務を命じる根拠となる規定があるかどうかを確認し、規定があればその規定を根拠に業務命令を出すのがよいといえます。

②　就業規則に根拠規定がない場合の対応

以上述べたように、就業規則に業務命令の根拠があるのがベストですが、就業規則に根拠がなければ、担当業務以外の業務を命じることができないというわけではありません。

この点について、参考になるのが、最判平成５年６月11日です。

この事件は、ＪＲの前身である国鉄において、勤務時間中に会社の指示に反して組合員バッジを着用するなどの問題があった職員に対して、本来この職員が担当する点呼業務から外して、鹿児島営業所に降り積もった桜島の火山灰の除去作業を命じた業務命令が適法といえるかが問題となった事案です。この火山灰除去作業は、７月、８月の鹿児島の酷暑の中、10日間にわたり１人で1,200平米を超える広さに及ぶ営業所内の火山灰の除去作業を行うという内容のものでした。

一審の鹿児島地方裁判所、二審の福岡高等裁判所宮崎支部はいずれもこの業務命令は違法であると判断しましたが、最高裁判所はこの判断をくつがえし、このような業務命令も適法であると判断しています。

最高裁判所はその理由として、まず、火山灰除去作業も、職場環境を整備して労務の円滑化、効率化を図るために必要な作業であり、労働契約上の義務の範囲内に含まれるとしています。そのうえで、本人が組合員バッジを着用したまま点呼業務につこうとしたことから、本来の業務から外して、職場規律維持のうえで支障が少ない火山灰除去作業につかせたことはやむを得ないことであり、ことさらこの職員に対して不利益を科すという不当な目的でされたものではないと判断しています。

このように、就業規則上の根拠がない場合であっても、会社は、担当業務以外の業務について、雇用契約の趣旨に照らして必要かつ合理的な範囲で業務命令を出すことができ、従業員はこれに従う義務があるということができます。

問題社員に担当業務以外の業務を命じた場合に、「それは私の仕事ではない」と反論してくるケースがありますが、会社の業務の円滑な遂行や法令の遵守、職場環境の改善のために必要かつ合理的な業務であれば、この判例を根拠に、会社の業務命令権の範囲内であることを示し、改めて業務として命じる姿勢を会社として明確にすることが必要です。

③　業務命令が違法となる場合

ここまで説明したように、担当業務以外の業務を命じることも会社の業務命令権の範囲内になり得ますが、問題社員への「見せしめ」として問題社員に苦痛を与えることを目的とした業務を命じることは違法とされていますので注意が必要です。

過去の判例では、業務の指示に違反した職員に対し、就業規則の全文を１字１句間違えないように書き写すように命じた業務命令は「就業規則を学習させるというより、むしろ、見せしめを兼ねた懲罰的目的からなされた」と判断され、違法とされています（最判平成８年２月23日）。

7　業務命令に従わない従業員に懲戒処分を科す場合の注意点

業務命令違反について懲戒処分を科すことも、問題社員に、業務命令違反を続けるようであれば現在の職場で評価されることはないことに気づかせるために有用な方法の１つです。ただし、懲戒処分については、法律や判例で厳格なルールが定められており、それに則って行わなければ、裁判所で懲戒処分は無効と判断されてしまいます。以下では、懲戒処分の制度の概要を説明したうえで、業務命令違反に対して懲戒処分を科す場合の注意点について説明します。

(1)　懲戒処分の目的

企業が従業員の問題行動に対して、懲戒処分を科す目的として、以下の２点をあげることができます。

目的１：問題行動を起こした本人に制裁を加えることで、企業秩序を維持する目的
目的２：従業員全員に対し、懲戒処分を受けた従業員の問題行動が許されない行為であることを示し、企業秩序を維持する目的

このように、懲戒処分は問題行動を起こした従業員本人にのみ向けられたものではなく、従業員全員に向けられたものであると考えるべきです。業務命令に従わない従業員に対して、適切な懲戒処分を行うことは、本人に問題行動についてのけじめをつけさせ、かつ社内の他の従業員に対して、会社が問題行動に対して放置せずに制裁を科すということを示して、社内の秩序を維持する意味があります。

⑵　懲戒処分の種類

法律上、従業員10名以上の会社が懲戒制度を設けるときは、懲戒処分の種類を就業規則で定めることが必要です（労働基準法89条９号）。就業規則で定められる懲戒処分の種類は、会社によって異なりますが、一般的に定められていることが多いのは、以下の懲戒処分です。

①　戒告・譴責・訓戒（かいこく・けんせき・くんかい）

従業員に対して、文書で厳重注意する懲戒処分です。会社によって、戒告、譴責、訓戒などの名称が使用されていますが、いずれもほぼ同じ意味だと考えてさしつかえありません。

内容としては文書で指導するという意味であり、経済的な意味での制裁にはなりません。ただし、懲戒処分を受けたことを、合理的な範囲で、昇給や賞与の査定において考慮することは可能です。多くの会社で、最も軽い懲戒処分として定められており、会社によっては、戒告、譴責、訓戒の場合に始末書を提出させることを就業規則で定めているケースもあります。

②　減　給

問題行動に対する制裁として、従業員の給与を減額する懲戒処分です。この減給処分については、労働者保護の立場から、法律上の限度額が設けられており、１回の問題行動に対する減給処分は、１日分の給与額の半額が限度額です（労働基準法91条）。実際に計算すると月給30万円の従業員なら5,000円程度、月給40万円の従業員なら6,700円程度の計算結果になることが多く、減給処分ではこの額を超えるような減給は法律上できません。

また、１回の問題行動に対する減給処分で減給できるのは１回だけです。１年などの期間を定めて減給できるわけではなく、例えば３月に減給処分をした場合、減額するのは３月の給与だけで、４月からまたもとに戻すことになります。

なお、労働基準法では、１回の問題行動に対する減給処分についての減給限度額とは別に、減給の総額が「一賃金支払期における賃金の総額の十分の一を超えてはならない」という規定も設けられています。これは、例えば月給制の従業員の場合に、減給処分を同じ月に複数回した場合も、その減給額の合計が月給額の10分の１を超えてはいけないという意味です。１回の問題行動に対する減給処分で、月給額の10分の１までの減給処分をすることが認められているわけではないので注意してください。

③　出勤停止

問題行動に対する制裁として、従業員に一定期間、出勤を禁じ、その期間の給与を無給とする懲戒処分です。出勤停止の懲戒処分の場合、通常は減給処分よりも本人が受ける経済的制裁の程度が大きくなります。例えば、30日の出勤停止という場合、30日分の給与が支給されないことになるからです。出勤停止の期間については、法律上の上限はありませんが、通常は就業規則で上限が決められています。過去の裁判例では、90日や180日の出勤停止処分を有効とした事例もあり、就業規則で規定を設ければ比較的長期の出勤停止処分も有効とされる余地があります（東京地判平成19年４月27日等）。

④　降　格

問題行動に対する制裁として、従業員の役職や資格を下位のものに引き下げる懲戒処分です。降格の懲戒処分の場合は、出勤停止処分よりもさらに本人が受ける経済的な打撃は大きくなることが多いです。降格すると、役職給などが下がることが通常で、その分、給与が減るためです。出勤停止処分の場合は出勤停止の期間が終わればもとの給与に戻りますが、降格処分で役職給が下がった場合はもとの役職に戻るまでの期間ずっと下がった給与が支給されることになります。

▼図表２－１　懲戒処分の種類

	懲戒処分の内容	本人の経済的不利益
戒告・譴責・訓戒	文書で注意する。会社によっては始末書を提出させる	直接の不利益はないが、昇給や賞与で考慮されることがある
減　給	給与を１回減給する	１回の問題行動に対しては半日分の給与が限度額
出勤停止	一定期間、出勤を禁じ、その期間を無給とする	出勤停止30日なら30日分の給与が支給されない
降　格	従業員の役職や資格を下位のものに引き下げる	降格処分に伴い、役職給が下がることが多い

ここまで説明した懲戒処分を軽いものから順にまとめると、**図表２－１**のとおりです。

なお、懲戒処分には、このほかに、懲戒解雇処分や諭旨解雇処分がありますが、これらは解雇の一種であり、法的なリスクを避けて合意による退職を目指すという本書の趣旨から外れるため、説明は割愛します。

⑶　懲戒処分についての６つのルール

次に、**懲戒処分についてどのような法律上のルールがあるのか**をみていきます。

業務命令に従わない問題社員への対応の場面であっても、法律上のルールに違反して懲戒処分をした場合、後で問題社員から裁判を起こされると、裁判所で懲戒処分が無効であるなどと判断される原因になります。その場合、会社の労務管理が裁判所で否定されたことになり、問題社員本人にはもちろん、他の従業員に対しても示しがつきません。

よって、懲戒処分は法律のルールを確実に守って行う必要があります。
以下の６つのルールを確認しておきましょう。

①　懲戒処分には就業規則上の根拠が必要

従業員数10名以上の会社が懲戒制度を設ける場合、就業規則にその内容を記載することが義務付けられています（労働基準法89条９号）。

そして、判例は、会社が**就業規則で規定した懲戒事由に該当した場合に限り、懲戒処分をすることができるとしています**（最判平成15年10月10日）。懲戒処分は従業員に重い制裁を科すものであることから、あらかじめどのような行為が懲戒処分に該当するのかを就業規則で明確に定め、周知しておくことが求められるのです。そのため、懲戒処分を行う前に、まず、就業規則の懲戒の規定を確認して、処分の対象にしようとしている問題行動が就業規則に記載された懲戒事由に該当するかを検討することが重要になります。

就業規則に懲戒事由として記載のない理由で従業員に懲戒処分をした場合、裁判を起こされれば、懲戒処分は無効と判断されます。

例えば、バス会社が、バスの運転手による経歴詐称について譴責処分とした事案で、裁判所は、就業規則上、経歴詐称は譴責処分の理由とされていないことを指摘して、譴責処分を無効と判断し、会社を敗訴させています（東京高判平成２年７月19日。立川バス事件）。

経歴詐称自体は非難されるべきことですが、それでも就業規則に根拠がなければ敗訴するので注意が必要です。いざというときに、従業員の問題行動に対して懲戒処分ができるようにしておくためには、日ごろから就業規則の懲戒規定を自社にあった内容に整備しておくことが重要です。

②　規律違反について証拠がなければ懲戒処分は無効になる

懲戒処分は、従業員の問題行動（規律違反行為）に対する制裁としてされるものであることから、その問題行動について証拠がなければ、裁判所で合理的な理由のない懲戒処分と判断され、無効とされます。業務命令違反を理由とする懲戒処分の場合、会社から明確な業務命令が出され、それを本人が拒否したという一連の経緯について証拠が必要です。特に業務命令を出したかどうかについては、口頭での指示だと記録が残りませんので、書面で業務命令を出すことが必須です。

③　弁明の機会を与える手続が必要

懲戒処分の一般的なルールとして、懲戒処分を検討していることを本人に告げ、本人の言い分を聴く機会を設ける必要があります。これを「弁明の機会の付与」といいます。弁明の機会を与えたことが証拠としても残るように、まず会社から本人に対して弁明通知書（資料編384頁）を交付して、どのような問題行動について懲戒処分を検討しているかを明示したうえで、弁明の機会を与え、本人から会社に弁明書（資料編385頁）を提出させましょう。

弁明の機会を与えずに懲戒処分をすると、懲戒処分が万一、訴訟になったときに、従業員側から「処分される側の言い分も聴かずに懲戒処分をした」と主張され、裁判所で必要な手続を経ない不当な懲戒処分と判断される理由になりますので注意してください。

④　１回の問題行動について懲戒処分は１回

１回の問題行動に対して２回の懲戒処分を行うことはできません。

このルールは「二重処罰の禁止」あるいは「一事不再理の原則」と呼ばれます。

裁判例上も、例えば、バス運転手をバスに乗り遅れたことを理由の１つとして懲戒解雇処分としたケースで、裁判所は、バスに乗り遅れた点について運転手は過去に出勤停止処分を受けており、さらに懲戒解雇の理由とすることは許されないと判断したものがあります（大阪地決平成５年12月24日）。

すでに懲戒処分歴がある従業員に対して再度懲戒処分をする場合

は、以前の懲戒処分と同じ問題行動を今回の懲戒処分の対象とすることがないように注意が必要です。

⑤　過去の会社の対応との公平性にも注意が必要

懲戒処分については、以前、他の従業員が同様の問題行動をした場合に会社がとった対応との公平性も問題になります。懲戒処分の対象となる問題行動の内容が、形式的には就業規則違反になるけれどもこれまで会社として黙認していた行為である場合や、以前は懲戒処分を科していなかった行為である場合、過去の対応との公平を欠くことを理由に、懲戒処分が無効と判断されるケースが多くなっています。以前は黙認していた行為や以前は懲戒処分を科していなかった行為を懲戒処分の対象とすることは、今後そのような行為は懲戒処分の対象となることを社内で明確に伝えた後にのみ許されると考える必要があります。

⑥　重すぎる懲戒処分は無効

懲戒処分が問題行動の内容と比較して重すぎることは懲戒処分の無効の理由になります（労働契約法15条）。

このルールは「懲戒処分の相当性のルール」と呼ばれます。この点が問題になり、懲戒処分が無効と判断された裁判例は多くあります。

例えば、私立高校を運営する学校法人の事例で、教諭が修学旅行の引率中に飲酒したうえ、その後の保護者らとの話し合いの場で飲酒について明確に記憶していないなどと不信感を抱かせるような説明をしたことについて停職３か月の懲戒処分をしたことが、重すぎるとして無効とされたものがあります（大阪高判平成20年11月14日）。裁判所はこの教諭の飲酒の事実や、保護者との話し合いの場での不適切な対応は懲戒事由にあたると判断しましたが、この教諭が従来教師として特に問題視されることもなかったことなどを踏まえれば「減給程度の処分が相当である」として、停職処分にしたのは重すぎると判断しています。

このように、懲戒処分は問題行動の内容に照らして重すぎる内容にならないように常に注意する必要があります。しかし、一方で懲戒処分が軽すぎると、懲戒処分の目的を果たせず、他の従業員にも示しがつきません。そのため、懲戒処分にあたっては、過去の裁判例の事案を参考に、自社の過去の懲戒事例とのバランスも考慮したうえで、重すぎないように、また軽すぎないように適切な処分を選択することが必要です。

次の項目では、業務命令違反の場面だけでなく、一般的に懲戒の対象となる問題行動について、どのような場合にどのような懲戒処分を選択すればよいのかの具体的な判断基準を説明します。

(4) 懲戒処分の選択の目安

懲戒処分の選択についておおまかな目安をまとめると、次頁の**図表２−２**のようになります。

① 戒告・譴責・訓戒の処分が妥当なケース

頻繁な遅刻などの勤怠不良や、１日の無断欠勤、または報告書の提出を拒否するなどの比較的軽微な業務命令違反は、戒告処分や譴責処分、訓戒処分で対応すべきことが多いでしょう。

裁判例で、戒告・譴責・訓戒などの懲戒処分を適法と判断した事例としては以下のケースがあります。

ア　１日の無断欠勤について譴責処分を適法とした事例（NTT事件。東京高判平成13年11月28日）

【事案の概要】

従業員が集合研修中に有給休暇の取得を希望し、これに対して会社側から集合研修中の有給休暇は研修に支障が生じるので認めない旨を

▼図表２－２　判断基準の目安一覧表

懲戒処分の種類	該当する場面の例
戒告・譴責・訓戒	頻繁な遅刻など勤怠の不良や、1日の無断欠勤、報告書の提出を拒否するなどの比較的軽微な業務命令違反
減　給	遅刻や欠勤、業務上の指示に対する違反等について、すでに戒告・譴責・訓戒などの処分をしたり、始末書を提出させたりしているにもかかわらず、さらに繰り返される場合
出勤停止	・職場内の暴力 ・重要な業務命令の拒否 ・職務の放棄により会社に損害を与えたケースなど
降　格	・管理職による社内の重要なルールに対する違反 ・部下に執拗に退職を迫るなどの強度のパワーハラスメント ・執拗で悪質な性的発言などのセクシュアルハラスメント

伝えられたにもかかわらず、集合研修のうち１日について欠勤した事例。

【裁判所の判断】

従業員は譴責処分が無効であるとして訴訟を起こしましたが、裁判所は会社が行った譴責処分を適法と判断しました。

イ　業務上のミスとその後の報告書提出拒否を理由とする譴責処分を適法とした裁判例（東京地判平成14年４月22日）

【事案の概要】

業務上のミスを繰り返した従業員に、会社がその原因究明のための報告書の提出を求めたが、従業員が提出を拒否した事例。

【裁判所の判断】

従業員は譴責処分が無効であるとして訴訟を起こしましたが、裁判所は会社が行った譴責処分を適法と判断しました。

② 減給処分が妥当なケース

減給の懲戒処分は、戒告・譴責・訓戒よりも重い懲戒処分です。

遅刻や欠勤、あるいは業務上のミスや業務の指示に対する違反について、すでに戒告・譴責・訓戒などの処分をしたり、始末書を提出させたりしているにもかかわらず、さらに繰り返される場合には、減給処分を検討することが適切です。

減給処分についての裁判例として以下のものがあります。

ア 無断欠勤による訓戒処分後も遅刻や欠勤を繰り返した事案について減給処分相当と判断した裁判例（大阪地堺支判平成22年５月14日）

【事案の概要】

従業員が無断欠勤により訓戒処分を受けた後も遅刻や欠勤を繰り返した事例。

【裁判所の判断】

減給処分は「重きに失するということはできない」、つまり重すぎるとはいえないと判断しました。ただし、減給の額が労働基準法の限度（平均賃金の１日分の半額）を超えている点を指摘し、結論としては減給処分を違法としています。

イ 業務中の度重なる交通事故を理由とする減給処分を適法とした裁判例（大阪地判平成23年１月28日）

【事案の概要】

タクシー運転手として勤務する従業員が約２年間の間に13件の交通

事故を起こし、会社の指示により始末書を提出していたところ、始末書提出の約１か月後に１日に２度の交通事故を起こした事例。

【裁判所の判断】

タクシー会社が従業員にした減給処分を適法と判断しました。

③　出勤停止の処分が妥当なケース

出勤停止の懲戒処分は、減給処分よりもさらに重い懲戒処分です。

職場内の暴力や、重要な業務命令の拒否、あるいは職務の放棄により会社に損害を与えたケースについては、出勤停止処分を検討すべき場合が多いでしょう。

出勤停止の懲戒処分を適法と判断した裁判例としては以下のものがあります。

ア　上司に対する暴力を理由とする出勤停止処分を適法とした裁判例／出勤停止３日（東京地判平成23年11月９日）

【事案の概要】

保険会社の従業員が人事考課の面談中に、上司の首をつかみ、上司のメガネをとりあげて投げるなどの暴行を加えた事例。

【裁判所の判断】

従業員に対する３日間の出勤停止処分を適法と判断しました。

イ　出張命令の拒否を理由とする出勤停止処分を有効とした裁判例／出勤停止９日（静岡地判昭和46年８月31日）

【事案の概要】

静岡工場勤務の板金工が神戸工場への３か月間の応援出張命令を拒否した事例。

【裁判所の判断】

従業員に対する９日間の出勤停止処分を有効と判断しました。

ウ　職務の放棄を理由とする出勤停止処分を適法とした裁判例／出勤停止７日（東京地判平成15年７月25日）

【事案の概要】

ソフトウェア開発会社に勤務して顧客企業のオフィス内に常駐する業務に従事するように業務命令を受けていた従業員が、勤務先に相談することなく、体調が悪く作業を終了したい旨を顧客の社員に対して伝えた結果、顧客から契約を打ち切られた事例。

【裁判所の判断】

業務命令に対する違反を理由とした７日間の出勤停止処分を適法と判断しました。

なお、出勤停止処分の日数を数える際は出勤日のみを数えることになります。例えば、土曜日と日曜日が休みの会社で、月曜日から７日間の出勤停止処分を命じた場合、土日をはさんで翌週の火曜日までの出勤停止を命じることになります（前述の東京地判平成15年７月25日）。

また、出勤停止の期間について法律上の制限はありませんが、問題行動の程度と比較して長すぎる出勤停止処分は裁判所では無効と判断されることになります。出勤停止処分を科す場合は、その期間を適切に設定することにも注意が必要です。

④　降格処分が妥当なケース

降格処分は、出勤停止処分よりもさらに重い懲戒処分です。

管理職による社内の重要なルールに対する違反や、部下に対するセクハラ、パワハラについては、降格の懲戒処分が行われるケースがあります。

以下で、降格の懲戒処分を適法と判断した裁判例をみていきます。

ア　社内ルールへの違反を理由とする降格処分を適法とした裁判例（東京地判平成21年８月31日）

【事案の概要】

社内ルールである作業手順を順守せず、また業務上のミスを報告しないなどの問題があった課長代理について、それまでの遅刻や居眠りといった勤務態度も踏まえて降格処分を行った事例。

【裁判所の判断】

会社が行った降格処分を適法と判断しました。

イ　パワハラを理由とする降格処分を適法とした裁判例（東京地判平成27年８月７日）

【事案の概要】

役員補佐兼営業部長の職にあった管理職が、成績があがらない部下に対して、教育的指導を施すのではなく、従業員らの能力等を否定する発言を繰り返し、退職を執拗に迫るなどのパワハラ行為をした事例。

【裁判所の判断】

会社が行った降格処分を適法と判断しました。

ウ　セクハラを理由とする降格処分を適法とした裁判例（東京地判平成22年10月29日）

【事案の概要】

タクシーの車内で女性の派遣社員のスカートをたくしあげるなどのセクハラ行為をした管理職に対して、降格処分を行った事例。

【裁判所の判断】

会社が行った降格処分を適法と判断しました。

降格の懲戒処分は、処分を受ける従業員の立場からみると、かなり大きなペナルティであり、降格処分が不当であるとして、会社に対して訴訟が提起されるケースも少なくありません。降格の懲戒処分を実施する場合は、万が一裁判になった場合でも敗訴することがないかどうかを慎重に検討したうえで、進める必要があります。

(5) 懲戒処分の公表の注意点

業務命令違反について懲戒処分を行った場合に、それを社内で公表し、社内の従業員に、会社が業務命令違反に対しては制裁を科すことを明確に示すことは、企業秩序を維持することに役立ちます。

また、懲戒処分の公表は、問題社員に、このまま業務命令違反を続けるようであれば現在の職場で評価されることはないことをはっきりと認識させる効果もあります。

ただし、懲戒処分の公表については、公表が名誉棄損であるとして会社に損害賠償が命じられているケースが存在します。そのため、以下の点に注意して公表を行うようにしてください。

・客観的事実のみを公表し、証拠がないことを公表したり、推測による公表をしない。
・社内の規律維持という観点から必要な範囲での公表にとどめ、懲戒対象者の氏名の公表は控える。また、詳細にわたる公表は控える。
・社内での公表にとどめ、取引先等には通知しない。
・社内の掲示板などで公表する場合は、当日限りの掲示にとどめる。

なお、懲戒対象者の氏名の公表を控えていても、公表内容から、事実上、誰が懲戒処分を受けたかが推測されてしまうケースもありますが、そういった事例でも、上記の注意点を守っていれば、名誉棄損にあたるとはされないのが最近の裁判例の傾向です。

出勤停止処分の場合、通常は出勤停止期間中の業務の代替などが必要になり、社内向けに一定の説明が必要になります。しかし、その場合も、業務の代替に必要な指示を必要な範囲で行う対応にとどめて、社内で出勤停止処分の対象者の氏名を公表することは避けるべきです。

また、就業規則において、懲戒処分を社内で公表することがある旨の規定を事前に設けておくことも、社内での公表が違法とされないための重要なポイントになります。自社の就業規則をチェックしておきましょう。

(6) 始末書の提出について

多くの会社では、譴責処分、減給処分などの際に、処分を受けた従業員に始末書を提出させることが就業規則において定められています。

「始末書」とは、従業員に就業規則違反や業務命令違反など懲戒対象となる規律違反行為があったことを謝罪させ、同様のことを繰り返さないことを誓約させる文書です。

始末書については、よく「始末書をどのように書かせればよいか」「始末書の文例を教えてください」という相談を受けます。

しかし、会社から始末書の文例を示して、従業員にそのとおりに書くように指示することは適切ではありません。始末書は、謝罪、反省の文書ですから、従業員自身の意思で書かせなければ意味がありません。始末書の提出を求める場合は、従業員本人に文章を考えさせ、記載させてください。文章の体裁が仮に整っていなかったとしても、謝罪、反省の内容が含まれているのであれば、始末書としては適切であると考えるべきです。懲戒処分の対象になった問題点については、懲戒処分通知書に記載してその内容を特定するべきであり、始末書に懲戒処分の対象になった問題点を正確に書かせる必要はありません。

(7) 役職者については人事異動としての降格も検討する

ここまで懲戒処分について説明してきましたが、役職者の降格については、懲戒処分としての降格処分のほかに、人事異動としての降格があります。

懲戒処分としての降格処分は、従業員の問題行動（セクハラ、パワハラ、社内規則への違反など）に対する制裁として行われるものです。これは、懲戒処分なので、「⑶　**懲戒処分についての６つのルール**」として紹介した厳格なルールを守って行うことが必要です。

これに対し、人事異動としての降格は、従業員の能力面などから役職に不適任となった場合に、会社が人事上の措置として、その従業員を役職から外す場合を指します。人事異動としての降格については、誰を役職につけるかは会社の経営判断であるという考え方から、懲戒処分としての降格処分よりも、訴訟において違法と判断されるリスクが低いです。そのため、懲戒処分は出勤停止処分までにとどめ、役職者の降格は人事異動として実施することをおすすめします。

懲戒処分としての降格処分と人事異動としての降格の違いをまとめると次頁の**図表２－３**のようになります。

▼図表２－３　懲戒処分としての降格と人事異動としての降格の違い

	懲戒処分としての降格処分	人事異動としての降格
意　味	従業員に問題行動（例えば、セクハラ、パワハラ、社内規則への違反など）があった場合にそれに対する制裁として行う	従業員の能力面などから、役職に不適任となった場合に、会社が人事上の措置として、役職から外す
基本的な考え方	懲戒処分に関するルールが適用され、違反すれば処分が無効となる	誰を役職につけるかは会社の判断であり、原則として会社が自由に行うことができる
降格の時期	会社の人事異動の時期にとらわれずにいつでも実施が可能	会社の人事異動の時期が決まっているときはその時期に他の従業員の人事異動とあわせて行うことが原則
適用されるルール	(1)　就業規則で定められた降格処分の事由に該当することが必要 (2)　降格処分の理由となる規律違反行為について証拠がなければ処分が無効とされるリスクがある (3)　弁明の機会を与える手続が必要 (4)　過去に懲戒処分をした行為について降格処分をすることはできない (5)　過去の会社の対応との公平性にも注意が必要 (6)　規律違反の程度と比較して降格処分が重すぎるとされると無効になる	原則として会社の自由な判断で行うことができるが、以下の場合は違法または無効となることがある。 ・有給休暇など正当な権利の行使を理由とする降格 ・２段階以上の極端な降格 ・妊娠、出産、育児休暇などを契機とする降格 ・降格に伴う賃金減額の程度が著しい場合 ・降格に伴い、役職給だけでなく基本給も減額する場合

8　日ごろから整備しておくべきこと

以下ではこの章の最後に、業務命令に従わない従業員に正しく対応するために日ごろから整備しておく必要があるポイントを紹介します。

(1)　就業規則や36協定の整備

すでに説明したとおり、業務命令違反があった場合に、懲戒処分を科せるようにするためには、懲戒処分の根拠となる就業規則を日ごろから正しく整備しておく必要があります。また、従業員に対して残業を命じることができるようにするためには、36協定を正しく締結しておくことが必要です。

(2)　就業規則に設けておくべき規定

「自分の担当業務ではない」といって業務を拒否する従業員に業務命令を出して対応していくためには、担当業務以外であっても会社の運営のために必要な業務であれば業務として命じることができることを就業規則上明確にしておくことがベストです。そのためには、例えば､以下のような義務を定める条項を就業規則に設けるべきでしょう。

・体調不良が疑われる場合に会社の指定した医師の診察を受ける義務
・休職期間中の会社への病状報告の義務
・休職からの復職の際の診断書提出の義務
・ハラスメントや不祥事発生時の社内調査に対する協力義務
・会社の所持品検査に協力する義務
・会社施設の管理や保全、整理整頓に協力する義務
・産休、育児休業、介護休業、有給休暇など各種休業・休暇制度の整

備に協力する義務
・他の従業員の休暇取得時の業務の支援に協力する義務
・職場の衛生や感染症対策に協力する義務
・労働災害の発生防止に協力する義務
・従業員の教育訓練に協力する義務
・副業の内容や副業での労働時間を会社に報告する義務
・担当業務以外であっても、会社の業務の円滑な遂行や法令の遵守、職場環境の改善のために合理的な範囲で命じられた業務命令に従う義務

⑶ 出勤停止処分については上限日数の定め方に注意

会社によっては、就業規則で出勤停止処分の日数の上限を７日などと短く設定していることがありますが、これは90日程度にしておくべきです。特に、役職のない従業員に対して懲戒処分をする場合、出勤停止処分は、懲戒解雇や諭旨解雇の次に重い処分になります（出勤停止よりも重い降格処分は原則として役職者を対象とするものであるためです）。

そして、懲戒解雇や諭旨解雇は、従業員を解雇する処分であり、限定的な場面でしか有効に行うことができません。つまり、懲戒解雇や諭旨解雇の対象となりうるような限定的な場面を除けば、役職のない従業員については、出勤停止処分が最も重い処分です。それにもかかわらず、出勤停止処分の上限日数が短すぎると、役職のない従業員に対して、適切な懲戒処分ができないことがあるので、注意が必要です。

第3章
パワハラを繰り返し周囲の退職の原因となる従業員

【設例3】

若手社員の顔面を平手でたたくなどのパワハラを続ける古参社員の事例

弊社はボルトやネジの販売をしている会社です。約20年勤続する主任職の、若手従業員に対するパワハラ行為に困っています。この主任は、若手従業員に対し、以前から「臭い」とか「ゴミ箱の前で飯を食え」などと言うなどの問題がありました。若手従業員がこの主任の業務上の指示に従わないときは、若手従業員に対し「殺す」などと発言することもありました。

今回、この主任が若手従業員の顔面を平手でたたいて怪我を負わせ、たたかれた従業員が5日間会社を休むという事態になりました。主任はたたいた従業員に対して謝罪をしましたが、弊社としてはこのままでは若手従業員の退職も心配される事態であり、一刻も早くこの主任に会社を辞めてもらいたいと思っています。この主任を解雇しても問題ないでしょうか？

この設例と同様の事例で会社が主任を懲戒解雇した事件について、裁判所は懲戒解雇は無効であると判断しています（大阪地決平成29年12月25日）。裁判所は、主任が平手でたたいて怪我をさせた傷害行為については犯罪行為に該当すると指摘したものの、「懲戒解雇は無効であると一応認められる」と判断しました。裁判所はその理由として、主任が傷害行為について若手従業員に謝罪していることや、継続的に若手従業員に対するいじめ行為を行っていたという会社の主張については十分な証拠がないこと、この主任が過去に会社から懲戒処分を受けたことがないことなどを挙げています。

しかし、会社の主張によれば、この主任は継続的に部下に対して、「死ね」「殺す」などと述べていたほか、ジュースをおごらせたり、丸刈りにさせたりしていじめていたとされており、長期間にわたるいじめ行為があったもののその証拠がなく、裁判所に認めてもらえなかったにすぎないことがうかがえます。

そもそも、このようないじめやパワハラは秘密裏に行われることが多く、証拠を確保することは簡単ではありません。このような事案で解雇しても、解雇が無効と判断されるのであれば、会社はどのように対応すればよいのでしょうか？

以下では、ハラスメントや陰湿ないじめ行為により、周囲を退職させるなどのトラブルを生じさせる従業員についての対応方法をみていきます。

1　解雇せずに合意による解決をするべき理由

パワハラによる職場環境の悪化は、パワハラ被害を受ける従業員の退職、精神疾患、自殺などにつながりかねない重大な問題です。パワハラを放置することは、企業の安全配慮義務の観点からも大きな問題があり、企業がパワハラの被害社員に対し、多額の損害賠償責任を負うことも珍しくありません。

例えば、福井地判平成26年11月28日は、上司の新入社員に対するパワハラにより、新入社員が自殺に至ったとして会社に7,000万円を超える損害賠償を命じています。また、長崎地判平成30年12月７日は、取締役のパワハラにより従業員が精神疾患を発症した事案について、会社に対し約1,200万円の損害賠償を命じています。

このように裁判所はパワハラを放置した企業に重い責任を負担させている一方で、企業がパワハラの加害社員を解雇することについて解雇を有効と判断した裁判例はわずかです。

設例３の事案のほかにも、６頁でも紹介したとおり、前橋地判平成29年10月４日が、部下９名のうち５名からパワハラ被害の申告があり、４名が退職あるいは精神疾患にり患するなどした大学教授を大学が懲戒解雇したケースについて、懲戒解雇は無効であると判断し、大学に対し約1,900万円の支払いと雇用の継続を命じています。

前橋地方裁判所は上記のとおり判断した理由として、

・ハラスメントの内容や回数が限定的であること
・加害者である大学教授が過去に懲戒処分を受けたことがないこと
・加害者である大学教授がハラスメントの一部を認め、反省の意思を示していること

などをあげています。

しかし、ハラスメントの内容や回数が限定的であるという点につい

ては、そもそも、証拠上明らかになるハラスメントは氷山の一角であり、証拠により立証されるハラスメントの背景には、相当数の立証困難なハラスメントが繰り返されているという事情があることがほとんどです。

また、加害者である大学教授が反省の意思を示しているという点についても、前橋地判平成29年10月４日の事案では、大学側の主張に拠る限り、大学としてもこの教授のハラスメント行為に対して一定の注意･指導をしてきたにもかかわらずハラスメントが繰り返されたため、懲戒解雇を決断した事案ということができます。

以上のような事情があるにもかかわらず、裁判所は懲戒解雇を無効と判断しました。

これらの裁判例を踏まえると、ハラスメントにより周囲が退職し、事業に大きな支障を生じさせるという事態が発生したとしても、過去にその加害社員のハラスメントについて懲戒処分を行ったことがない場合は、いきなり解雇を選択することは認められないと考えなければなりません。

ハラスメントの加害社員に対する解雇が有効になるのは、その加害社員に対し、過去にハラスメントについて懲戒処分を行っているにもかかわらず、さらにハラスメントが繰り返されたというような例外的なケースに限られると考えなければならないでしょう。

このように、加害社員のパワハラ行為により、被害社員がけがをしたり、精神疾患になるなどの被害を受けていたとしても、加害社員を解雇することは事実上困難です。だからこそ、合意による解決が必要になるのです。

2　ハラスメント社員に円満退職してもらうには

パワハラ行為を行っても、それについて会社から、注意・指導あるいは懲戒処分を受けることで、行動を改善し、以後問題を起こさない従業員もいます。しかし、一方で、会社からパワハラ行為をやめるように指導を行っても、パワハラが体質としてしみついてしまっており、改善できない加害社員も少なくありません。パワハラにより職場環境が悪化し、離職者が出ているような場合、加害社員を早急に退職させることにより解決しなければ、会社の存続にかかわると思われるケースも存在します。

このようなパワハラを繰り返す加害社員に対する対応は、まずハラスメントについて十分な調査と事実確認を行ったうえで、加害社員にハラスメントを認めさせ、懲戒処分を科すということが必要になります。そして、懲戒処分を科しても、加害社員に反省がみられず、改善が期待できない場合は、合意による退職に向けた話し合いを進めます。調査による事実確認と懲戒処分のプロセスを経ることで、行動を改善しない加害社員に対し、自分が職場で受け入れられる余地がないことを気づかせ、退職に向けた話し合いの土壌をつくったうえで、退職勧奨をしていくことが必要です。

以下で、詳細を説明します。

(1)　ハラスメントの調査を行う

まず、ハラスメントの調査を行う必要があります。パワハラ防止指針（令和２年厚生労働省告示第５号、資料編370頁）では、職場におけるパワハラについて相談の申出があった場合、「事案に係る事実関係を迅速かつ正確に確認すること」が求められています。このようにハラスメントの調査は会社の法的な義務です。また、加害社員からの事情聴取の前に、十分な調査により資料を集めて会社が事実関係を把握しておくことは、加害社員にハラスメントを認めさせるためにも重要です。以下で調査の流れを説明します。

① 調査委員会を作る

ハラスメントの訴えがあったときは、社内で調査委員会を作ることになるのが通常です。

ハラスメント相談窓口の担当者は相談対応に専念し、調査は調査委員会に委ねるべきです。ハラスメント相談窓口の担当者は、相談者の承諾を得たうえで、相談内容を調査委員会に引き継ぐことが必要です。

パワハラ防止指針（資料編370頁）においては、「職場におけるパワーハラスメントが生じた事実が確認できた場合においては、行為者に対する措置を適正に行うこと」が義務付けられています。

調査委員会は、被害社員、加害社員、関係者に対しヒアリングなどによる調査を行ったうえで、ハラスメントについての事実関係を確定し、「被害社員、加害社員を今後どこに配置し、どのような仕事をさせていくのかという人事上の措置」と「加害社員に対する懲戒処分の必要性」の双方について結論を出す必要があります。

調査委員会は、人事上の措置を検討するという意味において、人事部門の担当者と、懲戒処分の必要性を検討するという意味において、法務部門や内部監査部門の担当者、あるいは弁護士という、複数名で構成することがベストです。

② ヒアリングの進め方

ヒアリングは、以下の手順で行うことが基本です。

ア　被害社員からのヒアリングを行う

調査委員会では、ハラスメント相談窓口から引き継いだ相談内容を踏まえたうえで、改めて被害社員からのヒアリングを行うべきです。

被害社員からのヒアリングにあたっては、まず、被害社員との信頼関係をつくることを意識する必要があります。被害社員によっては、話をうまく整理できないケースがあります。そのような場合も、被害社員の話をさえぎらずに聴くことを意識しなければなりません。

また、ヒアリングは「判断」や「指導」を行う場ではないので、ヒアリング担当者の判断を差しはさむべきではないことに注意してください。

被害社員からは、ハラスメントの内容だけでなく、以下の点についてもヒアリングしておくことが必要です。

・被害社員と加害社員の事件以前の関係
・事件に至るまでの経緯
・事件以後の被害社員と加害社員の関係

ひととおり話を聴いたら、被害社員に、自分が受けたハラスメント行為の内容や、日時、場所、そしてハラスメント行為に至るまでの経緯を自身で書き出すように求めます。それをもとに、被害社員の話について記録をとり、その内容を文書にまとめて、被害社員に間違いがないかを確認させ、署名させることで、被害社員の訴えの内容を正確に記録することが必要です。

イ　録音やメールの履歴の確認を行う

ハラスメントの言動について録画や録音がある場合、重要な証拠になるので、その内容を確認しておく必要があります。

また、被害社員と加害社員のメールやLINEなどの履歴があれば、それを被害社員から提出してもらっておくことが必要です。被害社員と加害社員のメールやLINEなどの履歴は、ハラスメントの有無について被害社員と加害社員の言い分が食い違った場合に、どちらの言い分が事実かを判断するうえでの重要な資料になるケースがあります。

ウ　関係者からのヒアリングを行う

被害社員からのヒアリングを終えたら、被害社員の承諾を得たうえで、社内の目撃者や関係者からの聴き取りも行います。この場合も、聴き取った内容を文書にして、ヒアリングに協力した関係者に間違いがないかを確認させ、署名させる必要があります。

なお、ハラスメント調査では、関係者からのヒアリング内容が、その関係者と被害社員あるいは加害社員との人間関係によってゆがめられてしまう危険があることを意識しておかなければなりません。例えば、加害社員と日ごろうまくいっていない加害社員の部下がヒアリング対象になったときに、加害社員によるハラスメントを誇張して説明したり、被害社員と親しい同僚がヒアリング対象になったときに、被害社員によるハラスメントの訴えに同調するような説明をしたりすることが考えられます。

このような観点からは、ヒアリングの対象を被害社員に近い立場の人や、加害社員に近い立場の人に限定するのではなく、幅広くヒアリングを行うことで調査の正確性を高めることが必要となります。特に、少人数で構成される部署内で起きたハラスメントの調査では、その部署内にとどまらず、他部署在籍者にも事情聴取するなどして調査結果の正確性を確保することについて検討が必要です。

この点について参考になるのが、68頁でも紹介した東京地判令和元年11月７日の事例です。この事例は、大手税理士法人が、法人内に設置したコンプライアンス室に匿名でパワハラの通報があったため、法人がパワハラの調査を弁護士に依頼して、調査の結果、パワハラがあったとされた人事課長に訓戒処分を行った事件です。これに対し、人事課長が調査結果は誤りであるとして、訓戒処分の無効の確認を求める訴訟を起こしました。

人事課長は、訴訟において、人事課長とパワハラを受けたとされる被害社員はいずれも従業員５名で構成される人事部に所属しており、このような少人数の人事部内の人間関係によってゆがめられた調査結果になっていると主張しました。具体的には、弁護士によるパワハラ調査の際のヒアリング対象者の中に、人事課長を人事部から異動させたがっている人事部長や、被害社員と親しい人事部内の従業員が含まれており、彼らが被害社員のパワハラの訴えに同調する虚偽の供述をしたことで調査結果がゆがめられていると主張しました。

しかし、裁判所は、この人事課長の主張を採用せず、パワハラがあったという結論を出した調査結果の信用性を肯定しています。裁判所はその理由として、パワハラ調査を担当した弁護士が、人事部内だけでなく他部署の従業員からも事情聴取を行っている点を評価して、「人事部における人間関係にとらわれない調査がされている」とし、調査結果が部署内の人間関係によってゆがめられたという指摘はあたらないとしています。

小さい部署内でのハラスメント調査では、その部署内でヒアリング調査をすれば十分と考えがちです。しかし、この裁判例のように、加害社員から、部署内の人間関係によって調査結果がゆがめられているという主張がされることがあるので、他部署も含めて関係者のヒアリング調査をするなどして、調査の信用性を高めることが必要です。

また、被害社員が訴えているハラスメントの有無について調査をするだけでなく、加害社員とされる従業員からハラスメント被害を受けている人がほかにいないかを調査することも、ハラスメントの調査結果の信用性を高めるために有用なことがあります。同様の被害を訴える人が複数いる場合は、被害社員の主張する被害事実が真実であると判断する根拠の１つとなるためです。

エ　被害社員の承諾を得たうえで加害社員からのヒアリングを行う

加害社員からのヒアリングは、必ず被害社員の承諾を得たうえで行います。

被害社員の主張しているハラスメントの被害内容について、事実かどうかを、１つずつ加害社員に確認することになります。

また、加害社員からも、以下の点について、加害社員の認識をヒアリングしておくことが必要です。

・被害社員と加害社員の事件以前の関係

・事件に至るまでの経緯

・事件以後の被害社員と加害社員の関係

そのうえで、加害社員の話についても記録をとり、その内容を文書にして、加害社員に間違いがないかを確認させ、署名させる必要があります。

オ　被害社員と加害社員の言い分が食い違う点について再度ヒアリングを行う

被害社員と加害社員の言い分が食い違う場合は、その食い違う点について、再度、双方からのヒアリングを行います。

被害社員に対しては、「加害社員が～と言っているが、あなたが言っていたことが事実で間違いないか？」という形で質問し、加害社員に対しては、「被害社員が～と言っているが、あなたが言っていたことが事実で間違いないか？」という形で質問していくことになります。そして、その回答内容を文書にして、本人に間違いがないかを確認させ、署名させる必要があります。

⑵　ハラスメントの有無について判断する

前述のとおり、厚生労働省のパワハラ防止指針（資料編370頁）では「職場におけるパワーハラスメントが生じた事実が確認できた場合においては、行為者に対する措置を適正に行うこと」が求められています。

そのため、調査委員会としては、ヒアリング終了後にハラスメントの有無を判定し、被害社員や加害社員に対する人事上の措置、加害社員に対する懲戒処分の必要性について結論を出す必要があります。そのうえで、その結論を被害社員、加害社員の双方に説明しなければなりません。

では、被害社員が主張するハラスメントの事実を加害社員が否定している場合はどうすればよいのでしょうか？

この場合、会社としては以下の点を主な判断材料として、被害社員の言い分が事実なのか、加害社員の言い分が事実なのかを判断していく必要があります。

① 被害社員あるいは加害社員のどちらかの言い分について、他の証拠に照らして不自然な点がないか？

パワハラに関連して、メールやLINEの記録、あるいは録音や録画が残っており、被害社員あるいは加害社員の言い分が、これらの記録に照らして不自然であったり、矛盾していたりする場合は、その言い分が虚偽であると判断する根拠となります。

また、関係者（目撃者）からのヒアリング結果をもとに、被害社員あるいは加害社員のどちらかの言い分が不自然であると判断できる場合もあります。

② 被害社員あるいは加害社員のどちらかの言い分について、当初の言い分から不自然に変更された点はないか

被害社員あるいは加害社員のどちらかが、重要な点について、当初のヒアリング時の言い分を不自然に変更した場合は、その言い分が虚偽であると判断する根拠となります。

この点を判断するためにも、最初のヒアリングでしっかりと記録をとり、本人に確認させて署名をもらっておくことが重要になります。

最初のヒアリング時の記録がしっかりとれていることではじめて、言い分が不自然に変更されているという判断ができるようになります。

③　被害社員がハラスメント被害を訴えた時期がいつか

被害社員がハラスメントの被害について長期間、他に相談したり、訴えたりしていなかったときは、被害社員の言い分を否定する根拠の1つとなることがあります。ハラスメントがあった後の被害社員の行動にも注目してヒアリングを行う必要があります。

④　被害社員に虚偽供述の動機がないか

「被害社員が実際には受けていないハラスメントを受けたと主張するような動機があるかどうか」という点も、ハラスメントの有無の争いが裁判になれば必ず議論される点の1つです。例えば、被害社員と加害社員が以前恋愛関係にあったようなケースでは、恋愛関係のもつれに対する報復として、被害社員が虚偽のハラスメント被害を訴えている可能性がないかなどを検討する必要があります。

⑤　他に被害者がいるか

同じ加害社員に対して、他にも同様のハラスメント被害を訴える被害者がいることがわかった場合は、被害社員の言い分を採用する根拠の1つになります。

⑶　調査報告書を作成する

調査を終えたら、調査結果をまとめた調査報告書を作成することが必要です。調査報告書は懲戒処分を決めるための重要な資料となりますし、再発防止策を会社として考えるための資料にもなります。

調査報告書にはおおむね以下の点を記載します。

・調査を担当した調査委員会のメンバーやその独立性について
・調査を実施した期間と具体的な調査方法
・被害社員からのハラスメント被害申告の経緯とその内容
・ハラスメントの有無に関する加害社員の主張内容

・調査により判明した事実関係
・ハラスメントの有無に関する事実認定と調査委員会としての結論
・ハラスメント防止のための改善点

(4) ハラスメントについて懲戒処分を科す

調査の結果、パワハラが認められたときは、加害社員に対して懲戒処分を検討することになります（パワハラの程度によっては、懲戒処分を科さずに、口頭での注意にとどめたり、被害社員に謝罪させることが適切なこともあります）。

懲戒処分の手続の流れは以下のとおりです。

・加害社員に対してハラスメントについて懲戒処分を検討していることを告げ、弁明通知書（資料編384頁）を交付して、加害社員の言い分を聴く機会を設ける（「弁明の機会の付与」）

⬇

・加害社員の弁明の内容も踏まえ、懲戒処分を決定する

⬇

・会社から懲戒処分通知書を加害社員に交付して、期限を区切って始末書の提出を求める

⬇

・必要に応じて社内に懲戒処分を行ったことを公表する

すでに説明したとおり、懲戒処分は、事案の内容を踏まえて、重すぎず軽すぎない処分を採用することが必要です。

パワハラに関する懲戒処分についての過去の裁判例を、次頁の**図表３－１**にまとめましたので懲戒処分を選択する際の参考にしてください。

また、加害社員が役職者である場合は、懲戒処分とは別に、ハラス

メント行為を行う者は役職者に適任でないという観点から、人事上の措置として降格を検討するべきです。

このような手続を踏んでも、本人に改善がみられない場合は、会社から退職に向けた説得をしていくことになります。

▼図表３－１　パワハラに関する懲戒処分についての裁判例

裁判例	ハラスメント行為の内容
訓戒処分を有効としたもの（東京地判令和元年11月７日）	日本国籍をもたない部下に対し、「あなた何歳のときに日本に来たんだっけ？　日本語わかってる？」と発言した行為、及び部下を自らの席の横に立たせた状態で叱責し、また、部署全体に聞こえるような大きな声で執拗に叱責した行為
戒告処分を有効としたもの（東京地判令和２年６月10日）	育成部長の立場にあった従業員が、育児のため午後４時までの短時間勤務制度を利用中の育成対象社員に対し、午後７時から午後８時を過ぎて、遅いときには午後11時を過ぎてから電話等により頻繁に業務報告を求めた行為
２か月の停職処分を重すぎるとして無効としたもの（東京地判平成27年９月25日）	「あんたはバカなんだから」「あんたは実力がない」「あんたなんかいなくたっていい」などと侮辱的・威圧的な言動、叱責を繰り返し、コップの水やお茶をかけるなどの暴力的行為を行った
降格処分を有効としたもの（東京地判平成27年８月７日）	成績があがらない部下多数に対して、教育的指導を施すのではなく、単に結果をもってその能力等を否定する発言を繰り返し、「12月末までに2,000万やらなければ会社を辞めると一筆書け」などと、売上が一定額以上に達しなければ退職を約束する内容の文書の記載を強要するなどして、退職を執拗に迫るなどした行為

3　【実践例4】人格攻撃のパワハラを繰り返す従業員についての対応事例

以下では、部下に対して人格攻撃のパワハラを繰り返していた従業員について、会社から相談を受け、弁護士が会社をサポートして対応した事例を紹介します。

(1)　事案の概要

本件は、経営コンサルティングを事業とする会社において、匿名で支店内のパワハラを告発する内容の文書が郵送され、その対応について会社から相談を受けた事例です。文書には、支店内で部下に対し、能力や人格を否定するような暴言が横行していることが記載されていました。告発文書を受けて、会社は早急な対処が必要と考えましたが、どのように対処してよいかわからず、ご相談に至りました。

(2)　解決結果

告発文書には、誰がパワハラを行っているのかということが記載されていませんでした。そこで、まずは、パワハラを行っている従業員が誰なのかを割り出す必要があります。会社が調査チームを作り、弁護士のアドバイスのもと、支店の従業員全員に、アンケート調査を行い、パワハラ行為を行っていた加害社員を特定。そのうえで、支店の従業員全員にアンケート結果を踏まえた聴き取り調査を行い、パワハラ行為の内容を具体的に特定しました。

このような調査結果をもとに、加害社員にパワハラ行為を認めさせ、他支店への転勤と同意による降格、減給を行いました。本件では、加害社員が十分反省し、問題再発の恐れはないと判断することができたため、退職まで求めることなく、解決することができました。

(3) 解決に至るまでの経緯

① 秘密管理を徹底し、社内アンケートで加害社員を割り出す

パワハラ問題を解決し、職場環境を改善するためには、まずはパワハラを行っている加害社員の特定が必要です。本件では、そのために社内アンケートを実施しました。

この点、告発文書は、前述のとおり、匿名で郵送されたものでした。匿名で通報された情報の扱いには、徹底した秘密保持が要求されます。通報内容が社内の調査担当者以外に漏れるなどの事態が発生すると、会社は匿名で情報提供してくれた従業員からの信頼を失う恐れがあります。そのため、社内で調査チームを結成し、その内部のみで告発文書の内容や調査結果を共有しました。このケースでは、取締役と従業員５名程度で調査チームを結成し、チームと弁護士とが連絡を取り合うことで調査を進めていきました。

秘密管理を徹底するためには、調査の実施のきっかけが告発文書であることも秘密にする必要があります。そのため、アンケート調査を開始することについて、社内向けに何らかの理由づけを考えなければなりません。

本件のようなパワハラについての調査であれば、例えば、直近のパワハラ関連のニュースや、パワハラに関連する法改正をきっかけとした社内調査であると説明して、調査実施の理由とすることが考えられます。また、社内のハラスメント相談窓口の運用状況を社内で報告するのにあわせて、パワハラについての社内調査を行うということも考えられるでしょう。本件でも、告発文書をきっかけとする調査であることが従業員にわからない形で調査を進めました。

アンケートはできるだけ多くの情報を得るために、匿名での回答も可であることを明記しました。また、安心して情報を提供できる環境をつくるため、閲覧者は限定された本社の一部のメンバーであること、回答内容や回答の有無で回答者を不利益に取り扱うことはないことをアナウンスしたうえで、アンケートを行いました。

具体的な方法としては、匿名性の確保や、集計のしやすさなどから、WEBアンケート（Googleフォーム）で実施することとし、WEBアンケートのURLを支店の従業員全員にメール送信しました。

そのアンケート結果を確認したところ、パワハラ行為等を行っていた加害社員を特定することができたのです。さらに、アンケートの回答から、その加害社員には告発文書で記載されたもの以外にも多数の問題行為があったことが明らかになりました。

② 支店内の全従業員にヒアリングを実施

もっとも、加害社員の問題行動の具体的な内容など、重要な情報が記載されていたアンケートはすべて回答者の氏名の記載がなく、回答者に直接、その内容を確認することができませんでした。匿名アンケートで得られた情報はあくまで匿名で提供された情報であり、ただちに信用するわけにはいきません。

また、アンケートには、ハラスメントがある場合はその日時や場所を具体的に記載する回答欄を設けていましたが、ほとんどの回答でこれらの情報が抜け落ちていました。そのため、ハラスメントの有無を判断し、加害社員に対する懲戒処分や人事上の処分を検討するためには、さらに具体的な情報を収集する必要がありました。

パワハラについての懲戒処分を加害社員に受け入れさせ、後日、懲戒処分の無効などを主張する訴訟を起こされるなどのトラブルを防ぐためには、加害社員に自身のパワハラ行為を認めさせる必要があり、そのためには、十分な証拠を確保して、言い逃れできない状況をつくったうえで加害社員に対する事情聴取を行う必要があります。

そのため、本件では、支店内の全従業員に対して面談を行い、加害社員によるハラスメント行為の日時、場所、登場人物、発言や行為内容、目撃状況などについて詳細な聴き取りを進めました。あわせて、ハラスメントの事実関係を裏付けるメモ、メールやLINEのやりとり等の記録があるかの確認を支店内の全従業員に対して行ったのです。

そして、ヒアリングで聴いた内容を証拠化するため、聴き取った内容を調査チームが書面にまとめ、ヒアリング対象者に確認してもらい、署名・捺印をもらいました。

これらの面談の結果、加害社員が行っていた行為の具体的内容が明らかになったのです。

そして、アンケートやヒアリングでの情報を踏まえ、加害社員本人への聴取も行い、事実関係を確定。すでに十分な資料を会社側で収集していたこともあり、加害社員は特に否定することなく、パワハラ行為についての事実関係を認めました。

③　加害社員に対する懲戒処分を実施する

本件でのパワハラ行為は、部下の業務改善につながるとはおよそ考えにくい暴言が繰り返され、人格的な攻撃を含むものであり、過去の裁判例に照らしてもパワハラに該当することは明らかでした。

加害社員の言動がパワハラに該当する場合、その内容に応じて、会社として適切な処分等を行う義務があります。この点、本件については、パワハラ行為の内容や被害者の数などからすると重い懲戒処分を行う必要がある事案でした。そこで、加害社員を降格させたうえで、給与を減額し、他の支店に配置転換することにしました。

また、後日のトラブルを防止するため、給与の減額については加害社員本人から同意の署名・捺印をもらいました。加害社員も、真摯に反省し、素直に応じて給与の減額に同意しました。

⑷ まとめ

本件では、加害社員を他の支店に転勤させたことで、支店の正常な運営を取り戻し、加害社員も真摯に反省して転勤先で問題を起こすことなく、業務に従事しています。

パワハラ被害を受けたときに、加害社員を特定して名乗り出るということは、相当に勇気のいることです。そのため、本件の事案で、いきなり支店内の従業員へのヒアリング調査を行った場合、十分にパワハラ被害が申告されない恐れがありました。そこで、本件では、まずはできるだけ多くの情報を収集するために、匿名回答可としたGoogleフォームでのWebアンケートを行ったうえで、その後に、従業員への直接のヒアリングで具体的な内容を確認するという方針をとりました。

ただし、匿名アンケートは、匿名での回答という性質上、いい加減な回答がされる恐れも否定できず、また、同一人物が重複して回答することも完全には防ぐことができません。場合によっては、特定の従業員に対して恨みをもつ従業員が、パワハラ行為があったかのような虚偽の回答を複数行うという危険もあります。そのため、アンケート結果は、ヒアリング調査を行うための参考材料という扱いにとどめ、ヒアリング調査で具体的な事実関係を確定していく必要があります。アンケートの回答でパワハラの概要がわかったとしても、アンケートの回答だけを資料に加害社員に問いただすべきではありません。加害社員からの事情聴取の前に必ず被害社員らへのヒアリング調査を行う必要があります。

本件では、支店内のパワハラという重大な問題について、会社が問題を解決するために、真剣に支店内の従業員と向き合い、労力が大きい支店内全従業員への聴き取り調査やその記録化作業を行いました。その結果、十分な証拠を集めることができ、その証拠をもとに、加害社員と話し合ったことで、加害社員も素直にパワハラを認め、問題解決をすることができた事案です。この事例からもわかるように、ハラスメントについて抜本的な問題解決をするためには、労力をかけてでも十分な調査を行うことが必要です。そのうえで、加害社員に対して適切な処分をすることで、ハラスメントが許されないこと、ハラスメントを繰り返す従業員は社内で評価される余地がないことを、加害社員にはっきりと認識させることが問題の解決につながります。

4　設例に対する回答

では、139頁の**設例３**のボルト販売会社の事案について、会社はどうすればよかったのでしょうか？

設例３の事案では、加害社員（主任）は、勤続年数が長く、事実上、従業員のトップの地位にありました。この加害社員は平手打ちの被害を受けた若手従業員の自宅を突然訪問し、謝罪をしましたが、若手従業員は、これについて、会社宛てに以下のような手書きの書面を届けています。

「なぜわたしの住所を知っているのか　その時間にわたしがなぜ家にいることを知っていたのか　戸惑いましたし本当に恐ろしかったです。殴られたことやそれ以前に殺すなどと言われたことについて許せない気持ちです。直に家に来たり帰宅途中に待ち伏せしたり直に連絡はしてこないようにお願いします」。

会社は、この加害社員に対する懲戒処分について賞罰委員会を開催して審議した結果、加害社員が、本件の平手打ちのほかにも、これまでに若手従業員らに対して執拗ないじめをしていたと判断しました。そして、この加害社員の態度は改まらないと考えざるを得ないとして、加害社員を懲戒解雇しました。これに対して、加害社員は、平手打ち以外のいじめ行為をしてきたことは認めず、懲戒解雇が不当であるとして裁判を起こしています。

この会社は従業員12名の小規模の零細企業で、被害を受けた若手社員らが、今後、この加害社員と接触しないように隔離することは困難でした。加害社員の態度の改善が期待できない場合、手書きの書面にもあるような被害感情を踏まえると、会社が加害社員を退職させなければ、パワハラ被害を受けた若手従業員らが退職してしまうことが予想されます。緊急の対応を要する事態ですが、解雇はすべきではない以上、合意による退職を実現する必要があります。

合意による退職の前提として重要になるのが、加害社員の自己認識のゆがみを修正させることです。

この加害社員が平手打ちのみ認めている経緯からは、証拠があることは認めざるを得ないが、日ごろの暴言や若手従業員に対する丸刈りの強制など、証拠がないことは認めない態度を貫けば、会社に残って今までどおりやっていけるだろうという意図も読み取れます。合意による退職を実現するためには、加害社員に対し、そのような考え方は通用しないということをはっきりと認識させる必要があります。

そのためには、必要に応じて加害社員に自宅待機命令を出したうえで、平手打ちの件だけでなく、過去のパワハラ行為やいじめ行為についても、実践例で説明したような十分な社内調査を行い、加害社員の過去のパワハラ、いじめについて証拠を集めることが必要です。そのうえで、加害社員を呼び出してヒアリングを行い、過去のパワハラ行為、いじめ行為を認めさせなければなりません。そして、加害社員に懲戒処分を科すことで、これまでは事実上、従業員のトップの地位だったけれども、パワハラ行為やいじめ行為をきっかけに会社からの評価が大きく変わったのだということを加害社員にはっきり認識させることが重要です。それでも十分な反省が得られずパワハラが繰り返される恐れがあるときは、予算を組んで退職に向けた説得をすれば、退職の合意を成立させることができるはずです。

5　日ごろから整備しておくべきこと

以下では、パワハラのトラブルに備えて、日ごろから会社として整備しておくべきことについて説明します。

(1)　ハラスメント防止措置

まず、会社には日ごろからセクハラ、パワハラなどのハラスメントを防止するための措置をとる義務があります。さらに、令和２年６月以降、会社はハラスメントについての相談窓口の設置が義務付けられました（ただし、中小企業については令和４年３月までは努力義務）。相談窓口の設置は法律上の義務であるのと同時に、ハラスメントを早期に発見し、問題が小さいうちに解決するためにも必要不可欠です。これらの点については325頁で解説します。

(2)　就業規則のポイント

ハラスメントの調査には一定の期間を要します。その期間中に加害社員が出勤すると、他の従業員からのヒアリングの妨げになったり、他の従業員に対して加害社員に不利な内容を会社に報告しないように働きかけるといった事態も想定されます。そのような場合は、調査期間中、加害社員を自宅待機させることも検討に値します。

このような懲戒事由の調査のための期間については、就業規則に以下のような規定を設けることで、無給で加害社員を自宅待機させることも裁判例上認められています。

「会社は、従業員に懲戒に該当する行為があり、その事実について調査する必要があると認めたときは、当該従業員に対し30日以内の出勤停止を命じ、かつその間の賃金は支払わない」。

懲戒事由調査期間中の無給での出勤停止命令について、就業規則に根拠規定があることなどを指摘して適法と判断した裁判例として、東京地判平成30年1月5日があります。

ハラスメントの調査のために、加害社員を自宅待機させる場合、自宅待機期間中も給与を支払う扱いにしていると、自宅待機が長期化すれば、会社の金銭的な負担がかさむことになります。また、ハラスメントの調査後に加害社員に懲戒処分を科しても真摯な反省がみられずに退職勧奨する場面でも、加害社員を有給で自宅待機させているようでは、加害社員は退職に応じなければ出勤しなくても給与をもらえる状態なので、なかなかその立場を手放そうとせず、退職についての合意に至りません。そういったことを避けるためには、懲戒事由がある場合は、その調査のために、無給での自宅待機を命じることができるように就業規則を整備しておくことが重要です。

なお、ハラスメント事案で加害社員を自宅待機させることは、正式な処分の見込みが立つまでの調査期間中、被害社員と加害社員の接触を避け、被害社員がさらに被害を受けたり、加害社員から報復を受けたりするという事態を防ぐという効果もあります。

第4章

会社の金品を横領する従業員

【設例4】

勤務先のスーパーマーケットから商品を持ち帰る従業員の事例

弊社はスーパーマーケットを都内で20店舗経営しています。今回、本社に匿名での通報があり、ある店舗で、従業員による商品の持ち帰り行為や商品として販売されている飲食物の飲み食いが横行しているということが発覚しました。特にひどいのはこの店舗の店長です。防犯カメラの映像を見ると、店長が堂々と商品を段ボールごと台車に積んで持ち出している様子が映っていました。店の商品を段ボールごと持ち出し、自家用車に積みこんだうえで転売しているものと思われます。また、店長以外の従業員も、店の商品を未精算のまま持ち出していることが店の防犯カメラとレジの記録で確認できました。商品の持ち帰りを行った店長やその他の従業員は懲戒解雇したいと思いますが、問題ないでしょうか？

設例のような事例では防犯カメラの証拠画像も残っており、商品の無断での持ち帰りを理由に懲戒解雇することも問題ないと判断しがちですが、実は落とし穴があります。以下でみていきます。

※　この**設例4**は裁判例を題材としたものではなく、筆者のオリジナ

ルの事例です。次頁で紹介する横浜地判令和元年10月10日の事例ではありません。

※　従業員が会社の金銭や商品、備品等を不当に自分のものにしてしまうケースは、刑法上、業務上横領や窃盗に該当します。厳密には、業務上横領と窃盗は法的な意味が異なりますが、本書においては両者を厳密に区別する実益がないため、わかりやすさを重視し、いずれも「横領」と表記しています。

1　横領した従業員についても安易な懲戒解雇はリスク大

会社の金品の横領は、雇用関係に必要な信頼関係を根本的に裏切る行為です。従業員の横領を見つけた場合、それは氷山の一角である可能性も高く、退職してもらわざるを得ないでしょう。また、能力不足や業務命令違反の事案とは違い、金品の横領は犯罪なので、横領の証拠が確実で本人も認めている場合は、合意退職だけでなく懲戒解雇も選択肢になり得ます。

ただし、横領を理由に従業員を懲戒解雇した事例で、逆に解雇した従業員から訴訟を起こされ、横領の証拠が不十分であるとして企業が敗訴している例もかなり多いことに注意する必要があります。

例えば以下のような例があります。

事例１：スーパーマーケットの横領事件（横浜地判令和元年10月10日）

スーパーマッケットの従業員が精肉６点を会計せずに持ち帰ったことを理由に、スーパーマーケットの運営会社がこの従業員を懲戒解雇し、従業員から不当解雇として訴えられた事例です。この事件では、店内の防犯カメラで、従業員が会計をせずに精肉６点を持ち帰る様子が撮影されていました。しかし、裁判所は、従業員は精肉６点を会計せずに持ち帰ったものの、精算を忘れたにすぎない可能性があり、故意による持ち帰りである証拠はないとして、会社が行った懲戒解雇を無効と判断しました。敗訴の結果､会社は従業員を復職させたうえで、約600万円の支払いをすることを命じられています。

事例２：琉球バス事件（那覇地判平成10年12月２日）

バス会社が、バス運転手を、乗客から受け取った運賃を横領したとして懲戒解雇し、運転手から不当解雇であるとして訴えられた事例です。この事件で、会社は、運転手が当時正常に作動しない状態だった運賃箱を使用せずに乗客から直接手で現金を受け取り、小銭は私物の小物入れに入れ、1,000円札は右太ももの下にはさんだまま運転していたことを発見し、これが横領であると主張しました。しかし、裁判所は、上記の事情だけでは、運転手が終点の営業所で小銭や1,000円札をバス会社に引き渡す意思がなかったことが客観的に認められるわけではないなどとして、横領とは認めず、不当解雇と判断しました。敗訴の結果、会社は運転手に対し、約500万円の支払いをすることを命じられています。

これらの事例で、横領が疑われる事案であるにもかかわらず、会社が逆に敗訴して多額の支払いを命じられている原因は、横領についての十分な証拠固めと、横領発覚後の従業員との話し合いを行っていないという点にあります。

このような訴訟トラブルを避けるためにも、社内で横領が疑われるときは、以下の手順を踏まなければなりません。

横領についての客観的な証拠をできる限り確保する

⬇

本人からの事情聴取を行う

⬇

本人に横領を認めさせ、横領金の返還を誓約させる

このような手順を踏まずに、本人としっかり話をしないまま、懲戒解雇してしまうと、後で不当解雇だとして訴えられて敗訴したり、あるいは横領の事実を立証できずに横領金の返済請求ができなくなってしまうことになります。

この章では、従業員の横領が発覚した場面で、訴訟トラブルを避けながら問題を解決するために、どのように証拠を集めて、本人に横領を認めさせ、本人の退職と横領金の返済を実現していけばよいかという点を説明していきます。

2　横領が発覚したときは、まずしっかりと証拠を集める

横領が発覚したときは、本人に横領を認めさせることが最重要です。本人が横領の事実を否定している状態では、会社が退職を求めても応じないし、また、横領した金銭の返還を求めても応じることはありません。

そして、横領を本人に認めさせるためには、本人からの事情聴取をする前にしっかりと証拠を集めることが必要です。証拠を確保しないまま、本人に横領について問いただしても、しらを切られてしまい、横領を認めさせることはできません。

横領が発覚するきっかけは様々です。相談を受けていると、例えば、税務署から従業員の横領の疑いを指摘されたとか、他の従業員から横領を目撃した旨の報告があった場合に、会社がいきなり、本人に問いただして事情を確認しているケースも少なくありません。しかし、その場合、横領について十分な証拠がないまま、本人に事情聴取をすることになり、本人に横領を認めさせることができるかは偶然に左右されてしまいます。

さきほど２つの裁判例を紹介しましたが、この２つの裁判例の事案では、いずれも会社による横領の証拠の集め方が不十分であるという点に根本的な問題がありました。

まず、精肉６点を会計しないまま持ち帰ったスーパーマーケットの事件ですが、裁判所は会計を忘れていた可能性も考えられるのではないかということで、不当解雇と判断しています。実はスーパーマーケットや小売店で従業員が無断で商品を持ち帰っているがどう対応したらいいかという相談は多いです。そして、これらの従業員について、事情聴取を行うと、会計を忘れていただけで、わざと持ち帰ったわけではないという弁解がされるケースが少なくありません。

裁判例のスーパーマーケットの事案では、対象社員による精肉持ち帰りを目撃した別の従業員からの目撃報告を受けて、会社は、対象社員が防犯カメラで会計をせずに精肉を持ち帰っている映像を確認しています。そして、持ち帰り行為があった２日後に、会社は対象社員に問いただしています。しかし、防犯カメラで１回、持ち帰り行為が撮影されただけでは、対象社員から、会計を忘れていただけで持ち帰りはわざとではないという主張が出てくることを、想定する必要がありました。持ち帰りを１件見つけた段階で横領と判断するのではなく、しばらく様子をみて、同様の持ち帰り行為が複数回繰り返されていることを防犯カメラの映像で確認したうえで、本人からの事情聴取を行うべきでした。

また、路線バスの運転手を横領で解雇した琉球バス事件についても同様のことがいえます。この事件では、運転手が乗客から受け取った小銭を私物の小物入れに入れ、1,000円札を右太ももの下にはさんだまま運転していたことを発見し、横領と判断しています。運転手が運賃を終点の営業所で会社に引き渡さずにそのまま持って帰宅したことを確認してから、横領と判断するべきでした。

このように証拠の集め方が不十分であると、後で、従業員に横領を否定され、それでも無理に解雇しようとすると、前述の裁判例のような不当解雇のトラブルに発展してしまいます。

3　具体的な証拠の集め方

では、具体的にどのようにして、横領の証拠を集めていけばよいのでしょうか？

以下では、場面ごとに具体的な証拠の集め方を説明します。

(1)　レジの金銭を横領したケースについての証拠の集め方

クリニックや小売店、飲食店、薬局などでは、従業員がレジの金銭を横領するケースがあります。このような、レジの金銭の横領は防犯カメラによる動画撮影が最も効果的です。

典型的なのは、従業員がお客から現金を受け取り、札をポケットに入れているところを撮影するものです。

ただし、「うっかり間違ってポケットに入れただけでわざとではない」という弁解が出てくる可能性があるので、一定期間撮影を継続することが必要です。特に、レジから離れた場所で現金を受け取るケース（例えばフルサービスのガソリンスタンドなど）では、「いったん客から現金を受け取ってポケットに入れたけれども後でレジに入れるつもりだった」という弁解がされやすいので注意してください。

動画撮影等で証拠を確保することが難しい場合でも、従業員ごとに使用するレジが決まっているときは、どのレジの現金に不一致が生じているのかを調べることで、誰が横領しているかの目星をつけることはできます。この場合に、例えば「従業員Ａがレジに入っているときに毎回現金の不足が生じている」というだけで、従業員Ａの横領だと断定してしまう人がいますが、それでは、横領の証拠として十分ではありません。

名古屋地判令和２年２月28日は、動物病院でレジの金銭の横領が起きた約40日について、これらの日をすべて出勤していた従業員が１名のみであることなどを根拠にこの従業員１名を解雇した事案ですが、裁判所は、他の従業員や、レジのしくみを知っている退職者など外部者の犯行の可能性もあるとして解雇を無効と判断しています。このような裁判例を踏まえると、状況証拠のみで特定の従業員による横領だと断定することはかなり慎重にしなければならず、防犯カメラで映像を撮れないのであれば別の方法で横領の確実な証拠を確保することが必要です。

例えば、サクラの顧客を用意して、１万円札の番号を控えたうえで、横領が疑われる従業員に会計をさせ、あとでレジにその１万円札が残っているかどうかを確認するなどの方法で、確実な証拠を確保する必要があります。その日従業員が終業した後にレジを調べ、番号を控えた１万円札がレジに残っていない場合は、従業員に事情を説明して、従業員の財布の中などを確認させたうえで、横領を認めさせる必要があります。この場合に、サクラの顧客が1,000円札や5,000円札を使用すると、「レジにないのはお釣りとしてお客に渡したため」と弁解される恐れがあるので、必ず１万円札を使用してください。

なお、横領を防止するという観点からは、現金を扱う従業員に会社から制服を支給している場合は、制服にポケットをつけるべきではありません。

⑵　集金した金銭を着服したケースについての証拠の集め方

顧客から現金で回収した金銭の横領について、相談を受けることもあります。

例えば、不動産の管理会社などでは、従業員が賃借人などから集金した賃料等の現金をそのまま着服するケースがあります。その場合、会社の帳簿上の処理では未入金となっているため、会社から賃借人に請求書を送ってしまい、賃借人から「すでに支払った」というクレームが来て、横領が発覚するというパターンが多いです。

このようなケースでは、その賃借人が、管理会社の従業員に賃料を現金で支払った際に、従業員から領収書を受け取っているかどうかを確認する必要があります。そして、その領収書を回収することが、証拠の確保のうえで、最も重要です。領収書を確認することで、横領した従業員は賃借人から現金を集金したのに、それを会社に引き渡していないことを明確にすることができます。

そして、賃借人から領収書を回収するためには、賃借人からクレームが来たときにすぐに謝りに行き、領収書を見せてもらうことをお願いして、領収書を回収させてもらう、あるいは領収書のコピーをとらせてもらうことが必要になります。機を逃さずに、賃借人のもとに足を運ぶことがポイントになります。

(3) 会社の商品を横領して転売したケースについての証拠の集め方

小売業では、会社の商品を無断で転売し、代金を自分のものにするというパターンの横領が行われることがあります。このようなケースでは、従業員が転売行為をしている証拠だけでなく、「従業員が転売した商品が、会社の商品であること」についても証拠を確保することが必要であることに注意してください。

従業員が会社で扱っている商品を転売していても、会社のオリジナルの商品でない限り、従業員から、例えば「会社の商品ではなく自分で他社から仕入れて売っている」などという言い分が出てくることが当然、予想されます。そのため従業員が転売した商品が会社で仕入れた商品であることについて証拠をつかむことが必要になります。

例えば、インターネットオークションなどで、従業員が会社の商品を転売している場合、以下のような証拠収集が考えられます。

●従業員が横領したことにより紛失扱いになっている会社の商品の品番等を確認する
●従業員のパソコンの使用履歴からオークションサイトへのアクセス履歴がないか確認する
●従業員のアカウントで出品されている商品を実際に落札してみて会社の商品かどうか（品番が一致するかどうか）を確認する
●従業員からの事情聴取の際に、インターネットオークションのアカウントにログインさせて販売履歴を提出させる

⑷ スーパーマーケットなどでの商品の持ち帰りについての証拠の集め方

スーパーマーケットなどでの商品の持ち帰りについては、「誰が」「いつ」「何を」持ち帰ったかについて証拠を確保することを意識する必要があります。また、「レジで精算がされていないこと」についても証拠を確保しなければなりません。

さらに、すでに説明したように、１回だけの持ち帰りだと「後で精算しようと思っていて忘れていた」などと言われる可能性があるため、複数回同様の行為を繰り返していることについても証拠の確保が必要です。

4　【実践例５】
スーパーマーケットでの横領について、調査により横領行為を認めさせ退職に至った事例

以下では、前述のスーパーマーケットの横領事件に関する裁判例（横浜地判令和元年10月10日）で、商品を持ち帰った従業員を解雇して不当解雇とされた事例とは対照的に、十分な事前の証拠収集と、従業員との丁寧な話し合いの結果、合意退職により問題を解決した事例を紹介します。

本件は、スーパーマーケット（以下、スーパー）から、商品を会計しないで持ち帰っている疑いがある５人の対象社員について、事前の調査を行ったうえで、対象社員らに故意による持ち帰りの事実を認めさせ、合意による退職に至った事例です。

(1)　商品持ち帰りについての証拠の確保

対象社員らに故意による持ち帰りを認めさせるためには、対象社員に対する事情聴取に入る前に、「誰が」「いつ」「何を」持ち帰ったかや、持ち帰りが複数回繰り返されていることについて、十分な証拠を確保しておくことが必要です。この事案では以下のように証拠の確保を行いました。

①　「何を」持ち帰ったかについての証拠の確保

この事案では、対象社員らは会社の倉庫や店頭にあるスーパーの商品をいったん会社の業務用冷蔵庫などに隠したうえで、未清算のまま持ち帰っていました。そのため、信頼できる別の従業員に頼み、業務

用冷蔵庫に保管されている持ち帰り前の商品を撮影してもらうことで、何を持ち帰ったかについての証拠を確保しました。

② 「いつ」「誰が」持ち帰ったかについての証拠の確保

業務用冷蔵庫がある部屋に防犯カメラを設置し、いつ、誰がその商品を出し入れしているかについて証拠を確保しました。

③ 「レジで精算がされていないこと」についての証拠の確保

このスーパーではレジにカメラが設置されていました。そのため、カメラで撮影されたレジの使用状況を確認することで、対象社員らが持ち帰った商品についてレジを通していない証拠を確保することができました。

④ 「複数回持ち帰り行為を繰り返していること」についての証拠の確保

２か月程度の間、上記の調査を継続することにより、複数回の持ち帰りを証拠化することができました。

(2) 対象社員らからの事情聴取と退職に向けた説得

これらの証拠を集めたうえで、対象社員１人ずつから事情聴取を行いました。

まずは、会社が把握している事実は告げずに、「店のものがなくなったりしているが心当たりはないか」という話をしましたが、対象社員らは「聞いたことがないです」などと完全否定していました。

具体的にその対象社員がとった品物（例えば、「ジュース」）に言及して、「最近、ジュースがよくなくなるけれども心当たりはないか」という話をしても、対象社員らは完全否定を続けていました。

しかし、カメラで証拠を確保していたことを告げると、対象社員らの態度が変わり、自分が商品を会計せずに持ち帰ったり、私的に飲食していたことを白状するに至りました。その場で、退職についての合意書を作成し、合意による退職での解決をすることができたのです。

5　横領についての事情聴取の進め方

(1)　本人に横領を認めさせることが重要

横領のトラブルについて、訴訟リスクを回避し、話し合いによる解決をするためには、証拠収集した後に次のステップとして、「本人からの事情聴取で横領を認めさせ、横領金の返還を誓約させること」が必要です。その理由は２つあります。

まず、１つ目の理由として、本人に横領を認めさせることができないまま懲戒解雇してしまうと、不当解雇であるとして訴訟を起こされるトラブルにつながります。裁判所も、本人が横領を認めていない場面では、実際に横領と断定してよいかどうかについてかなり慎重に判断するので、事前に証拠を収集して準備していたとしても、裁判所がその証拠で十分と認めて横領行為があったと判断するとは限りません。

結果として、前述のスーパーマーケットの事件の裁判例や路線バス運転手の事件の裁判例のように、会社は敗訴して、多額の金銭の支払いと雇用の継続を命じられるリスクを抱えることになります。

次に、２つ目の理由として、「本人に横領を認めさせることが、横領された金銭を取り返すための近道である」ということがいえます。

横領された金銭を比較的簡単に取り戻す方法としては、以下のものがあります。

①　本人の所有財産から一括で返済させる

本人の預貯金を返済にあてさせるほか、本人が横領した金銭で有価証券を購入していたケースでは、その有価証券を売却させて、横領金の返済にあてさせることができます。また、本人が加入している生命保険を解約させて解約返戻金を横領金の返済にあてさせることも考えられます。

②　本人の財産を売却させて、その代金で返済させる

本人に自宅があるときは、自宅を売却させて返済にあてさせることができます。また、横領した金銭で本人が高級ブランド品を買っている場合は、それを売却させ、その代金を横領金の返済にあてさせることができます。

③　本人の退職金から返済させる

会社が中小企業退職金共済に加入しているケースなどでは、横領した従業員にも原則として退職金が支払われるので、退職金の支給を従業員に受けさせたうえで、それを横領金の返済にあてさせることができます。

④　本人の将来の給与から分割で弁済させる

本人に一括で返済する資金がない場合は、退職後に転職先の給与から分割払いで返済させることが考えられます。

⑤　身元保証人から返済させる

本人から身元保証書が提出されている場合は、身元保証人に対しても返済を求めることが可能です。

⑥　家族や親族からの借入れにより返済させる

本人にお金がない場合も、家族や親族からお金を借りさせて、それを横領金の返済にあてさせることが考えられます。

そして、これらの方法はどれも本人が横領を認めてはじめて実現できるものです。本人が横領を認めていないのに、本人の預金から返済させたり、本人の持っているブランド品を売却させたり、あるいは自

宅を売却させたりするためには裁判手続が必要になってしまいます。また、身元保証人からの返済も、本人が横領を認めていない状況で身元保証人に請求をしても、返済を期待することはできません。

以上をまとめると、不当解雇トラブルを避け本人にスムーズに退職してもらうために、そして、本人から横領金の返済をさせるために、横領の事実を本人に認めさせる必要があります。

⑵ 本人に横領を認めさせるための事情聴取の進め方

本人に横領を認めさせるためには、本人から事情聴取をすることが必要です。本人からの事情聴取についてのオーソドックスな手順は以下のとおりです。

① 事情聴取は２名で行う

事情聴取では、「本人の説明をよく聴くこと」と、「本人の説明を正確に記録すること」が重要です。本人に質問をする人と、本人の回答を記録する人の２名で対応しましょう。また、記録のため、事情聴取の内容は録音しておくべきです。

② 最初は、犯人とは決めずに質問する

まずは、「○月○日の出金について会社で調べているのですが、この出金について社内の手続は踏まれていますか？」などと、本人を横領の犯人と決め付けずに、質問します。

そのうえで、本人の回答をよく聴いて事前に集めた資料に照らして本人の回答に嘘や矛盾がないかを確認します。

③ 資料との整合性を判断したうえで詳細な事情聴取をする

本人の回答が事前に集めた資料と矛盾していたり、詳細な説明をせずにごまかす態度がみられるときは、その部分について、さらに突っ

込んで話を聴いていきます。

④　本人の弁明の聴取

本人の回答を聴いても、合理的な説明がないときは、会社としては横領と考えている旨を伝え、本人の弁明（言い分）を聴きます。ここで、証拠を上手に使って、本人に横領を白状させることが必要です。

⑤　日時、金額、手口の確認

本人が横領を認めたときは、日時、金額、手口を確認しましょう。このときに、会社が把握している以外の横領がないかも確認しておく必要があります。そのためには、会社において、どの部分の横領を把握しているかは隠したうえで、本人にすべての横領を白状するように迫ることが必要です。

⑥　支払誓約書の取得

本人が横領を認めたときは、横領金について、「支払誓約書」を提出させます。支払誓約書の書式は、資料編の392頁を参考にしてください。

この支払誓約書は、横領の事実についての重要な証拠となります。この時点では、「横領した金銭をいつ返すか」ということにはこだわらず、「横領の事実と金額を認めさせ、証拠化する」という意味で、返済時期が未定であっても支払誓約書を提出させるべきです。

⑦　本人が横領を認めないときの対応

事情聴取で本人が横領を認めないときは、本人から会社に、本人の言い分を記載した「弁明書」（資料編385頁参照）を提出させましょう。また、事情聴取における本人の回答内容を会社で記録した「議事録」を作成し、本人に確認させ、署名捺印させます。これらの書面を取得しておくことで、後で本人の弁明が嘘であることが確認できる証拠が発見された場合には、本人に前回の弁明が嘘であったことを指摘して追及し、横領を認めさせるための重要な証拠になります。

なお、仮に、本人が事情聴取以前の段階で、すでに横領を認めない姿勢を明確にしているといった場合でも、本人からの事情聴取は、「本人が逃げてしまって連絡がとれない」などの事情がない限り、必ず行っておきましょう。本人からの事情聴取により、会社側の思い違いが発覚したり、予想しなかったような事実が判明することがあります。

6　横領された金銭の返済も話し合いで実現する

従業員が横領を認めた後に返済を実現させるためには、内容証明郵便を送ったり、訴訟を起こしたりする前に、話し合いによる返還請求にチャレンジすることが重要です。以下では返済に向けた話し合いの方法について説明します。

(1)　返済の話し合いの前に確認しておくこと

まず、返済の話し合いの前に、身元保証書の取得の有無や、従業員や身元保証人の財産調査を行っておくことが必要です。

①　身元保証書について

従業員に着服、横領された金銭が多額の場合、従業員１人だけでは返済できないケースも多くあります。そのような場合に、身元保証人にも請求できれば､回収のスピードと確実性を上げることができます。

そのため、横領された金銭の返済に関して、従業員と話し合いを持つ前に、身元保証書の取得の有無を必ず確認しましょう。そして、身元保証書を取得している場合はその有効期間が過ぎていないかを確認する必要があります。

身元保証書の期間や内容については、身元保証人の負担が大きくなりすぎないようにという配慮から、法律による制限が設けられています。確認のポイントは以下のとおりです。

ア　身元保証書に期間の記載がない場合は、法律上期間は「３年」となります（身元保証ニ関スル法律１条）。

イ　期間の記載がある場合は、その期間となりますが、５年以上の期間が記載されている場合は、法律上期間は「５年」となります（身元保証ニ関スル法律2条1項)。

ウ　身元保証書の自動更新は、認められないとする判例もあります。そのため、従業員が入社した後、最初に取得した身元保証書の期間がすでに経過している場合は、新たに身元保証書を取り直しているかどうかの確認が必要です。

エ　令和2年4月の民法改正で一定の保証契約については、責任限度額（極度額）の設定が必要になりました（民法465条の2第2項)。身元保証書にも身元保証人の責任限度額（極度額）を記載する必要があります。極度額の記載がない身元保証書は無効になります。

以上を踏まえて、「身元保証書の取得の有無」と「身元保証の期間が過ぎていないか」「身元保証書の責任限度額」を確認することが、最初のポイントになります。

②　従業員、身元保証人の財産調査を行う

次に、返済の話し合いに入る前に横領した従業員本人の財産調査も行っておくべきです。また、身元保証人がいる場合は、身元保証人の財産調査も行っておくべきです。

財産の調査を行う目的は、金銭の返済請求について、安易に「お金がないから返せません」という言い訳をさせないことにあります。そのためには、返済の原資となる従業員本人や身元保証人の財産にどのようなものがあるかを事前に把握しておく必要があります。

財産の調査の方法は様々ですが、まず、従業員と身元保証人の自宅については、登記簿謄本で所有者が誰かを確認しておきましょう。従業員や身元保証人が自宅の所有名義人になっていれば、自宅を売却させたり、あるいは自宅を担保に借り入れをさせることで、横領した金銭の返済原資を確保させることができます。

また、自宅の抵当権についても確認しておくべきです。自宅に住宅ローンなどの抵当権がついているときは、銀行への返済が優先される

ためです。住宅ローンの返済が進んでおり、現在の自宅の価値が住宅ローンの残額を上回っているときは、その上回っている部分は従業員の財産であり、返済の原資になり得ます。

また、自宅に抵当権がついている場合、登記簿に「共同担保目録」の記載があることがあります。これは、自宅についている抵当権が自宅不動産だけでなく別の不動産にも共同でつけられていることを示しています。この共同担保目録の記載から、自宅以外の所有不動産が見つかることがありますので確認しておきましょう。

さらに、従業員が年末調整の際に会社に提出している「給与所得者の保険料控除申告書」により、生命保険などの財産を把握することも可能です。例えば、生命保険を長期間かけている場合はこれを解約させて解約返戻金を原資に横領された金銭を返済させるということも検討すべきです。

(2) 返還請求の話し合いのポイント

ここまで述べてきた、身元保証書の有無や、従業員と身元保証人の財産状況を把握したうえで、従業員や身元保証人との話し合いによる返済交渉を行います。

① まずは従業員の財産からできる限りの返済をさせる

まずは従業員本人の財産からできる限りの返済をさせることが必要です。従業員が横領した金銭を一括で返済できない場合には、従業員のすべての預貯金通帳を持参させ、その残高を確認する必要があります。

預貯金通帳については、従業員の承諾を得て写しをとり、通帳に記載された入出金歴からも財産調査を行うべきです。例えば、通帳の履歴で生命保険料の引落しや証券口座への送金の履歴を発見でき、それをきっかけに、生命保険契約の存在や、証券口座の存在が明らかになることがあります。生命保険は解約させ、また証券については売却させて、返済にあてさせることができます。

また、通帳への入金履歴から、副業の存在や、不動産所有による家賃収入の存在を発見できることもあります。

② 身元保証人も交渉相手に加える

身元保証人がいる場合は、従業員本人だけでなく、身元保証人にも面談を求めて交渉を進める必要があります。身元保証人を交渉相手に加えることによって、従業員にもプレッシャーがかかり、早期に解決したいという気持ちで交渉に臨ませることが可能になります。

③ 分割返済の交渉をする

従業員や身元保証人からできる限りの一括返済をさせたうえで、それでも、支払いができない部分が残る場合は、分割返済の交渉をすることになります。以下では分割返済の交渉のポイントについても説明します。

ア 分割払いを認める条件として資料の提出を求める

分割払いを認める交渉を始める前に、従業員や身元保証人の財産について従業員や身元保証人から提出させるべき資料が残っていないかどうかを確認しておきましょう。

横領された金銭は、本来一括でただちに返還されるべきものです。それにもかかわらず「一括では返せないので分割にしてください」と従業員から申し出があった場合に、これを会社が受け入れることは、会社側からの一定の譲歩であるといえます。そして、交渉において自身がなんらかの譲歩をする場合は、こちらからも相手に対してなんらかの要求をし、相手にも譲歩を求めることが、基本的な交渉術です。

分割払いを認めるという譲歩をする条件として、従業員や身元保証人に対し、預金通帳の履歴など必要な資料の提出を求めるべきです。

この点は、「本当に一括では返せないのか」ということを確認するためにも必要です。

また、分割払いを認めるという譲歩の条件として、分割の返済について連帯保証人をつけることを求めることも検討に値します。

イ　分割払いになる場合は、できるだけ初回の支払いが大きくなるように交渉する

多額の着服・横領のケースでは、一括の支払いが難しく、分割払いにする場合も分割の回数が多くなり、返済期間が長くなりがちです。そして、分割払いが何年もの期間になると、最初のうちは支払われても、最後まで支払いがされるかどうか不確実といわざるを得ません。

そのため、分割払いの話をする時点で、まだ従業員に財産が残っている場合は、初回の支払額は２回目以降の支払額と同額に設定せず、「払える分はすべて初回で払ってもらう」という方針で交渉することが必要です。初回にできるだけ大きな額の支払いをさせることにより、少しでも、分割の期間を短くすることが重要なポイントです。

ウ　分割払いの金額を合理的に設定する

分割払いの金額については、従業員が転職した場合に見込める給与の中から、支払える合理的な金額を設定する必要があります。すでに転職先が決まっている場合は、転職先の社名や給与の支払日を必ず確認しておきましょう。分割返済の支払日を、転職先の給与の支払日の直後に設定するなどにより、従業員が支払いやすいようにすることも、確実な回収をするうえでは必要です。給与だけでなく賞与についても把握しておくべきです。

また、身元保証人に収入があるときは、身元保証人についても、毎月の収入額やその入金日を聴き取る必要があります。給与収入がある場合は源泉徴収票を提出してもらって、収入の額や勤務先を確認しておくべきです。また、身元保証人が自営業の場合は、確定申告書の控

えを提出してもらったうえで、事業の内容や、取引先からの入金の状況について確認しておくべきです。年金収入があるときは、その金額や入金日を確認します。

そのうえで、身元保証人の生活に必要な金額を聴き取り、身元保証人の収入の中から、身元保証人の返済額を決めていくことが必要です。

エ　分割払いの合意書を作成するときは、「期限の利益喪失条項」を必ず入れる

従業員や身元保証人との間で分割払いの話がまとまったときは、分割払いの合意書を作成します。

この分割払いの合意書には、必ず、「期限の利益喪失条項」を入れておくようにしましょう。

期限の利益喪失条項とは、分割払いが1回でも遅れた場合は、残りの金額を一括で支払わなければならないという条項です。この条項が合意書に入っていないと、分割払いの遅延があった場合でも、その遅れた分しか請求ができず、残りの分については、分割払いの合意書で設定した支払期限が来るまで支払いを求めることができません。これでは、分割返済が滞ったときの対応に非常に困ることになりますので、期限の利益喪失条項は必ず入れておきましょう。

分割払いの合意書の雛形を資料編の393頁に掲載しているので、参考にしてください。雛形の第4条が「期限の利益喪失条項」です。

なお、分割払いの合意書を作成する際は、横領行為に伴う返済についての合意であることがわかる内容にしておくことが必要です（資料編の393頁第1条参照）。「悪意で加えた不法行為に基づく損害賠償請求権」については、破産しても責任を逃れられないことが、破産法で定められています（破産法253条1項2号）。分割払いの合意書に、横領行為に伴う返済であることを明記しておくことで、「悪意で加えた不法行為に基づく損害賠償請求権」であることを明示することができ、万一、従業員が分割払い返済中に自己破産した場合であっても、継続

して請求することが可能になります。

④　公正証書を作成する

合意書を作った後は、強制執行認諾文言付公正証書を作成することをおすすめします。強制執行認諾文言付公正証書とは、分割払いの返済が滞った場合に、従業員の給与等を差し押えることができる効力のある文書です。この強制執行認諾文言付公正証書は、基本的に、横領された金銭の返還請求について裁判をして勝訴判決を得るのと同等の効力があります。強制執行認諾文言付公正証書を作成することで、訴訟の手間や費用、労力をかけずに、勝訴判決と同等の効力を得ることができるのです。これは､話し合いによる解決の大きなメリットです。

強制執行認諾文言付公正証書は、全国に約300ある公証役場で作成することができます。公正証書の作成のためには、公正証書の文案や作成日時について、公証役場の公証人との打合せが必要になります。そのため、分割払いの合意ができたときはまずは前述の分割払いの合意書を作成しておき、後日、その合意書の内容をもとに強制執行認諾文言付公正証書を作成するという手順を踏むことをおすすめします。

なお、公正証書を作成するためには、支払いを約束する従業員またはその代理人である弁護士等に公証役場に来させる必要があります。会社側だけで公証役場を訪問して公正証書を作成することはできないので注意してください。

⑤　まとめ

ここまで説明したように、横領された金銭の返済が分割払いにならざるを得ないときは、強制執行認諾文言付公正証書の作成を目指して交渉を進めることが重要なポイントです。

また、強制執行認諾文言付公正証書の作成までの交渉の過程で、従業員・身元保証人の預金通帳の履歴や、身元保証人の源泉徴収票・確定申告書などの資料を順次、入手していくことも非常に重要です。これらの資料により、従業員と身元保証人の財産、勤務先等を把握しておくことで、万が一、途中で分割払いがされなくなったときも、公正証書により財産を差し押さえたり、勤務先からの給与を差し押さえたりして、回収にあてることができるのです。

このような交渉を丁寧に進めることは、一見すると時間がかかりまわりくどいように感じがちです。しかし、交渉ではなく、裁判により横領された金銭の返済を実現しようとすると、1年以上の期間を要することがほとんどです。しかも、裁判をして勝訴したとしても、横領した従業員が支払いをしなければ、別途、従業員の財産を差し押さえる手続が必要になります。交渉での解決はまわりくどいようにみえても、実は返済を実現するための近道であるといえるでしょう。

7 【実践例6】
内科医院の横領について話し合いにより全額の回収を実現した事例

以下では、話し合いで返済による解決を実現した事例の１つとして、横領の疑いがある内科医院の従業員について、弁護士による事情聴取で横領を認めさせ、全額の支払いをさせたケースを紹介します。

(1) 事案の概要

医院は、受付業務を行う女性従業員がレジ内の現金を抜き取っているとの疑いをもっていました。この女性従業員の出勤日にのみレジ内の現金不足が発生しており、レジのシステムを新型に変更した直後にこの女性従業員が退職を申し出たという経緯からして、この女性従業員による犯行である可能性はきわめて高いと思われました。しかし、レジからお金を抜き取る瞬間の動画などの決定的な証拠はなく、女性従業員が横領を認めなかった場合には被害額回収の難航が予想されるため、少しでも回収の可能性を高めたいとご相談いただきました。

このような現金横領の事案は、動画撮影で証拠をつかむことがポイントですが、この事案では、この女性従業員の退職日が迫っており、カメラを設置して動画を撮影する余裕はありませんでした。準備期間が短く、証拠も十分でない中で、いかに横領を認めさせるかという点が課題になりました。

(2) 事情聴取前の事前準備

事情聴取で本人に横領を認めさせるためには、事前の十分な証拠収集が必要です。

本件でも、弁護士は事前に医院からレジの売上集計表やカルテ等の資料を取り寄せて、不自然な点を徹底的に調査しました。

経験上、横領している従業員に対して横領の疑いをもっていることを伝えて、横領を認めるように迫っても、最初から素直に認めるケースはほとんどありません。横領を認めることは、自分が犯罪を行ったことを認めることになるので、簡単には認めないことも当然といえるかもしれません。そのため、事情聴取の際に従業員から主張されそうな言い分をあらかじめ想定したうえで、事情聴取のときにその言い分と矛盾する資料を証拠として突きつけて、従業員が嘘をついていることを指摘して、横領を認めさせる必要があります。

本件でも、女性従業員が素直には横領を認めないことを想定して、女性従業員から主張されそうな言い分を崩すための資料を集める事前準備を丁寧に行いました。

また、資料を突きつけた結果、女性従業員が犯行を認めた場合、そのタイミングを逃さずに、横領した事実を認める文書にただちに署名させる必要があります。そのため、事情聴取の前に、複数のパターンの返済誓約書を準備しました。返済誓約書とは、横領した金銭について返済義務を認め、返済を誓約させる書面です。

具体的には、以下の３パターンを用意しました。

パターン１：返済義務を認め、一括で返済することを誓約する内容の文書

パターン２：返済義務を認め、分割で返済することを誓約する内容の文書（分割の内容は空欄にして事情聴取の当日に補充することを想定したもの）

パターン３：返済義務を認め、返済方法は追って協議するという内容の文書

一括返済を約束させるパターン1の文書に署名させるのがベストですが、金額が大きいため、一括での返済が困難な場合に、女性従業員が署名をためらう可能性がありました。しかし、その日のうちに署名させなければ、後になって横領を認めたことを撤回し、署名を拒む恐れがあります。そのため、パターン2、パターン3の文書も用意し、当日の展開に応じて柔軟に対応することにしました。

(3) 事情聴取当日に横領を認めさせる

女性従業員の事情聴取は、この女性従業員に対し、休日の間に家族と返済方法について相談する機会を与えることも想定して、休日の前日に実施しました。弁護士が医院を訪問し、女性従業員を別室に呼んで事情聴取を行いました。

まず、弁護士から女性従業員に対して、証拠としてカルテを1つずつ示しながら、カルテが残っているのに治療費を受け取れていない患者がいることを指摘し、思い当たることがないか、女性従業員に説明を求めました。これに対して、女性従業員は、「受け取り忘れたのかもしれない」などと不合理な言い訳を重ねましたが、弁護士は特に反論することなく、女性従業員の説明を聞いていました。

女性従業員に十分に説明させた後、弁護士から、あらかじめ整理しておいた証拠資料の一部をこの女性従業員に提示。その証拠資料は、ある特定の1週間にインフルエンザの予防接種を行った患者から一切費用を受け取っていないことを示すものでした。そして、女性従業員に対し、「インフルエンザの予防接種は特にお金の受け取りを忘れやすいのですか」と尋ねたところ、女性従業員はじっと下を見て黙り込みました。

しばらく様子をみた後、弁護士からさらに、「過去2年さかのぼって調査した結果を整理したら、これだけの分量になりました」「治療費の入金がないのは、インフルエンザの予防接種や自由診療の報酬など単価の高いものばかりでした」と分厚いファイルを証拠として提示しました。

そのうえで、弁護士から「先ほどのあなたの説明に間違いはないですか。もし間違いがあれば、今日この場で訂正してください」と伝えたところ、女性従業員は自らの犯行を認めました。

弁護士からは、女性従業員に対し、直近２年間に横領した金銭を速やかに弁済すれば、医院としてはそれ以上さかのぼって調査するつもりはないと伝えました。

すると、女性従業員は家族にも頼んで、何とか一括で支払うと答え、前述のパターン１の返済誓約書に署名しました。

⑷　面談後に一括で回収に成功

面談後、女性従業員の配偶者から弁護士事務所に、２、３日中に振り込みますと謝罪の電話がありました。その後、直近２年間の被害額全額約200万円が一括で振り込まれました。

⑸　まとめ

本件では、女性従業員にいかに犯行を認めさせるかが課題となりました。

女性従業員が認めない場合、訴訟を起こして、この女性従業員による犯行であることを医院側が立証しなければなりません。本件では、カメラの画像などの決定的証拠はないものの、状況証拠からして立証が不可能とは思われませんでした。しかし、それでも、裁判を起こして判決を得るまでには１年近くを要し、弁護士費用もかかってしまいます。

そのため、裁判ではなく、話し合いによる返済を実現させるべきであり、一度の面談で女性従業員に犯行を認めさせることに注力しました。犯行を認めさせるためには、事前にあらゆる言い訳を想定した調査を尽くし、予想される言い訳に先回りするような証拠資料を準備しておくことが重要です。

また、事情聴取時に本人から不合理な言い訳が出た場合には、すぐに反論し、追及したくなりますが、ぐっとこらえて、あえて不合理な言い訳を重ねさせることが重要です。不合理な言い訳を重ねさせたうえで、それと矛盾する資料を示すと、言い逃れができなくなります。本件でも、女性従業員に十分に言い訳をさせたうえで、その言い訳と矛盾する証拠資料を端的に示したことで、女性従業員に横領を認めさせ、わずか1週間足らずで返済まで完了させることができました。

横領の事案は、横領した従業員にも罪の意識があることが多く、弁護士から追及を受け、横領を認めた後は、従業員としても正直に話せてよかったという感情に至ることが多いです。従業員が正直に話した後は、従業員の立場にも配慮しながら、返済の方法を話し合うことが返済の確保につながりやすくなります。

8　設例に対する回答

では、163頁の**設例４**のスーパーマーケットの事案については、会社はどうすればよかったのでしょうか？

設例の事案では、店長や従業員が店の商品を未精算のまま持ち出していることが防犯カメラで映像として残っています。しかし、165頁に**事例１**として説明したスーパーマーケットの横領事件に関する裁判例（横浜地判令和元年10月10日）からもわかるように、１回の防犯カメラ映像だけを理由に、横領と断定して従業員を解雇することは、後日、不当解雇であると判断されるリスクがあります。

また、１回の防犯カメラ映像だけをもとに対象社員に事情聴取を行っても、「精算を忘れていただけ」という言い訳をされる可能性が高いでしょう。そのため、まずは、１回の防犯カメラ映像だけで判断せずに、そのほかにも商品の持ち出しが映像で残っているかを確認することが必要です。過去の映像があまり残っていない場合は、しばらく様子をみて、商品の持ち出しが頻繁に行われているのか、それとも防犯カメラで撮影された１回きりのものなのかを確認することが必要です。

そして、防犯カメラで複数回の商品持ち出しが撮影されたら、それをもとに、対象社員に対して事情聴取を行い、横領を認めさせるべきです。複数回の持ち出しが映像として残っていれば、対象社員も言い訳ができないでしょう。対象社員が横領を認めれば、退職を促して退職届を提出させましょう。退職に際し金銭を支給する必要はありません。そのうえで、横領した商品の代金分を返済させることで、訴訟をせずに店舗を正常化することができるはずです。

9　日ごろから整備しておくべきこと

以下では、社内で横領が起きたときに話し合いで問題を解決するために日ごろから整備しておくべき点として、身元保証書の扱いについて説明します。

身元保証書については、181頁でも説明したとおり、最長でも５年間までしか期間を設定することができません。この点については、従業員の入社時に取得することはともかく、入社後身元保証書の期間が終了したタイミングで身元保証書の再提出を求めることは、会社が従業員を信用していないような印象を与え、気がひけるという意見もあると思います。ただ、いざ横領が発覚した場面では、身元保証書があれば、身元保証人も交えた話し合いが可能になり、役に立つことは間違いありません。そのため、身元保証書はできる限りもらっておくに越したことはありません。

では、入社後の身元保証書の再提出は、どのように進めていけばよいのでしょうか？

例えば、経理の仕事をまかせるときや、昇進して役職に就くときなどに責任を自覚させるという意味で身元保証書を再提出させることは、従業員にとっても違和感がないのではないかと思います。身元保証書の期間の終了がまだ先の場合でも、異動時や昇進時など身元保証書の提出を求めやすいタイミングで再取得することをルール化することも検討に値します。

身元保証書の書式については資料編394頁を参照してください。責任限度額（極度額）の設定などに漏れがないように注意が必要です。責任限度額（極度額）については法律上の制限はなく、身元保証書の取得時に、身元保証人と会社の合意により、自由に決めることができます。責任限度額（極度額）があまりに高額だと身元保証人の了解を得られませんので、従業員の年収相当額を１つの目安と考えるとよいと思います。

また、身元保証書に身元保証人の勤務先についての記載欄を設け、身元保証人の勤務先を把握しておくと、いざというときに身元保証人の給与を差し押さえることができます。

第５章
私生活で刑事事件を起こす従業員

【設例５】

非番の日に酒気帯び運転で検挙されたタクシー運転手の事例

弊社はタクシー会社です。弊社に勤務しているタクシー運転手が非番の日に自家用車を運転中に酒気帯び運転で検挙されました。そのため、免許停止処分になりましたが、この者は酒気帯び運転で検挙されたことを会社に報告せず、入院するかもしれないから１か月休ませてほしいというような連絡を電話でしてきただけでした。しかも、その電話があったのは、免許停止の初日でした。会社としてはこの者が突然勤務できなくなったので、乗務員のやりくりに非常に苦労しました。

その後、この者は酒気帯び運転で罰金刑を受けましたが、幸いにも新聞での報道はされていません。しかし、お客様を乗せて運転するプロのドライバーであるにもかかわらず、非番の日とはいえ酒気帯び運転をするというのは、職業倫理が欠如している証です。万が一、業務中に酒気帯び運転をされたらと思うとぞっとします。会社としてはこのような運転手は信用できず、一刻も早く辞めさせたいと思っていますが、問題ないでしょうか？

このような事案で運転手を解雇することについては、会社のリスクが大きいといわざるを得ません。実際に上記とほぼ同じ事案で会社が運転手を解雇した事例では、裁判所は、約３年にわたる裁判の結果、解雇は無効と判断し、タクシー会社に、1,300万円を超える支払いと、雇用の継続を命じています（金沢地判昭和60年９月13日）。裁判所は、飲酒運転は社会的非難もきわめて強く業務運営上到底許容し得ないとしながらも、酒気帯びの程度が軽かったことや新聞報道されて会社の評判に悪影響を及ぼすことがなかったことなどを理由に解雇は重すぎるとしています。

なお、酒気帯び運転については、平成19年に厳罰化されており、この金沢地判昭和60年９月13日は厳罰化前の事案です。しかし、裁判所が、酒気帯びの程度が軽かったことや事件について新聞報道がなかったことなどを、解雇を重すぎると判断した理由としてあげていることからすると、厳罰化後の現在でも、同様の事案で運転手を解雇した場合、やはり裁判所で解雇が無効と判断される可能性は否定できないというべきでしょう。では、会社はどうすればよいのでしょうか？

万が一、この運転手がタクシー乗務中に飲酒し、検挙されたときには、会社としての信用が吹き飛び、会社は全従業員を路頭に迷わせる恐れすらあるでしょう。また、乗務中に飲酒運転しなくても、この運転手が私生活で大きな事故を起こせば新聞報道され、その際に、過去に酒気帯び運転で検挙されたが会社が解雇せずに乗務に復帰させていたこともあわせて報道されることも考えられます。その場合、会社は酒気帯び運転歴のある運転手を乗務させていたことについて、世間から強い非難を浴びることも想定されます。そして、酒気帯びで検挙されても会社に連絡せず、免許停止の当日になって欠勤の連絡をしてくるような運転手を再度乗務に就かせることは、他の運転手との関係でも示しがつきません。

こういった点を踏まえると、設例のようなケースでは、解雇ではなく、本人との話し合いにより円満退職で問題を解決することが必要です。以下で詳しく解説していきます。

1　解雇せずに合意による解決をするべき理由

従業員が、私生活で刑事事件を起こして逮捕されたり、あるいは会社内のけんかなどが刑事事件として立件されるというケースがあります。このようなケースについて会社の解雇が重すぎるとして無効と判断した裁判例は、前述のタクシー会社の解雇事例以外にも、多数存在します。

裁判例の状況は**図表５－１、５－２**を参考にしてください。

▼図表５－１　解雇を無効と判断した裁判例

事例	判決	事例の内容	判決の理由
1	京都地判 平成28年 ３月29日	アスペルガー症候群の大学教員が、①トラブルになった生協職員に対して土下座を強要したこと、②トラブルになった学生を告訴したこと、③果物ナイフで自らの手首を切り銃刀法違反で現行犯逮捕されたことを受け、大学がこの教員を解雇した事例（普通解雇）	・大学が解雇理由としてあげている問題点の中には、大学教員として問題であると評価することが相当ではないものも含まれる ・大学からの指導や指摘により改善する可能性がなかったとまでは認められない ・大学の教員に対する配慮が限度を超える状態に達していたとも認められない
2	東京地判 平成27年 12月25日	鉄道会社の駅係員が、通勤中の電車で14歳の女性に痴漢行為をしたとして有罪となった事例（諭旨解雇）	・痴漢行為の内容は、電車の中で５～６分にわたって被害女性の臀部及び大腿部の付近を着衣の上から触るというものであり、悪質性が高いとまではいえない ・刑事処分の内容が軽微な

2	東京地判平成27年12月25日		略式命令にとどまっている ・報道がされず、会社が、本件について社外から苦情を受けたということもない
3	名古屋地判平成15年5月30日	トラック運転手が、職場構内で同僚運転手に胸ぐらをつかんでゆさぶるなどの暴行を加え、暴行罪で罰金10万円の略式命令を受けた事例	・暴行自体は偶発的なもので、かつ胸ぐらと左腕をつかんで3回程度強く揺さぶるという軽微なものにとどまる ・役職者ではなく、暴行事件が社外に大きな影響を与えるというような立場にはない
4	金沢地判昭和60年9月13日(設例5の事案)	タクシー会社に勤務する運転手が非番の日に酒気帯び運転により罰金刑を受けた事例（普通解雇）	・酒気帯びは業務中ではない ・飲酒直後ではなく入浴し、約4時間の仮眠後の運転であり酒気帯びの程度が弱い ・新聞報道されず、事件が会社の評判に悪影響を与えたという証拠もない
5	東京高判昭和59年6月20日 最判昭和61年9月11日	タクシー会社に勤務する運転手が、業務外の酒気帯び運転により、罰金刑を受けた事例。発見時、運転手は酒の匂いをさせた状態で運転しており、警察官が歩行させようとしたがそのまま座り込んだ（懲戒解雇）	・事故の賠償はすでに終えており、報道等もなく会社に対する社会的評価への毀損はほぼない ・従業員に過去に同種の前科、前歴はなく、会社から懲戒されたこともない ・会社は従業員に対し、これまで比較的寛大に懲戒権を行使してきた ・同業他社においては本件よりも重大とみられる事例でも懲戒解雇にはなっていない
6	最判昭和45年7月28日	午後11時ごろに他人の家に侵入した従業員が住居侵入罪として罰金刑を受けた	・会社の組織、業務等に関係のない、いわば私生活の範囲内で行われた犯罪

6	最判昭和45年7月28日	事例（懲戒解雇）	である ・罰金の額も低額で処罰が軽かった ・従業員の職務上の地位が、他の従業員を指導するような立場ではない

▼図表5－2　解雇を有効と判断した裁判例

事例	判決	事例の内容	判決の理由
7	東京高判令和元年7月24日	東証一部上場企業が運営する焼肉店のキッチン責任者が大麻所持で起訴された事例（懲戒解雇）	・大麻所持は重大な犯罪であり、社会の基本的なルールを破ったといえることからすれば、従業員として不適格と認められる ・大麻所持は一般的に強く非難されるべきものと受け止められており、従業員がキッチン責任者であったという点からも、飲食店へのイメージ低下に影響がある
8	大阪高判平成25年9月24日	上場企業に勤務する役職のない従業員が私生活において児童ポルノの公然陳列罪で罰金刑を科された事例（懲戒解雇）	・新聞の地方版で実名報道され、会社名は報道されなかったものの、他のインターネット上の記事などとあわせれば勤務先の社名を推測することが可能な状況であったという事情があり、会社の社会的評価に悪影響を及ぼす恐れは大きい ・行為は、破廉恥かつ悪質なものであり、社会的に厳しい非難を免れない
9	東京地判平成25年3月26日	郵便事業社に勤務する社員（内勤者）が、業務外に酒気帯び運転で物損事故を起	・逮捕は新聞報道され、会社の信用を毀損し、社員の士気を下げたものと認

9	東京地判 平成25年 3月26日	こし、罰金刑を科された事例（懲戒解雇）	められる ・酒気帯び運転、物損事故、事故を申告しないまま立ち去ったという一連の行為は社員としての適性を欠く ・勤務態度は可もなく不可もないという評価よりは若干よくないという程度のものであり、懲戒解雇が酷であるといえるような事情も見当たらない
10	東京地判 平成19年 8月27日	大手運送業者のドライバーが業務終了後に酒気帯び運転をして罰金刑を受けたため解雇した事例（懲戒解雇）	大手運送業者である会社の立場からすれば、所属のドライバーにつき、業務の内外を問うことなく、飲酒・酒気帯び運転に対して、懲戒解雇という最も重い処分をもって臨むことは、社会において率先して交通事故の防止に努力するという企業姿勢を示すために必要である
11	東京高判 平成15年 12月11日	過去に痴漢行為で3度罰金刑を受けたことがある鉄道会社の従業員が電車内の痴漢容疑で逮捕、勾留されたことから、会社の担当者が3回にわたり従業員に面会に行き、従業員が痴漢容疑を自認していることを確認したうえで解雇した事例（懲戒解雇）	本件の痴漢行為のわずか半年前に起こした痴漢行為で会社から昇給停止および降職の処分を受けており、その際始末書を提出しておきながら、同種の犯罪行為で検挙されていることから、報道の有無を問わず、懲戒解雇の判断は裁量権の範囲を超えるものとは認められない

図表5－1、5－2からもわかるように、刑事事件を起こしたことを理由とする解雇が有効かどうかの判断で重視されているのは、おおむね以下の点です。

●犯罪の内容

悪質なものといえるか、それとも比較的軽微なものかが考慮されます。罪名だけでなく、解雇された従業員が行った犯罪の具体的な内容に応じた判断がされています。例えば、酒気帯び運転の事案であれば、酒気帯び運転という罪名のみではなく、酒気帯び運転の経緯や飲酒量、運転時の酒気帯びの程度などが考慮されます。傷害事案であれば、暴行の経緯や程度、被害者の負傷の程度、被害者への謝罪の有無などが考慮されます。痴漢事案であれば、着衣の上から触ったのか、下着の中まで手を入れたのかといったことや、痴漢の犯行時間の長さなども考慮されています。

●起訴の有無

起訴されていないことは、犯罪が軽微であるとして、解雇を無効とする理由になりやすい傾向にあります。

●犯罪についての刑事処分の内容

罰金刑にとどまるのかそれとも執行猶予判決を受けたかも考慮されます。罰金刑にとどまる場合は、犯罪が軽微であると判断される可能性があります。

●報道の有無

犯罪が報道され会社の社会的な信用に悪影響を及ぼしたかどうかが考慮されます。報道がない場合は、あくまで私生活領域の出来事であるとして、解雇を無効とする理由になりやすい傾向にあります。

●犯罪の内容と従業員の職種との関係

例えば、運送業者の従業員の私生活での酒気帯び運転など職種と関係がある犯罪であることは解雇を有効とする理由付けとなりやすいということができます。

●従業員の会社での地位

役職者や、他の従業員を指導する立場の従業員が刑事犯罪を行ったことは、解雇を有効とする理由付けになりやすい傾向にあります。

●過去の懲戒歴の有無や事件以前の勤務態度

過去に懲戒処分を受けたことがなく、勤務態度も問題がなかったことが、解雇を無効とする理由付けにされることがあります。

●過去の会社の対応との公平性

会社が、以前、他の従業員が同様の問題行動をした場合に比較的寛大に対応していたという事情があるときは、解雇を無効とする理由付けになりやすい傾向にあります。

このように様々な事情が考慮されており、刑事犯罪を行ったことを理由とする解雇について、従業員から解雇が無効であるとして訴訟を起こされた場合に、裁判所でどのように判断されるかを正確に予測することは、決して簡単ではありません。例えば、タクシー運転手の業務外の酒気帯び運転を理由とする解雇が無効と判断された東京高判昭和59年６月20日の判断（図表５－１の事例５）や、鉄道会社の駅係員の痴漢行為を理由とする解雇が無効と判断された東京地判平成27年12月25日の判断（図表５－１の事例２）などは、会社にとっても予想外であったと思われます。

このような状況を踏まえると、刑事事件を起こしたからといって懲戒解雇することは、後日、訴訟に発展した際に、裁判所から解雇が無効であるとして多額の金銭の支払いと雇用の継続を命じられる可能性を否定できません。また、仮に解雇が有効と認められたとしても、訴訟に多くの労力と費用を割くこと自体、会社にとって損失であるといわなければなりません。

そのため、刑事犯罪を行った従業員について、雇用を終了する方向で進める際も、解雇するのではなく、話し合いで合意による退職での解決をする必要性は高いといえるでしょう。

2　退職金制度がある会社では、退職金の扱いにも注意が必要

さらに、退職金制度がある会社では、退職金の扱いにも注意が必要です。

従業員が刑事事件を起こして懲戒解雇する場合に、その従業員に退職金を支給しないケースが多いですが、これについても後日、退職金の不支給が不当であるとして、従業員から訴訟を起こされるケースがみられます。そして、次頁の**図表５－３**からわかるように、裁判例の多くは、刑事事件を起こして懲戒解雇されたという事情があっても、退職金を不支給とすることまでは認めず、本来の退職金の額の３割程度の額の支払いを会社に命じることが多くなっています。これは、退職金は在職中の賃金の後払いとして支給される側面があり、刑事犯罪を行って懲戒解雇されたとしても、それが在職中の功労をすべて抹消してしまうほどのものとはいえない場合は、退職金を不支給とすることは適当ではないという考え方に基づくものです。

これらの点を踏まえると、刑事事件を起こした従業員を退職させる場合も、退職金の３割程度を支給することを提案したうえで、退職の合意を取り付けることが、その後のトラブルを防ぐためには有効であるといえます。

▼図表５－３　退職金に関しての裁判例

事例	裁判例	事例の内容	判決の内容
1	東京高判平成25年7月18日(図表５－２の事例９の東京地判平成25年３月26日の第二審)	郵便事業社に勤務する社員（内勤者）が、業務外に酒気帯び運転で物損事故を起こし、罰金刑を科されたため、懲戒解雇した事例	会社は退職金を不支給としたが、裁判所は自己都合退職した場合の約３割の退職金の支払いを命じた
2	東京高判平成24年9月28日	自転車で通勤中の女子高校生に対して強制わいせつ行為をし、怪我をさせたという事例	会社は退職金を不支給としたが、裁判所は退職金の３割相当額の支払いを命じた
3	東京高判平成15年12月11日（図表５－２の事例11）	過去に電車内の痴漢容疑で2度の逮捕歴があった従業員が再度、痴漢容疑で逮捕、勾留されたことから、会社の担当者が３回にわたり本人に面会に行き、本人が痴漢容疑を自認していることを確認したうえで懲戒解雇した事例	会社が退職金を不支給としたが、裁判所は退職金の３割相当額の支払いを命じた

3　従業員が逮捕されたときの対応

では、会社は、刑事事件を起こした従業員にどのように対応していけばよいのでしょうか？

以下では、従業員が逮捕された段階での対応からみていきます。

(1)　社内、社外へのアナウンス

従業員が逮捕されたときは、警察または家族から逮捕の第一報が入ることが多いです。逮捕の情報が入ったときは、容疑の内容や、マスコミによる報道の有無について情報収集が必要です。

また、社内でも本人が当分出勤できない可能性があることを周知して、他の従業員に業務のカバーなどに協力してもらう必要があります。ただし、社内に周知する際は、逮捕されたという段階で、本人がその罪を犯したと判断することはできないことに注意して、メッセージの内容を作る必要があります。いったん逮捕されても、嫌疑不十分などを理由に釈放されることがあることも念頭におくべきです。

従業員の逮捕が報道された場合は、外部に対して、企業としてのコメントを出すことが求められることもあります。報道で企業名が出ている場合は、できるだけ早く出すべきです。ただし、コメントの内容は、逮捕されたというだけで事案の詳細がわからない段階では、以下のような簡潔な内容にとどめておくことが適切です。

■参考：社外への発表例

弊社の従業員○○○○が逮捕されたという報道がありました。事件の詳細については、現在、警察による捜査中であり、弊社としても今後の動向を注視してまいります。事実関係が明らかになったときは、その内容を踏まえて、厳正に対処してまいります。

なお、報道がされていない場合に、逮捕の事実について外部にコメントを出すことは名誉棄損に該当する可能性もあり、適切ではありません。

(2) 逮捕された従業員の給与について

逮捕された従業員の賃金については、有給休暇の申請がない限り、無給とすることで問題ありません。従業員から有給休暇の申請がないのに、従業員の意見を聴くことなく、会社の判断で有給休暇を取得した扱いとすることは法律上できませんので注意してください。

(3) 逮捕後の刑事手続の流れ

逮捕されると、制度上、１つの犯罪について最長で23日間身柄を拘束される可能性があります。そして、起訴か不起訴かの判断がされます。「起訴」とは、検察官が裁判所に刑事処分を求める手続です。起訴された場合は刑事裁判が行われることが原則です。

一方、嫌疑が不十分だったり、犯罪の内容が軽いとき、あるいは犯罪の被害者との示談が済んだときは、不起訴となり、早期に釈放されるケースもあります。従業員との話し合いを進める前提として、以下のような逮捕から刑事裁判までの流れを把握しておくことが必要です。

① 逮捕から勾留まで

法律上、逮捕による身柄拘束は最大72時間までです。その後も身柄拘束を続ける必要がある場合は、勾留という手続に切り替えて身柄拘束されることになります。

②　勾留から起訴まで

勾留は１つの犯罪について最長で20日間です。この期間中に、起訴か不起訴かの判断がされます。身柄拘束中の被疑者は、起訴されたタイミングで、保釈の請求ができます。保釈の請求とは、保釈金を裁判所に納めることなどを条件に、釈放してもらう制度です。

起訴されると被疑者について刑罰を科すため刑事裁判が行われることになります。一方、不起訴になると、通常はその時点で刑事処分手続が終了となります。

(4)　刑事裁判

起訴された場合は刑事裁判で有罪、無罪が判断されます。令和元年の統計（裁判所データブック2020）によると、地方裁判所での刑事事件の第一審の審理期間は平均で3.4か月です。ただし、本人が罪を認めているか、それとも争っているかによって審理期間に大きな差があります。本人が罪を認めている場合は、第一審の刑事裁判の審理期間は２か月から３か月程度が通常です。一方、本人が争っている場合は、平均で９か月程度、第一審の審理が行われます。

なお、軽微な犯罪で本人が罪を認めている場合は、正式な刑事裁判ではなく、略式手続で罰金の納付を命じられることにより、刑事処分の手続が終了します。

4　円満退職してもらうには

では、会社は刑事事件を起こした従業員との話し合いをどのように進めていけばよいのでしょうか？

(1)　身柄拘束中に退職に向けた話し合いをする

容疑の内容が従業員の私生活に関するもので会社の業務に直接関係するものでないときは、刑事事件を起こしたからといって従業員に退職を求める必要がないことも多いでしょう。

一方、犯罪の容疑の内容が会社として許容できないものであり、その従業員を退職させる必要があるときは、従業員が身柄を拘束されている期間中に話し合いをするべきです。

これは、従業員が逮捕・勾留されて身柄を拘束されている期間中は素直に容疑を認めていても、身柄を釈放された後、会社から事情聴取しようとすると「警察では早く釈放してもらうために容疑を認めたが、実際にはやっていない」と言い出す事例が非常に多いためです。例えば、199頁の図表5－1の事例2の鉄道会社の駅係員が通勤中の電車で14歳の女性に痴漢行為をしたとして有罪となったため解雇した事例（東京地判平成27年12月25日）では、痴漢容疑で逮捕された従業員は警察の取り調べで痴漢行為を認めたため釈放されていますが、その翌日に会社からの事情聴取を受けたときは、痴漢行為を否定しています。

そして、このように、従業員が会社の事情聴取に対して容疑を認めない態度を取り出すと、従業員としては理屈上、辞める理由がないことになるので、退職の話し合いがまとまりません。

そのため、従業員が身柄拘束されている場合は、身柄拘束されている期間中に退職に向けた話し合いを決着させることが必要です。

(2) 身柄拘束されている従業員と面会する

身柄拘束されている従業員と話をするためには、身柄拘束されている場所（留置場等）に面会に行く必要があります。従業員に面会して、容疑を認めているのかどうかを確認したうえで、会社として退職を促すかどうかを決めるべきです。

警察署の留置場の面会受付時間は、通常は、８時30分～17時15分で、12時～13時は昼休みです。面会時間は15分程度に制限されていることが多く、面会の際は、警察官が立ちあうことになります。時間の制限があるので、何を聞き、何を話すか事前に決めておくことが必要です。１回の面会で退職の合意に至らないときも、何度か面会して、従業員が身柄拘束されている期間中に、退職届を提出させることを目指すべきです。

面会に行くときは、事前に警察の留置管理係に電話をして、面会ができるかどうかを確認しておきましょう。身柄拘束されている従業員に取調べの予定などが入っていると、面会ができません。また、共犯者がいたり、従業員が罪を認めていない場合には、面会自体が禁止されていることがあります（これを「接見禁止」といいます）。

(3) 退職に向けた説得方法

従業員が身柄を拘束され、容疑を認めて反省している場合は、身柄拘束中に話をすれば、退職にも素直に応じることが多いです。しかし、退職に応じない場合は、会社としても容疑の内容を調査し、懲戒処分を検討せざるを得ないことなどを伝えて、懲戒処分を受ける前に退職することを説得する必要があります。

また、簡単に退職に応じないときは、退職にあたり金銭的な提案をすることも検討しなければなりません。特に、身柄拘束中に従業員が金銭を必要とする場面として、被害者に支払う示談金と、保釈金があります。

例えば、従業員が痴漢容疑で逮捕された場合、その従業員は被害者との示談を検討することになります。被害者との示談は、道義的に必要というだけでなく、被害者と示談できれば、刑事処分が軽くなったり、不起訴となったりすることが多いという意味で、従業員にとってもメリットがあるからです。会社としては、この示談金の原資を従業員に支給すること、または立て替えることを提示して退職について合意を取り付けることが考えられます。

また、身柄を拘束されている従業員が起訴されたときは、従業員は保釈（身柄拘束を解いてもらう手続）の請求ができます。そのため、従業員が保釈の請求を予定している場合、保釈の際に裁判所に納める保釈金を会社が立て替えるということを、合意による退職を促す際の交渉材料として提案することもできるでしょう。保釈金は一般的には150万円から300万円程度になることが多いです。保釈金は会社から裁判所に直接、納付することができ、従業員が保釈後に逃亡するなどの問題がなければ、会社は、刑事裁判終了後に保釈金の返還を受けることができます。

さらに、退職金制度がある会社では、退職に合意した場合は退職金の３割程度を支払うことを提示することで、退職に向けた説得材料とすることもできます。

なお、会社が中小企業退職金共済に加入している場合は、退職金を減額するためには厚生労働大臣の認定が必要になるうえ、仮に減額が認められても減額分は会社に返金されず、会社に金銭的なメリットはありません。そのため、中小企業退職金共済を利用している場合は、刑事事件を起こした従業員に対しても退職金は全額支払うことを提示したうえで、それを退職に向けた説得材料にするべきことが多いでしょう。

⑷　本人が身柄拘束されていない場合

酒気帯び運転などでは、従業員が逮捕されないケースもあります。従業員が社内で運転を業務としているときは、従業員が逮捕されなくても、酒気帯び運転による免許停止で運転ができない期間中、従業員を自宅待機させることになります。会社としては自宅待機の期間中に、酒気帯びの程度や、酒気帯び運転に至った経緯について調査し、今後、その従業員をどのように処遇すべきかを検討しなければなりません。調査の結果を踏まえて、酒気帯び運転をした従業員を雇用し続けることが難しいと判断したときも、会社は従業員を解雇するのではなく、自宅待機の期間中に、従業員と退職に向けた話し合いの機会をもつことが必要です。

酒気帯び運転で検挙されたものの、逮捕されなかった場合、事件を軽くとらえ、免許停止の期間が終われば、当然、会社に復帰できると考える従業員もいます。その場合は、そのような認識のゆがみを修正させるために、会社としても懲戒処分の手続を進め、従業員に、事件以前と同じように会社で受け入れられるわけではないことをはっきり認識させることが必要です。懲戒処分をしても十分な反省の態度がなく、再度、問題を繰り返す恐れがある場合は、退職の方向で説得し、合意による退職を実現させなければなりません。

5　設例に対する回答

では、197頁の**設例５**の酒気帯び運転で罰金刑を受けたタクシー運転手の事案では、会社はどうすればよかったのでしょうか？

設例の事案では、問題のタクシー運転手は免許停止60日の処分を受けました。会社はその免許停止の期間中に解雇通知書を運転手に郵送して解雇しています。しかし、安易に一方的な解雇通知により問題を解決しようとすべきではなく、話し合いにより退職を促すべきでした。免許停止中の運転手を会社に呼び出して話をする必要があります。この事案では、酒気帯び運転をしたタクシー運転手に乗務を継続させることは世間の理解を得られないし、免許停止を会社に連絡せずに会社の業務に混乱を招き、他の運転手に負担をかけたという点を指摘して、会社としては退職してほしいと考えていることを伝えるべきでしょう。

運転手が事件を軽く考え、退職に難色を示すときは、その自己認識のゆがみを修正させることも必要になります。そのためには、酒気帯び運転で有罪判決を受けたことについて会社は調査のうえ、懲戒の処分をしなければならないことを告げ、懲戒処分を受ける前に退職することを説得するべきでしょう。退職の条件として当面の生活費として３か月分の給与と会社都合退職扱いとすることを提案すれば、退職について運転手の同意を得ることは難しくなかったはずです。そうすれば、約３年にわたる裁判をしたあげくに、敗訴して、1,300万円を超える支払いを命じられるといった最悪の事態は避けることができたと思われます。

6　日ごろから整備しておくべきこと

従業員数10名以上の企業が退職金制度を設ける場合、退職金に関する事項は、就業規則の記載事項とされています（労働基準法89条）。そのため、私生活上で犯罪を行ったなどの事情で従業員が退職する場合に退職金を減額あるいは不支給とすることについては、就業規則に規定を設けておく必要があります。通常は、就業規則の一部である退職金規程に規定を設けることが多いです。

退職金規程に減額や不支給の規定がない場合は、私生活上での犯罪をきっかけに従業員が退職する場合も、退職金の減額あるいは不支給はできないことになりますので注意が必要です。

では、退職金規程で退職金減額について定める場合、どのように定めればよいのでしょうか？

例えば、厚生労働省のモデル就業規則では以下のように定めています。

■参考：厚生労働省モデル就業規則

第●条 　勤続●年以上の労働者が退職し又は解雇されたときは、この章に定めるところにより退職金を支給する。ただし、自己都合による退職者で、勤続●年未満の者には退職金を支給しない。また、第●条第●項により懲戒解雇された者には、退職金の全部又は一部を支給しないことがある。

この条文では、「懲戒解雇された者」だけが退職金の不支給または一部不支給の対象とされています。このような定め方では、会社から退職勧奨を行い合意により退職に至った場合は退職金を減額できない可能性があります。

裁判例の中にも、会社が退職金規程において「懲戒解雇された場合」を退職金の不支給事由と定めている場合は、実際に懲戒解雇されなければ不支給事由にあたらず、重大な就業規則違反があり自己都合により退職したような場合は、退職金不支給事由に該当しないとしたものがあります（東京地判平成15年９月19日。一方、自己都合退職の場合も退職金不支給を認めた裁判例として大阪地判平成21年３月30日等）。

そのため、退職金の不支給条項、減額条項を作成する際は、実際に懲戒解雇された場合だけでなく、重大な就業規則違反が判明したことをきっかけに退職に至った場合も、退職金の不支給や減額の対象となることを明記しておくことが合理的です。退職直前に懲戒事由または解雇に該当する事由等の不都合な行為があった場合を退職金の不支給または減額の事由として定めた就業規則も有効であるとした裁判例として、京都地判平成17年７月27日等があります。

第６章

セクハラをする従業員

【設例６】

慰安旅行の懇親会で女性従業員に「犯すぞ」と発言する東京支店長の事例

弊社は電動機器などの販売を行う会社です。今回、弊社の東京支店長の重大なセクハラ行為が発覚しました。きっかけは、先日、東京支店の従業員のほぼ全員である40名が参加した慰安旅行の懇親会の場での東京支店長によるセクハラ行為について、弊社のヘルプラインに通報があったことです。通報後、会社として調査を行った結果、女性従業員ら５名がセクハラ被害の報告をしてくれました。

この宴会の席で東京支店長は女性従業員らに向かって「体のラインを強調するような私服を着たらいいのに」「しかし、おっぱい大きいな」「女として乳が大きいのはええことやろ」「何カップや？　Ｆか？　Ｇか？」「わしが手で図ったるわ」などと繰り返しセクハラ発言をしていました。さらに、別の女性従業員に対しては、周りにいた男性若手従業員を指して「この中で好みの男性は誰か」と質問し、女性従業員が「ノーコメントです」と答えてその場を逃れようとしたところ、「誰がタイプか。これだけ男がいるのに、答えないのであれば犯すぞ」と発言していました。

さらに、今回の件を受けたヒアリング調査では、普段から東京支店長は、女性従業員らに対して、胸の大きい女性が好みである等と発言し、女性係長に対して「胸が小さいので好みのタイプではない」というなどのセクハラ発言を行っていたこと、普段の宴会でも女性従業員の手を繰り返し握ったり、肩に手を回すなどのセクハラ行為をして女性従業員に嫌がられていたことがわかりました。

弊社はコンプライアンスの一環として、以前から、従業員に対し、セクハラに関する研修などを行い、セクハラ防止にも取り組んできました。それにもかかわらず、東京支店長という重責にある者が日常的にセクハラ行為を繰り返していたことがわかり唖然としています。この東京支店長について、いままでセクハラ被害の報告がなく、会社として全く把握ができていませんでした。これまで被害を受けてきた女性従業員に対しては申し訳ない気持ちでいっぱいです。この東京支店長は懲戒解雇したいと考えていますが、問題ないでしょうか？

これは本書の６頁でも紹介した東京地判平成21年４月24日を題材とした設例です。判決は、設例と類似の事案について懲戒解雇は重すぎるとして無効と判断し、会社に、この東京支社長に対し約1,300万円の支払いをしたうえで雇用を継続することを命じています。

会社が支店長を解雇しない場合、セクハラ被害を訴えた女性従業員５名は支店長からの報復におびえ退職してしまうかもしれません。裁判では会社もこの点を指摘して、懲戒解雇以外に手段がなかったと主張しました。しかし、裁判所は、「仮に（東京支店長が）報復的な行為をする兆しがあるのであれば、そのときにこそ、直ちに懲戒解雇権を行使すれば足りる」として、被害を申告した女性従業員らが退職してしまう恐れがあることは、懲戒解雇を選択する理由にはならないとしています。

セクハラ被害の申告に対する報復といった行為は通常、隠れて行われるのであり、裁判所の判断は職場の現実を踏まえないものといわざるを得ません。しかし、結論として裁判所で懲戒解雇が無効とされ、会社は多額の金銭の支払いと東京支店長の雇用の継続を命じられている以上、この事案で、懲戒解雇した会社の判断は間違いだったといわなければなりません。

では、会社はどうすればよいのでしょうか？

東京支店長の雇用が継続される一方でセクハラ被害を訴えた５名が報復を恐れ退職する事態になれば、会社はセクハラの被害社員らの雇用よりも東京支店長の雇用を優先したことになり、従業員からの信頼を失うことは避けられないでしょう。支店長の解雇が許されない以上、話し合いで支店長の退職を実現する必要があります。

1　強制わいせつ事案以外は一発解雇を認めないのが裁判例の相場

東京支店長の懲戒解雇を無効と判断した東京地判平成21年４月24日は、その理由として、「宴会での一連の行為も、いわゆる強制わいせつ的なものとは、一線を画すものというべきものである」と指摘したうえで、「何らの指導や処分をせず、労働者にとって極刑である懲戒解雇を直ちに選択するというのは、やはり重きに失するものと言わざるを得ない」としています。ここで判決がいっている「強制わいせつ的なもの」というのは、無理やりキスをする、無理やり胸を触るといった刑法上の強制わいせつ罪に該当するような行為を指しています。

この判決の理由付けからもわかるように、裁判所は、強制わいせつ的な事案にまでは至らない設例のようなセクハラについては、すでに会社から指導を受けているにもかかわらずセクハラを繰り返しているといった事情がない限り、解雇を認めないことが通常です。つまり、強制わいせつ的な事案でない限り、セクハラ発覚の１回目で解雇することは認められません。

東京支店長の事案では、これまで会社として東京支店長のセクハラを把握できず、指導したことがなかったことが認定されており、このことを踏まえれば、懲戒解雇を認めないことはこれまでの裁判例の流れに沿っているともいえるでしょう。会社としても、敗訴することはあらかじめ予想できた内容だといえます。

その他のセクハラに関する最近の裁判例をみても、事前の注意、指導や懲戒がない場面で、懲戒解雇を認めたものは基本的には強制わいせつ的な事案に限られています（ただし、東京高判平成31年１月23日は、私立女子大学が男性教授を解雇した事案について、この男性教授が大学の学科長としてセクハラを防止すべき立場であったことや、女子学生との個人的交際を試みるなど私立女子大学の信用を落とす行為にも及んでいること、懲戒解雇時点でも反省が不十分であり再発のリスクが非常に高いと判断されることなどを重視して、事前の注意、指導がない事案ではあるものの懲戒解雇を有効としています。次頁図表６－１事例３。また、やや古い事案で、事前の注意・指導がなかったものの、セクハラを理由とする普通解雇を有効としたものとして、東京地判平成12年８月29日があります）。

なお、セクハラを理由とする解雇の裁判例におけるその他の企業側の敗訴理由としては、セクハラの事実の立証自体ができていないとされているものが相当数見受けられます。その中には、セクハラについて被害社員による裁判所での証言を得ることが難しいことが影響していると思われるものも含まれます。セクハラの被害については、被害社員に裁判所に来て証言してもらうことが通常必要になりますが、被害社員の中にはセクハラ被害を公の場で話したがらない人も多く、証言への協力を得ることは簡単ではありません。

一方で、キスや性行為があったことが裁判所に認められた事例については、それが被害社員の意に反して行われたと判断されれば、前述の「強制わいせつ的なもの」に該当し、通常、懲戒解雇しても有効と判断されています（次頁図表６－１事例４）。しかし、問題の行為が、被害社員の意に反して行われたかどうかについては、裁判で議論になることが多く、同意によるものであった可能性があるとして、セクハラを理由とした懲戒解雇を無効としている裁判例も目につきます。

強制わいせつ事案にまで至らない言動によるセクハラ（セクハラ発言事案）については、前述のとおり、そもそも発覚１回目での解雇は困難ですが、それに加えて、セクハラ発言が被害社員の意思に反するものだったかどうかが争点となる傾向にあります。被害社員と加害社員が親密だったことがうかがえる事案については、被害社員としてもセクハラ発言を許容範囲と受け止めていた可能性があるとして懲戒処分を無効としているものもみられます（次頁図表６－１事例２）。

このような裁判例の状況を踏まえると、本人の意思に反してキスや性行為を行った強制わいせつ的な事案であることを加害社員が認めているような事案でない限り、セクハラを理由とする懲戒解雇については裁判所で無効とされるリスクが一定程度あるということになります。

セクハラ行為を理由とする解雇についての最近の裁判例については、**図表6－1**を参照してください。

▼図表6－1　セクハラ行為による解雇の裁判例

事例	判決	結論	セクハラの内容	裁判所の判断の理由
1	東京地判 平成30年 1月12日	懲戒解雇無効 約1,700万円の支払いと雇用の継続を命じる	大学教授が、ひどく落ち込んだ様子をみせた女性教職員の背中に両手を回し抱きしめるような体制をとって励ましの言葉を述べたり、女性教職員及び女子学生に対して頭を撫でる、肩に触れるなどの馴れ馴れしい言動をしたりした	女性教職員等が明確に不快感を示したり抗議したりしていないとしてもセクハラ該当性は否定されないが、男女関係を求めるようなことなどはなく、わいせつな意図に基づくものではないから、セクハラ行為が著しく重大・悪質な態様、程度であるとはいえない
2	東京地判 平成28年 7月19日	懲戒解雇無効 約1,400万円の支払いと雇用の継続を命じる	男性従業員が飲み会の場などで女性従業員に対してこれまでに性交渉をもった男性の人数を尋ねたり、枕営業をしているのかと発言したりした	セクハラ行為は悪質であり、品性を疑うに十分であるが、被害社員が加害社員と親しげにしていたことを考慮すれば、被害社員の精神的苦痛の程度については疑問の余地があり、セクハラ行為の悪質性を過大評価するべきではない
3	東京高判 平成31年 1月23日	懲戒解雇を有効と判断	女子大学の男性教授が女性教職員を何度も執拗に買物に誘う、「おしりを触りたくな	セクハラ行為が相手方女性を困惑させ、強い不快感を与えるものであり、女子大

3	東京高判平成31年１月23日		る」などと発言するなどした。また、女子学生に個人的に金品を贈与する、２人きりで洋画鑑賞を実行し、その際に手を握るなどした	学の信用や評判を落とす悪質なものでもあること、反省の態度も示しておらず、セクハラ行為について常習性が認められ、再発リスクが高い
4	東京地判平成30年１２月１７日	普通解雇を有効と判断	男性従業員が酩酊した女性従業員をラブホテルに連れ込み、女性従業員の意に反して体を触る、自身の陰部を触らせようとする、抱きつきキスしようとするなどした	女性従業員は当時酩酊状態にあり、ホテルに入ることについて同意があったとは認められない。女性従業員が酩酊状態にあることを利用した卑劣な行為であり、各行為がわいせつな行為をする目的で行われたことも明らかである
5	東京地判平成30年１０月１６日	懲戒解雇を有効と判断	司法書士事務所の男性正社員が複数の女性パートタイム従業員に対し事務所内や食事会においてその乳房に直接触る、抱きついたりキスしたりするなどした	各セクハラ行為は類型的に悪質であり、雇用主や他の従業員を動揺させるなど、セクハラ行為の影響は重大である

2　懲戒解雇は手続の面からも困難が大きい

セクハラの加害社員を懲戒解雇することは手続的な面でも困難なケースがあります。

125頁でも説明したとおり、懲戒解雇の前には対象社員に対して弁明の機会を与えることが必要になります。そして、セクハラやパワハラを理由とする懲戒解雇の場合、被害社員の氏名や訴えている被害の内容、被害を受けたと主張している日時等を具体的に加害社員に伝えたうえで、加害社員に弁明の機会を与えることが必要です。これは、被害社員の氏名や被害の内容や日時等を具体的に加害社員に告げなければ、加害社員が訴えられている被害の内容について反論することができず、弁明の機会を与えたことにならないためです。

ところが、被害社員が加害社員からの報復等を恐れて、自分が被害を訴えていることを加害社員に告げることを承諾しないことが少なくありません。その場合、被害社員の氏名や、被害社員から訴えのあった被害の内容を、加害社員に具体的に伝えて、弁明の機会を与えることが困難になります。

この点について、参考になるのが、京都市（北部クリーンセンター）事件（大阪高判平成22年８月26日）です。

この事件は、京都市が、男性職員を懲戒免職処分にしたことについて、男性職員から懲戒免職処分の取消しを求める訴訟を起こされたものです。市は、懲戒免職の処分理由として、男性職員の様々な問題点をあげていますが、その１つとして、女性臨時職員らに対するセクハラ発言をあげています。その内容は、この男性職員が女性臨時職員６名に対して、約３年間にわたり、「女は足だけ広げていればいい」「犯すぞ」「やりたい」などのセクハラ発言を繰り返していたというものでした。

裁判所は、このセクハラ発言が懲戒免職処分の理由になるかどうかの判断にあたり、まず、「懲戒免職処分という重い処分が問題となっていることからすると、特段の事情のない限り、処分の理由となる事実を具体的に告げ、これに対する弁明の機会を与えることが必要である」としています（下線は筆者）。

そのうえで、裁判所は、被害として訴えられているセクハラ発言の内容や発言の時期、被害を訴えている女性臨時職員の氏名などを具体的に男性職員に伝えたうえで弁明の機会を与えなければ、弁明の機会を与えたことにならないとしています。

この事件では、被害を受けたとされる女性臨時職員６名のうち、１名を除いて、自分の氏名を加害者である男性職員に伝えることを承諾しませんでした。そのため、市はこの男性職員に弁明の機会を与えるにあたり、氏名を伝えることを承諾した１名を除く他の女性臨時職員の氏名を明らかにしませんでした。また、セクハラ発言の内容についても、「２人きりの状況で女性臨時職員に対し、性的関係をもつことを希望していることを伝えたり、女性臨時職員の性的経験について聞くなどしたこと」などと抽象化して男性職員に伝えており、具体的に被害として報告されている発言内容や発言の時期を示して、男性職員に弁明の機会を与えることをしていませんでした。

裁判所は、このような弁明の機会の付与の方法は不適切であり、氏名を明らかにすることを承諾しなかった女性臨時職員に対するセクハラ発言を処分理由とするのは、仮にセクハラ発言が事実であったとしても、「手続的に著しく相当性を欠く」として、懲戒免職処分の理由とすることは認められないと判断しています。

この判決を踏まえると、セクハラの被害社員が、自分が被害を訴えたことを加害社員に伝えることを承諾しないケースについては、加害社員に対して、十分な弁明の機会を与えることが難しく、その結果、懲戒解雇をしても無効と判断される危険があるといえます。

3　設例に対する回答

では、217頁の**設例６**の東京支店長の事案では会社はどうすればよかったのでしょうか？　この事例についての判決によると、会社は、東京支店長のセクハラ事件のずいぶん前から、長い間、従業員にセクハラ防止研修を行うなどして、社内のセクハラ防止に取り組んできました。それにもかかわらず、この東京支店長は宴席の場だけでなく、普段からセクハラ行為を続けてきたことが読みとれます。

普通の感性のある人間であれば、会社がセクハラ防止に真剣に取り組む中で、東京支店長という立場にありながら、セクハラ行為を続けるなどということはありません。この東京支店長は、自分だけは特別で、セクハラ発言、セクハラ行為をしても許されると誤解していたのでしょう。つまり、「自己認識のゆがみ」がある状態になっていたといえます。

退職による合意を実現するためには、この東京支店長の「自己認識のゆがみ」を修正させる努力をしたうえで、退職に向けた話し合いを行う必要があります。

では、どのようにして、「自己認識のゆがみ」を修正していけばよいでしょうか？

設例のような役職上位者のセクハラ事例では、まず、被害社員の安全、安心を確保するためにも、加害社員と被害社員を隔離し、被害社員が加害社員とできる限り接触しなくてもすむ環境をつくることが重要です。

そのうえで、セクハラについても、パワハラと同じように、会社として事実関係の調査を行う必要があります。セクハラ防止指針（令和２年厚生労働省告示第６号）でも、セクハラ被害についての申し出があった場合、「事案に係る事実関係を迅速かつ正確に確認すること」が求められています。

事実関係の調査の方法は、143頁の「(1)　**ハラスメントの調査を行う**」を参照してください。

161頁で説明したとおり、就業規則に定めがあれば、懲戒事由の調査のための自宅待機を無給扱いとすることも許される場合があります。無給扱いの自宅待機は、加害社員に事の重大性を理解させ、かつ、会社に自身の居場所がないことを身をもって感じさせる効果もあります。

調査報告書ができた段階で、懲戒手続をとることを加害社員に告げたうえで、会社から弁明通知書（資料編384頁参照）を交付し、加害社員に弁明の機会を与えるべきです。ここまですれば、加害社員としても、自分はもう事件前とは立場が違い、セクハラを機に会社での立場、待遇が大きく変わるのだということをはっきり認識するでしょう。

その段階で、被害社員らが安心して働ける職場環境をつくるためにも、会社としては退職してほしいと考えていることを加害社員に伝え、退職届を出して退職する場合は会社から一定の金銭も支給するし会社都合扱いにするという条件を出せば、退職の合意を成立させることは決して困難ではありません。

設例６の事案では、東京支店長は相応の年齢に達していたことが推測されます。定年が近づいた従業員については再就職が難しく、そのため、会社としても退職についての同意を得ることが難しいと考えがちです。しかし、高年齢層の従業員でも設例６の事例のように相応の規模の会社で上位の役職にあった従業員については、その経歴に着目して周辺企業から声がかかり、再就職がスムーズに決まることも少なくありません。そのため、はじめから退職の同意を得ることが難しいと考えるべきではありません。

第７章

転勤を拒否する従業員

【設例７】

公団住宅での居住にこだわり転勤に応じない正社員の事例

弊社は光学部品のメーカーです。転勤を拒否する女性社員（正社員）への対応に困っています。

きっかけは弊社の埼玉工場の総務部のパート社員が退職し、このパート社員の後任者を埼玉工場に配属することが必要となったことです。都内の営業本部に勤務していた前述の女性社員が、退職するパート社員と同じ仕事をしていたため、弊社はこの女性社員に対して、４月１日付で埼玉工場の総務部への転勤を命じました。しかし、この女性社員は都内の営業本部への通勤であれば通勤時間が片道１時間であるのに対し、埼玉工場に転勤になれば片道２時間を超えることを理由に転勤を拒否し、４月１日以降も営業本部への出勤を続けています。社長がこの女性社員を呼び出し、転勤命令に従うように説得しましたが、女性社員は応じていません。

弊社としては首都圏の一般的な通勤事情からすると片道２時間を超える通勤も珍しくはないことや、この女性社員が独身であり転居も困難といえないことなどからすると、転勤の拒否は不当であると考えています。しかし、この女性社員は片道２時間を超える通勤はできないと主張し、また、現在住んでいる公団住宅での居住にこだわり転居も拒否しています。
　弊社の就業規則には、業務上の必要がある場合は、従業員に対し就業場所の変更を命ずることがあることが定められています。女性社員がこのまま転勤に応じないようであれば懲戒解雇したいと考えていますが問題ないでしょうか？

　設例７の事案と類似の事案について、会社は４月１日以降も営業本部に出社を続けた女性社員を４月15日付で懲戒解雇しました。女性社員はこれが不当解雇であるとして訴訟を起こしましたが、一審の東京地方裁判所は解雇は有効であると判断しました。しかし、二審の東京高判平成12年11月29日は、「配転命令自体は権利濫用と評されるものでない場合であっても、懲戒解雇に至るまでの経緯によっては、配転命令に従わないことを理由とする懲戒解雇は、なお、権利濫用としてその効力を否定されうる」としたうえで、懲戒解雇は無効であるとして、会社を敗訴させ、会社に対し3,200万円を超える金銭の支払いと、女性社員の雇用の継続を命じています。つまり、二審の裁判所は、転勤を命じたことは違法ではないけれども、転勤を拒否したことを理由とする懲戒解雇は無効であるとしました。裁判所はその理由として、この女性社員の交渉態度について「労働力を提供して対価を得る者としての自覚に欠ける点があるといえないではない」としながらも、「会社は配転後の通勤所要時間、経路等、従業員において配転に伴う利害得失を考慮して合理的な決断をするのに必要な情報を提供しておらず、必要な手順を尽くしていない」としています。
　しかし、この事案では、配転命令後に会社は、この女性社員と弁護士を交えて一定の話し合いは行っており、話し合いが平行線になり解決ができなかったため、解雇に至ったことが読み取れます。では、どのようにすれば話し合いでの解決ができたのでしょうか？　以下で検討していきます。

1　転勤拒否をめぐる解雇についての裁判例の状況

設例の事案への対処方法を検討する前提として、転勤拒否を理由とする解雇についての裁判例の状況を説明しておきます。

(1)　企業の配転命令権について

転勤拒否を理由とする解雇についての裁判例の状況を説明するために、まず、企業の配転命令権について説明します。

配転とは、従業員の職務内容や勤務地の変更を命じることを指し、企業が従業員に配転を命じる権利を配転命令権といいます。配転命令権のうち、勤務地の変更を命じる権利が転勤命令権です。日本の多くの企業の就業規則では、会社の転勤命令権が定められ、勤務地の変更を命じられた場合に従業員はこれに従う義務があることが定められています。例えば、「会社は、業務上必要がある場合に、労働者に対して就業する場所及び従事する業務の変更を命ずることがある」などと就業規則に定められていることが多くなっています。

会社に転勤命令権がある場合、原則として従業員はこれに従う義務があります。もちろん、転勤も従業員の同意を得て進めることが望ましいですが、転勤命令権がある場合、法律上は、会社は転勤について従業員の個別の同意を得る必要はないことが原則です。東亜ペイント事件という著名な事件の最高裁判決（最判昭和61年７月14日）でこの点が判断されています。

ただし、これには例外があります。転勤は従業員の生活に大きな影響を与えることから、前述の東亜ペイント事件の最高裁判決において、「業務上、転勤を命じる必要性がないのに転勤を命じた場合」「転勤命令が不当な動機・目的をもってなされた場合」「転勤により労働者に通常甘受すべき程度を著しく超える不利益を負わせる場合」等、特段の事情が存在する場合は、転勤命令は違法になるとされています。

逆にいえば、このような例外的な事情がない限り、従業員は転勤命令に応じなければならず、「転勤になれば家族から離れて単身赴任になる」とか、「転勤になれば通勤時間が長くなる」といった個人的理由で、転勤を拒否することはできません。

このような考え方がとられているのは、日本では解雇による人員整理は簡単ではないため、従業員の適性や事業環境の変化にあわせて、会社が人事異動を行う権利を認めなければ、企業活動が成り立たないことが背景にあります。また、就業規則等で会社の転勤命令権が定められていれば、従業員としても転勤があることを承諾して入社しているとも考えることができます。

そして、裁判例では、この東亜ペイント事件の最高裁判決も踏まえ、個人的理由で転勤を拒否した従業員の解雇についても有効と認めたものが多くなっています。例えば、従業員が「転勤に応じれば新婚早々単身赴任となる」などと主張して、神戸から岐阜への転勤を拒否したために解雇されたケースについて、裁判所は、配偶者とともに転居することも可能だとして、転勤拒否による解雇は有効であるとしています（川崎重工業事件。最判平成４年10月20日）。

また、東京都目黒区から八王子への転勤を命じられた女性従業員が、通勤時間が長くなり、３歳の子の保育園送迎ができなくなるなどとして転勤を拒み、懲戒解雇された事例についても、裁判所は、転勤による不利益は必ずしも小さくはないとしながらも、「なお通常甘受すべき程度を著しく超えるとまではいえない」として、懲戒解雇は有効としています（ケンウッド事件。最判平成12年１月18日）。

(2) 転勤拒否を理由とする解雇が不当解雇となる場合

一方で、以下の場合は、転勤命令は無効になる可能性があることに注意する必要があります。転勤命令が無効であるとされる場合、転勤命令拒否を理由とする解雇も無効になります。

① 重度の障害がある家族を介護し、転勤が困難な従業員に対する転勤命令

育児介護休業法26条は、企業は転勤を命じるにあたり、転勤により育児や介護が困難となる従業員に配慮すべきであるとしています。裁判例上も、重度の障害をもつ親や子を介護しながら就業している従業員に対する転勤命令については、就業規則上転勤命令に応じる義務があることを定めていたとしても違法であると判断しているケースが複数存在します。

例えば、札幌高判平成21年３月26日は、NTT東日本において北海道から東京への転勤を命じられた５名の従業員が転勤命令は違法であるとしてNTT東日本に対し、損害の賠償を求めた事例です。裁判所は、５名のうち４名については、転勤命令は違法ではないと判断しました。一方で、北海道で重度の視力障害がある父親と、膝関節に障害がある母親を介護していた従業員１名については、東京への転勤命令は違法であるとして、NTT東日本に150万円の損害の賠償を命じています。

② 病気のために転勤が困難な従業員に対する転勤命令

従業員本人が病気のため転勤が困難なケースについても、転勤命令が違法であるとされるケースがあります。

例えば、大阪高判平成21年１月15日は、NTT西日本が、糖尿病で食事療法が必要な従業員について、新幹線通勤が必要になる転勤を命じたことは、「長時間の通勤によるストレスを受けるとともに、自宅で生活することのできる時間が短縮され、食事を規則正しく間隔を空けて摂ることや、運動療法に充てる時間等に、相当程度の制約を受け、また、医療機関を受診するのにも不便な状態となったものと認められ

る」として、違法であると判断しています。

③ 勤務地限定の雇用契約と解釈される場合

就業規則上は転勤に応じる義務が定められていたとしても、現地採用従業員で慣行上転勤がないケースについては、転勤を予定した雇用契約ではないと解釈され、転勤命令が無効とされるケースがあります。

また、採用の際に従業員の家庭の事情などから転勤に応じられない旨の申し出が従業員の側からあり、企業側もこれを了解して採用しているケースについても、転勤を予定した雇用契約ではないと解釈され、転勤命令が違法とされるケースがあります。

日本レストランシステム事件（大阪高判平成17年1月25日）は、採用面接の際に長女の病状を述べて関西地区以外での勤務に難色を示し、関西地区における管理職候補者として現地採用された従業員について、会社が就業規則の配転命令権の規定を根拠に東京への転勤を命じた事例です。裁判所は、採用の時点で勤務地を関西地区に限定する合意が成立しているとして、転勤命令は違法と判断しています。

④ 不当な目的で転勤を命じる場合

以下のように本来の転勤とは異なる不当な目的で転勤を命じるケースでも、転勤命令が無効と判断されています。

・退職させたい従業員を退職に誘導するために転勤を命じるケース
・会社に対する残業代請求など正当な請求をしたことに対する報復として転勤を命じるケース
・労働組合活動を妨害するために、組合の中心人物に転勤を命じるケース

⑶ 転勤を命じる場合は配慮と説明が必要

会社が転勤を適法に命じることができる場合は、前述のとおり、会

社は転勤について従業員の個別の同意を得る必要はありません。しかし、転勤は従業員の生活に大きな影響を与えるものなので、会社からも配慮と説明が必要であるとされています。

①　転勤を命じるにあたり必要な配慮

例えば、東京地判平成５年９月29日（帝国臓器製薬事件）は、転勤を命じられた従業員が会社に対し、転勤命令が違法だとして訴訟を起こした事件です。判決は、「使用者は労働者に対して転居を伴う転勤を命ずるに際しては、信義則上、労働者の不利益を軽減、回避するために社会通念上求められる措置をとるよう配慮すべき義務がある」としています。そのうえで、この事案では会社が転勤に伴い家族との別居が必要になることに伴う別居手当の支給や社宅の提供を行っていたことを踏まえ、転勤命令は違法ではないとしています。

会社の転勤命令を適法としたその他の裁判例の多くも、この帝国臓器製薬事件と同様に、適法と判断する理由の１つとして、「会社が転勤する従業員に対して一定の配慮をしていること」をあげています。

どのような配慮をするかについては会社の判断に委ねられますが、例えば、以下のような配慮を検討すべきでしょう。

ア　従業員が単身赴任する場合の配慮例

・生活費の負担増を考慮して単身赴任手当を支給する。
・週末の帰宅のための交通費を会社が負担する。
・単身赴任先として社宅を提供する。

イ　従業員が家族を連れて転居する場合の配慮例

・地方から都会への転勤の場合は、生活費の負担増を考慮して手当の支給等を行う。
・転居先として社宅を提供する。

②　転勤を命じるにあたり必要な説明

設例７の題材である東京高判平成12年11月29日は、転勤命令自体は違法ではないけれども、会社は従業員が配転に応じるかどうかを判断するために必要な情報を十分提供しておらず、必要な手順を尽くしていないとして、転勤拒否を理由とする解雇を無効と判断しています。つまり、会社の説明不足を理由に解雇を無効としています。

転勤にあたっては、少なくとも以下の点を説明することが必要です。

・転勤を命じることが必要となった事情
・転勤後の勤務場所、職務内容、勤務条件
・転勤にあたり会社として行うことを予定する配慮の内容
・転居を伴わない転勤の場合は、転勤後の通勤所要時間、通勤経路

このように、転勤を命じることが正当である場合も、一定の配慮と説明が必要であることをおさえておいてください。

2　転勤命令の手順

転勤命令の手順についておさえておくべき点は以下のとおりです。

(1)　雇用契約書、就業規則の確認

従業員に転勤あるいは人事異動の話をする前に、雇用契約書あるいは就業規則に「企業の転勤命令権」に関する規定があるかを確認しましょう。

会社が従業員に対して転勤を命じることができるためには、「雇用契約書、就業規則等に転勤命令権の規定があること」が前提となります。

なお、会社は就業規則を従業員に周知しなければならず、「従業員に周知されていない就業規則」は裁判所で無効と判断されています。そのため、雇用契約書に転勤命令権に関する記載がなく、就業規則のみに規定がある場合に、就業規則の周知がされていないときは、転勤命令権が認められない恐れがありますので注意が必要です。

さらに、従業員の採用の際に、転勤の範囲を限定するような約束をしていないかどうかも確認しておきましょう。

(2)　人事異動の内示

雇用契約書や就業規則で転勤命令権の確認をしたうえで、従業員と個別に面談し、会社が転勤命令を予定していることを伝えましょう。

その際に、従業員の転勤命令に対する意向を確認し、従業員側の個人的事情として転勤が困難な事情がないかを確認するべきです。前述のとおり、例えば、重度の障害がある家族を介護し、転勤が困難な従業員に対する転勤命令は違法となりますので、そのような事情が判明

した場合は、内示を撤回することを検討する必要があります。

また、転勤にあたり、従業員の転居が必要な場合は、従業員の生活の変化の内容に応じて、会社として必要な配慮を検討しなければなりません。

(3) 従業員に対する説明、説得

内示の後、従業員が正当な理由なく転勤に難色を示す場合は、会社として、転勤を命じることが必要となった事情、転勤にあたり会社として行うことを予定する配慮の内容等、前述した項目について十分な説明を行い、転勤に応じるように説得の努力を行いましょう。

(4) 辞令交付

従業員に対する説明、説得をしたうえで、従業員に転勤の辞令を書面で交付します。辞令には、「転勤の日付」と「新しい勤務場所（住所を含む）」を明記しましょう。従業員が転勤を拒否することが予想されるときは、これに加えて、転勤を命じる根拠となる就業規則の条文や、235頁で説明した転勤にあたり説明すべき項目についても、辞令に記載して、会社として必要な説明を行ったことを明確にしておくべきです。

このように、「内示の段階での従業員側の事情の確認」と、「転勤に難色を示す従業員への説明、説得」を行った後に辞令を交付するという流れをおさえておきましょう。

3　設例に対する回答

では、228頁の**設例７**の光学部品のメーカーの事案で、会社は転勤に応じない女性社員に対して、どのように対応するべきだったのでしょうか？

設例７の題材である東京高判平成12年11月29日の事案について、裁判所が、転勤を命じたことは違法ではないけれども、転勤拒否を理由とする懲戒解雇については会社の説明不足などを指摘して無効と判断したことは説明したとおりです。この裁判所の判断を踏まえると、会社は、転勤を命じること自体は問題がない場合でも、転勤を命じるにあたって必要な配慮と説明がこの女性社員にされているかをまず確認することが必要です。

ただし、必要な配慮と説明は尽くしたと考えられるときも転勤拒否を理由に解雇することはできる限り避けるべきです。会社としては必要な配慮と説明を尽くしており、正当な解雇だと考えていても、裁判所で必ずしもそのように判断されるとは限らないからです。正当な理由なく転勤の拒否を続ける場合も、話し合いで退職してもらうことを目標としなければなりません。

そのためには、設例７の事案のように異動日の後も転勤拒否が続く場合、従業員と話し合いをして、退職してほしい旨を伝えることが必要です。

そして、話し合いをしても従業員が退職に同意しない場合、その従業員は会社の転勤命令に従わなくても従業員としてやっていけると考えているわけなので、その認識のゆがみを修正させることが必要です。

設例７のように、転勤を拒否して異動日後も、前の勤務場所に出勤を続けるケースでは、異動日後の給与を支給しないことにより、本人の認識のゆがみを修正させ、転勤に従わなければ会社で勤務を続けることはできないということをはっきりと認識させるべきです。大阪高判平成27年11月19日は、正当な転勤命令に従わずに転勤前の就業場所に従業員が出勤する場合、それは債務の本旨に従った履行の提供とはいえず、欠勤として扱い無給とすることは違法ではないとしています。

転勤を拒否していても給与が支給されないのであれば、従業員も退職を前提とする話し合いに応じざるを得ないでしょう。仮に従業員がすぐに話し合いに応じる姿勢をみせない場合でも、従業員としても生活があり、いつまでも無給のまま、転勤拒否を続けることはできません。そのため、会社としては従業員を解雇するのではなく、従業員が話し合いに応じる姿勢をみせるようになるまで待つことが必要です。

なお、転勤拒否に対して異動日後の給与を支給しない対応をした場合、転勤を拒否する従業員から、転勤命令が無効であることの確認や給与の支払いを求めて訴訟を起こされる可能性は否定できません。しかし、正当な転勤命令であれば、これらの訴訟で従業員の請求が認められることはありません。一方、万が一、会社が敗訴する場合は、そもそも転勤を命じることを控えるべき事案であったということになるので転勤命令を撤回すべきでしょう。実際には、従業員が訴訟を起こすための費用負担や労力も相当なものですし、会社の転勤命令が正当であれば、従業員が訴訟を起こしても従業員の請求が認められる見込みはありません。そのため、退職するのであれば会社都合退職扱いとすることを伝えて話し合いをすれば、合意による退職を実現できるケースがほとんどです。

これに対して、設例7の題材である東京高判平成12年11月29日の事案は、判決を読む限り、異動日後に無給扱いとした形跡がなく、異動日後も給与が支給されていたのではないかと考えられます。これでは、本人の自己認識のゆがみは修正されません。一方で、会社側は転勤に応じない従業員にいつまでも給与を支給するわけにはいかないから、できるだけ早く解決するために、解雇するという結論になりがちです。この事案では、異動日から15日で解雇してしまっていますが、この判断は誤りだったといわなければなりません。

4　転勤については雇用管理の再考も必要

以上が、従来型の雇用管理の実務を前提にした解説ですが、転勤については、共働き世帯の増加に伴って、見直しが必要になってきていることも事実です。転勤に応じることができないことのほかは特に問題がない従業員が、転勤を命じられたことをきっかけに退職してしまうことは会社にとっても損失です。

この点については、平成29年３月に厚生労働省から「転勤に関する雇用管理のヒントと手法」が公開されており、その中で、自社における転勤の目的を再確認し、転勤が不可欠なのかどうかを改めて見直す必要が指摘されています。また、会社の制度として転勤が必要であるという場合も、転勤に応じる従業員の納得感を高めるため、以下の対応が望ましいことを指摘しています。

・転勤の地域的な範囲や時期、回数、１つの地域における赴任期間などについての目安を示すこと
・従業員の生活の本拠地を把握し、本拠地を基軸に転勤を組む仕組みをつくること
・転勤について従業員の意向を定期的に把握する仕組みをつくること
・育児や介護等の事情がある従業員について転勤を免除する仕組みを検討すること
・転勤のない雇用区分や転勤を一定範囲に限定する雇用区分を設け、従業員の事情に応じて、雇用区分の変更を希望できる制度を検討すること

転勤については、今後、家庭生活との両立という観点からの見直しを加えていくことが、人材の確保のために重要になってくると考えられます。

第8章
非正規社員の問題社員トラブル

総務省の2020年の労働力調査によると、日本の労働者のうち約37％が非正規社員（正社員以外の従業員）として就業しています。

本書では、ここまで、主に正社員の問題社員トラブルについての円満解決の方法について説明してきましたが、この章では、非正規社員の問題社員トラブルについて説明します。

結論からいうと、パート社員、契約社員、再雇用の嘱託社員の問題社員トラブルについても、合意退職により円満に解決することは、企業のリスク対策として重要です。

一方、派遣社員については派遣契約の更新のタイミングで派遣社員の同意がなくても契約を終了することは可能ですが、それでも必要な説明はしたうえで、マナーを守った対応をするべきです。

以下で順番にみていきます。

1　契約社員

(1)　契約社員の雇用終了は雇止め法理に注意

1年間というように期間を決めて従業員を雇用することを有期雇用といいます。契約社員とは、有期雇用された従業員のことをいいます。

契約社員を会社が採用する目的の1つとして、「雇用の調整弁」機能を確保するということがあります。雇用の調整弁機能とは、たとえば景気が悪くなり会社の業務量が減ったときに、契約社員との雇用を終了することにより、会社が人件費を削減できる余地を確保しておくという意味です。

このような考え方から、契約社員については、勤務態度や能力に問題があれば、雇用を終了することは比較的容易ではないかと理解されている人もいますが、そのような考え方は正しくありません。

契約社員を、期間限定の臨時的な業務ではなく、企業内に常にある恒常的な業務に就かせている場合、契約社員の雇用を期間満了で終了することは、「雇止め法理」により制限されています。その結果として、契約社員の雇用を終了することについての企業のリスクは、正社員を解雇する場合のリスクとさして変わらないようになってきています。

(2)　雇止め法理とは？

契約社員の雇止めとは、契約社員との雇用契約を契約期間満了のタイミングで更新せずに終了することをいいます。そして、契約社員の雇止め法理とは、契約社員の雇止めが「客観的に合理的な理由を欠き、社会通念上相当であると認められないとき」は、契約社員が契約の更新を求めれば会社は更新を強制されるというルールで、労働契約法19条で定められています。ここでいう「客観的に合理的な理由を欠き、社会通念上相当であると認められないとき」とは、「世間一般の目から見ても雇止めになってもやむを得ないと考えられるような事情がないとき」という意味と考えるとよいでしょう。

企業が契約社員を雇止めした後、契約社員から訴訟を起こされ、雇止め法理により、企業側が敗訴している事件は非常に多いです。

例えば、東京地判平成31年２月13日は、女性従業員を呼び捨てにし、「無視するのもいい加減にしろ」と怒鳴るなど、言動に問題があった男性契約社員を会社が解雇、雇止めした事案です。この従業員については、パソコンのスキルが低く、会社はやむを得ずパソコンを使用しない庶務的業務の担当をさせるなど、能力面でも対応に苦慮していたという事情がありました。

しかし、裁判所は、「女性従業員を怒鳴りつけた言動については粗暴であったといわざるを得ない」としながらも、会社の労務管理については「粗暴な言動を厳に慎むよう指導、警告して、同様の事態を生じさせないよういましめた上で更に経過観察するなどの手段が採られるべきであった」などとして、雇止めを無効と判断しました。その結果、会社は、約900万円の支払いと、この男性契約社員の雇用の継続を命じられています。

また、福岡地判令和２年３月17日は、会社がコミュニケーション能力について問題があると判断した契約社員を雇止めした事案です。この事件で、裁判所は、会社が契約社員に対して、能力面の問題点を具体的に指摘していなかったことなどを踏まえ、「適切な指導教育を行ったともいえない」として、雇止めを無効と判断しました。その結果、会社は、約975万円の支払いと、雇用の継続を命じられています。

このような多額の金銭の支払いを命じられる理由は、正社員の解雇と同様、バックペイが認められるためです。当然ですが、会社は雇止めの後、雇止めした契約社員に賃金を支払っていません。しかし、雇止めが裁判所の判断により無効とされる結果、雇止めしていなかったのと同じ扱いになり、雇止めの時点にさかのぼって賃金を支払うことを命じられるのです。
このように安易に契約社員を雇止めすると、裁判トラブルに発展し、敗訴すれば、多額の金銭支払を命じられるリスクがあることは、正社員の解雇と大差ありません。

(3) 雇止め法理が適用される場面

ここまで説明してきた雇止め法理は、すべての契約社員に適用されるわけではありません。雇止め法理が適用される場面については、労働契約法に条文があります。やや複雑なので、意訳すると、以下の「**場面1**」または「**場面2**」に該当する場合に限り雇止め法理が適用されます。

【場面1】
契約社員との雇用契約の更新の手続が適切にされていないなどの事情により、契約社員との雇用契約が実質的にみて期間の定めのない雇用契約と変わらない状態になっている場合
【場面2】
契約社員が雇用契約の更新を期待することについて合理性が認められる場合

そして、この2つのいずれかに該当するときで、契約社員の雇止めが「客観的に合理的な理由を欠き、社会通念上相当であると認められないとき」は、契約社員が契約の更新を求めれば会社は更新を強制されることになります。
契約社員の雇用契約書を更新のたびに正しく作るなど、労務管理を徹底すれば、「場面1」にあたることは回避できる可能性があります。しかし、「場面1」にあたることを回避できても、契約社員の仕事の内容が臨時的な業務ではなく継続性のある業務である場合は、雇用契

約の更新を期待する事情があったとして、「場面２」にあたるとされてしまうことがほとんどです。

その結果、契約社員の仕事の内容が臨時的なものであり、仕事がなくなれば契約終了になることを理解してもらって採用しているケース等を除けば、契約社員の雇用の大半に雇止め法理が適用されます。

そのため、能力不足や業務命令違反などの問題がある契約社員についても、解雇や雇止めにより対応するのではなく、本書でここまで説明してきた手順を踏んで話し合いによる円満退職で解決することが必要なのです。

2　パート社員

パート社員とは、「1週間の所定労働時間が正社員よりも短い従業員」をいいます。

このパート社員には、大きく分けて、以下のように「無期パート社員」と「有期パート社員」があります。

【無期パート社員】

契約期間の限定のない雇用契約を会社と締結しているパート社員をいいます。原則として定年までの雇用になります。

【有期パート社員】

例えば1年契約など契約期間を限定した雇用契約を会社と締結しているパート社員をいいます。

そして、無期パート社員の解雇については正社員の解雇と同等の基準が適用されます。また、有期パート社員については、多くの場合、契約社員と同じ「雇止め法理」が適用されます。そのため、無期パート社員、有期パート社員のどちらであっても、雇用を会社側から一方的に終了することには会社側のリスクを伴います。パート社員についても解雇や雇止めにより対応するのではなく、本書で説明した手順で話し合いによる円満退職で解決することが必要です。

3　定年後再雇用社員（嘱託社員）

従業員が正社員として定年を迎えた後に、嘱託社員などとして再雇用する制度を採用している会社が多いと思います。平成25年４月に高年齢者等の雇用の安定等に関する法律（以下､「高年齢者雇用安定法」）が改正され、企業は従業員に対して、少なくとも、65歳までは雇用の機会を与えることが法律上の義務とされました。その後、令和３年４月にさらに高年齢者雇用安定法が改正され、企業は70歳まで就業機会の確保に努めるべきことが定められています。今後、年金受給開始年齢の引上げが進み、定年後再雇用の期間がさらにのびていくことは確実といえるでしょう。

このような定年後再雇用社員については、多くの会社で１年契約の有期雇用を更新する形で雇用が継続されています。

そのため、定年後再雇用社員についても「契約社員」のところで説明した、「雇止め法理」が適用されます。その結果、問題のある従業員だからといって、会社が契約を更新せずに雇用を終了すると、その雇止めが無効であるとされる危険があります。

現実に、定年後再雇用社員の雇用をめぐるトラブルが訴訟に発展するケースは増えています。

例えば、東京地判平成26年３月25日は、タクシー会社が60代前半の定年後再雇用社員を解雇、雇止めした事案について、会社を敗訴させ、約800万円の支払いと雇用の継続を命じています。この事例では、会社は、問題の社員について、社長から金銭の貸付けを断られて口論になる、過去に暴力団との関係があったことをほのめかすような発言をするなど言動に問題があったことを解雇、雇止めの理由として主張しましたが、裁判所は会社側を敗訴させています。

また、長野地松本支判平成29年12月27日は、医療機器販売会社が定年後再雇用した60代前半の従業員を雇止めした事案について、会社を敗訴させ、約1,400万円の支払いと雇用の継続を命じています。この事例では、会社はこの従業員を基本給58万4,000円という待遇で定年後再雇用しましたが、同僚に会社に対する不満をこぼすなどの問題が人事考課で指摘され、会社は契約更新のタイミングで基本給を20万円に下げて雇用を継続することを従業員に提案しました。しかし、話し合いによる解決ができず、会社が雇用契約の更新を拒否した結果、訴訟に至り、会社が敗訴しています。

これらの事例からもわかるように、定年後の再雇用の社員について解雇や雇止めを行うことのリスクは決して軽視すべきではなく、再雇用社員についても、本書で説明した手順で話し合いによる円満退職で解決することが必要です。

4　派遣社員

ここまで説明してきた契約社員、パート社員、定年後再雇用社員はいずれも自社雇用の従業員でした。これに対し、派遣社員については派遣会社が雇用していますので、派遣を受けている会社（派遣先）は、派遣契約を終了する場合も、派遣社員の同意を得る必要はありません。

ただし、派遣先の事情で派遣契約を期間の途中で解除するときは、派遣会社の同意を得ることが必要です（令和２年厚生労働省告示第346号「派遣先が講ずべき措置に関する指針」6(2)）。

また、派遣先の事情で派遣契約を期間の途中で解除するときは、派遣先が休業手当などの費用の負担をすることが法律上、義務付けられています（労働者派遣事業の適正な運営の確保及び派遣労働者の保護等に関する法律29条の２）。派遣会社は派遣社員の雇用期間を、派遣先との派遣契約の期間にあわせて設定していることが多く、派遣契約が途中で解除された場合、派遣社員との雇用だけが残ることになります。その場合に、新しい派遣先が見つからなければ、派遣会社は派遣社員に休業手当を支払う必要があるため、その休業手当等の負担を途中で派遣契約を解除した派遣先に義務付けているのです。このことから、派遣先としては、派遣契約の途中解除はできる限り避け、派遣契約終了のタイミングで契約を更新しないことにより派遣契約を終了させるようにするべきです。

また、派遣契約の契約期間満了のタイミングで、契約を更新しないことにより派遣を終了する場合であっても、契約終了のマナーは守るべきです。更新しないことを１か月程度前には派遣会社に通知し、派遣社員が新しい職を探す機会を奪わないような配慮することが、トラブルの回避に役立ちます。

第9章 外部の労働組合と団体交渉になった場合の対応

退職勧奨をきっかけに労働組合から団体交渉を申し入れられるケースがあります。企業内の労働組合から団体交渉の申入れがされるケースと、外部の労働組合（ユニオン等）から団体交渉の申入れがされるケースがありますが、特に対応に注意が必要になるのは、外部の労働組合から申入れがされるケースです。

以下では主に、外部の労働組合からの団体交渉の申入れに対する対応について説明します。

1　外部の労働組合（ユニオン）とは？

ユニオンは、労働組合の一種で、どこの職場に属するかなどとは無関係に、労働者なら誰でも加入することができる個人加入の労働組合です。「合同労働組合」「合同労組」などとも呼ばれます。

最近では、ユニオンはインターネットなどで広く労働相談を募集しており、相談に来た労働者を組合員になるように勧誘したうえで、その労働者の所属企業に団体交渉を申し入れることを行っています。ユニオンは、企業内の労働組合と異なり、企業への帰属意識がないため、会社の実情などとは離れて、労働者個人の権利を主張する傾向が強いことが特徴です。

2　団体交渉でも退職を前提とする解決を目指す

ユニオンとの団体交渉も話し合いであり、会社として、問題社員の退職を望む場合、退職を前提とした解決を目指してユニオンとの交渉を続けることになります。団体交渉の場で暴言を吐いたり、会社経営者に罵声をあびせかけたりするユニオンは現在では少数派になっており、ほとんどのユニオンは話し合いが可能です。

企業によっては、退職に向けた話し合いをしている問題社員について、ユニオンによる団体交渉の申入れがあった時点で話し合いによる解決を事実上あきらめてしまい、ユニオンからの団体交渉での要求を単に断るだけの対応に終始したり、あるいは、問題社員を解雇してしまうというケースがありますが、そのような態度をとるべきではありません。団体交渉は話し合いの手続ですので、あくまで話し合いによる解決を目指すべきです。

3　ユニオンとの交渉の進め方

ユニオンとの交渉の流れの概要は以下のとおりです。

⑴　ユニオンからの団体交渉の申入れ

ユニオンからの団体交渉の申入れは、「組合加入通知並びに団体交渉申入書」といった表題の書面を、ユニオンの担当者が会社に持参して行われることが多いです。

⑵　団体交渉前の予備折衝

ユニオンからの団体交渉の申入れがあったときは、まず、会社とユニオンの間で団体交渉の「日時、場所、出席者数」などについての予備折衝を行うべきです。

団体交渉の日時や場所については、ユニオンから団体交渉を申し入れられる際に会社に交付される「組合加入通知並びに団体交渉申入書」で、ユニオン側から一方的に指定されているケースがほとんどです。しかし、ユニオンが指定した日時や場所に従う必要はなく、会社の事情も踏まえて、日時や場所を調整することが必要です。

①　団体交渉の日時について

団体交渉の日時については、業務に支障が生じないように、業務時間外に行うことが基本です。所定労働時間中に団体交渉を行うことは、給与の支払いをうけている時間内にユニオンによる団体交渉を行うことを認めることにもなりかねず、望ましくありません。また、団体交渉の時間がエンドレスにならないように、交渉時間は2時間までとするなど、あらかじめ終了時刻をユニオンとの間で取り決めておきましょう。

② 団体交渉の場所について

社内で団体交渉を行うことは、他の従業員の目にもつきますので、原則として避けるべきです。退職に向けた話し合いの場面では、従業員をできるだけ会社の外に出していく方向で考えるべきであり、法律事務所の会議室か、社外の会議室等を借りて行うことが望ましいです。筆者も通常は、自分の事務所の会議室にユニオンを呼んで団体交渉をすることにしています。

③ 出席人数について

団体交渉の出席者数についても、ユニオンとの間で事前に調整しておくことが必要です。最近は少なくなりましたが、ユニオンが多人数で押し寄せて集団の力で威迫的な交渉を行うケースもあるためです。基本的には、「使用者側３名まで、組合側は対象社員本人も含めて３名まで」という程度が適切です。

(3) 団体交渉前の準備

まず、会社側で誰が出席するかを決める必要があります。一般論としては団体交渉に代表者が出席することは、ユニオンから即決を求められることになりかねないというデメリットがあるとされています。しかし、退職に向けた話し合いのための団体交渉は、社長あるいは取締役クラスが出席したほうが交渉がスムーズに進むことが多いです。社長あるいは取締役クラスが出席することで、対象社員に対して退職を求める会社の意思が変わり得ないものであるというメッセージをユニオンや対象社員に伝えることができます。

また、会社側が団体交渉に弁護士を同席させるケースも最近では増えています。

団体交渉の出席者を決めたら、会社側出席者の間で、団体交渉における方針について意思統一するなど､団体交渉の前の準備を行います。退職に向けた話し合いの団体交渉では、この段階で、対象社員に退職を求める理由を改めて整理して書面で準備しておくことが必要です。

退職勧奨の対象社員がユニオンに加入している期間は、退職を受け入れる方向でユニオンを説得し、退職についてユニオンの同意を得なければ、合意による退職にこぎつけることはできません。ユニオンは団体交渉の前の段階では､対象社員側からしか話を聞いていないので、ユニオンを説得するためにも会社側からできるだけ詳しい資料を提示しなければなりません。

例えば、能力不足等を理由とする退職勧奨の場合、対象社員の人事評価に関する資料や会社が行ってきた指導の内容、それに対する対象社員の対応状況等も積極的に開示したうえで、会社としての評価を説明し、ユニオンを説得していくことが必要です。また、残業代の支払いに問題がある会社では、退職に向けた話し合いの中で未払い残業代の精算が議題になることがあります。こういった場面でも、会社からタイムカードの資料をユニオン側に開示し、支払うべきものは支払う方針で話し合いをすることが必要です。

⑷　団体交渉当日の交渉

団体交渉は、その一般的な流れを事前に把握したうえで臨むと、過度に不安になったり、感情的にならずに取り組むことができます。

まず、団体交渉の序盤の段階では、ユニオンから会社に対して、攻撃的な主張をされることも多いです。しかし、ユニオンの主張を通じて、対象社員に言いたいことを出し切らせることは、解決のための第一歩だと割り切って、感情的にならずに対応する必要があります。

一方で、団体交渉の場で、会社の立場、主張を粘り強く主張することも重要です。感情的な議論や無意味なケンカは避け、対象社員が会社に残っても昇進や昇給をしていくことは難しいことを伝え、冷静で合理的な説明を繰り返し行うことが必要です。また、説明には決して嘘がないようにしなければなりません。退職に向けた話し合いの団体交渉では、対象社員の問題点を具体的に指摘し、他の従業員も対象社員の退職を望んでいること、対象社員が起こすトラブルで職場環境が悪化していることを伝えていく必要があります。そうすることで、ユニオン側に、仮に対象社員が会社で就業を継続しても、会社や他の同僚と信頼関係を築くことは難しく本人の希望するような環境にはならないことを理解させなければなりません。

ユニオンの言い分をひととおり聞き、会社としてもひととおりの主張をした後は、ユニオンや対象社員本人の本音を見極めながら、譲歩のタイミングや合意による解決の見込みを探ることになります。

ユニオンとしては、交渉のカードとして、「ビラ配りなどの抗議活動」をちらつかせて会社側に譲歩を迫ることもあります。しかし、実際には、団体交渉の決裂や抗議活動などの直接行動は避け、団体交渉の中で話し合いでの解決をしたいということがユニオンの本音であることがほとんどです。そのため、ユニオン側としても、最初は雇用の継続を求める主張をしていても、一定程度の譲歩をすることは予定しており、会社側出席者においてユニオン側の本音を見極めて、退職による合意の可能性を探り、まずは、「条件によっては退職する」という状態に持ち込むことが必要です。

「条件によっては退職する」というところまで合意ができれば、あとは、その条件交渉になります。金銭面の条件については、ユニオン側からの提示額が高額であっても、話し合いによる解決をあきらめるべきではありません。会社としてこの範囲なら応じるという対案を出して交渉をしていくことが必要です。

ただし、会社から対案を出すのは「１回のみ」とし、会社から出した対案でユニオンが納得しない場合は、ユニオンから具体的な再提案を出させることをおすすめします。会社から出した対案で妥結できないからといって、なし崩し的に会社からさらに譲歩した案を出すなど譲歩を重ねる交渉方法では、ユニオン側としては粘れば粘るほど譲歩を引き出せるという意識にもなりかねず、問題解決が遠のきやすいので注意が必要です。

⑸　団体交渉での合意

ユニオンと退職の条件について合意に至った場合も、その書面化を確実に行うことに注意を払う必要があります。特に、会社としては、団体交渉で支払うことを約束した金銭を支払った後は、対象社員あるいはユニオン側から会社に対して一切の請求をしないという約束を書面で取り付けておく必要があります。

団体交渉では、合意内容を明確にするために「協定書」あるいは「合意書」という表題の書面を作成することが通常です。この書面の内容は、31頁の「⑻　**合意書を作成する**」の項目で説明した項目と基本的には同じです。口外禁止条項、清算条項、誹謗中傷禁止条項を入れておくべきです。

また、退職にあたり会社から金銭を支給する場合、その振込先には、ユニオンの銀行口座を指定されることが多いです。その場合、対象社員がユニオンの銀行口座に振り込むことに同意していることを明確にするためにも、「協定書」や「合意書」にはユニオンの署名・捺印だけでなく、必ず「対象社員の署名・捺印」も求めなければならないことに注意してください。

4　ユニオンとの団体交渉の注意点

労働組合との団体交渉は、労働組合法に定められている特有のルールが適用される点で、通常の交渉とは異なります。以下で重要な注意点について指摘しておきます。

(1)　本人に対する直接の退職勧奨はできない

退職勧奨についてユニオン側から団体交渉が申し入れられた後に、ユニオンを通さずに、直接、対象社員に退職勧奨を行うことは、「不当労働行為」として違法になる可能性があります（東京都労働委員会命令平成31年1月29日、高知県労働委員会命令令和元年11月12日等）。

「不当労働行為」は、「労働組合活動に対する妨害行為」として、労働組合法で禁止されており、会社に不当労働行為があったときは、公的機関である労働委員会から、不当労働行為を中止するように命令する制度が設けられています。対象社員がユニオンに加入し、ユニオンが話し合いを求めて団体交渉の申入れをしているにもかかわらず、会社が対象社員と直接退職に向けた話し合いをすることは、労働組合活動に対する妨害活動にあたる可能性があります。

会社としては、ユニオンから団体交渉を申し込まれると、対象社員と直接退職に向けた話し合いをできなくなることから、やりづらくなることは事実です。しかし、対象社員の問題点をしっかりユニオンに伝えることにより、ユニオンからも対象社員を退職の方向で説得してもらうことを目指すべきです。

(2) 団体交渉は正当な理由がない限り断ることができない

会社側が組合による団体交渉の申入れを正当な理由なく拒むことも、不当労働行為として違法行為になります（労働組合法７条２号）。これは、団体交渉を申し入れている組合が、外部の労働組合であっても同じです。団体交渉を拒否することについて正当な理由があるとされるのは、①すでにそのテーマについて団体交渉を尽くした結果、労使間で譲歩の余地が全くない状態に至っているのに、組合から団体交渉を求められるケースや、②すでに裁判で決着した問題について団体交渉を求められるケースなどに限られます。退職に向けた話し合いについてユニオンから申し入れられた団体交渉を拒否することに正当な理由が認められるケースは通常は考えにくいでしょう。

(3) 必要な資料は開示する

ユニオンから、団体交渉のテーマに関連する資料の開示を求められたときは、会社は必要な資料であれば開示に応じなければなりません。例えば、能力不足の対象社員の業績評価に関する資料の提示を求められた場合に、会社が評価資料の開示を拒否することは不当労働行為に該当することがあります（北海道労働委員会命令平成21年10月26日参照）。

(4) ユニオンを嫌悪するような発言は禁物

ユニオンに対する嫌悪感をあらわにする経営者や人事担当者もいますが、そのような態度は、ユニオンとの話し合いの妨げになるだけで何らメリットがありません。特に、退職に向けた話し合いの交渉では、交渉が決裂すると、退職の合意ができないので、ユニオンとの話し合いで退職の合意を目指さなければならず、その妨げになるような組合嫌悪の発言はすべきではありません。

また、これは望ましいことではありませんが、ユニオンとの間で話し合いが決裂してしまった後に、退職勧奨の対象となっていた従業員を解雇することを検討せざるを得ない場面もあります。その場合、会社としては、解雇した従業員から、不当解雇だとして裁判を起こされる可能性があることも念頭におかなければなりません。その際に、経営陣が、解雇前の団体交渉の中でユニオンを嫌悪する発言を繰り返していたという経緯があれば、解雇された従業員は裁判の中で、「会社はユニオンに入ったことを嫌って解雇した」「会社は団体交渉を申し入れたことを嫌って解雇した」と主張することが予想されます。会社としては、能力や業務態度に問題があり、正当な理由で解雇したケースであっても、経営陣がユニオンを嫌悪する発言を繰り返していたことを裁判所で指摘されることにより、「会社はユニオンに入ったことを嫌って解雇した」という従業員の主張が現実味を帯びてくるのです。そして、裁判所で、「従業員がユニオンに加入したことや団体交渉を申し入れたことを理由に解雇した」と判断されれば、「違法な解雇」とされ、会社は多額の金銭支払を命じられることになります。労働組合法で、組合に加入したことや団体交渉を申し入れたことを理由とする解雇は違法とされているためです（労働組合法７条１号）。そのため、ユニオンに対して嫌悪感をあらわにする態度をとることは、万が一の訴訟の場面を考えても、会社を不利に追い込むものであるということができます。

⑸　団体交渉中の従業員の配置換えや給与・待遇の変更は慎重にする

退職に向けた話し合いが長引くときは、団体交渉中に従業員の配置換えや待遇の変更を検討しなければならないこともあります。しかし、会社が団体交渉中の従業員にとって不利な配置換えや給与・待遇の変更を行った場合は、配置換えや待遇の変更が、その従業員がユニオンに加入したことを理由として行われたものであると、ユニオンが主張してくる可能性があります。従業員が労働組合に加入したことや、団体交渉を申し入れたことを理由に、従業員に不利益な取扱いをすることも、不当労働行為として、違法とされています（労働組合法７条１号）。そのため、万が一、「会社がユニオンへの加入や団体交渉を理由に従業員にとって不利な配置換えや給与・待遇の変更を行った」と裁判所に判断されてしまうと、損害賠償などの対象となってしまいます。

団体交渉中に配置換えや給与・待遇の変更を行う場合は、ユニオンに対して、これらの措置をとる理由を事前に説明し、従業員がユニオンに加入したことや、団体交渉を申し入れたことを理由とするものではないことを明確に説明しておくことが必要です。

第10章

円満解決の落とし穴

問題社員と円満退職に向けた話し合いをする際に、「これはやってはいけない」という法律上の注意点もあります。この章では、話し合いの際の注意点について説明します。

1　退職強要にならないように注意が必要

退職に向けた話し合いを進めるときに一番注意しなければいけないことは、「退職強要にならないようにする」という点です。問題社員との間で、表面的には退職についての合意を取り付けることができても、合意に至るまでの話し合いの過程で「退職強要」をしてしまっているとその合意は無効であり、あとで裁判トラブルに発展する危険があります。また、そもそも強要して退職させるなどということは、「円満退職」ではありません。

「退職強要」にならないために注意してほしい点が３つあります。

(1)「退職に応じなかったら解雇する」と言ってはいけない

退職強要にならないための注意点の１つ目として、問題社員に対し、「退職に応じなかったら解雇する」という発言はするべきではありません。問題社員にどうしても辞めてほしいという気持ちが強かったり、これまでの経緯による感情的な対立が大きかったりすると、これを言ってしまいがちです。

しかし、ここまで説明してきたとおり、実際には会社からの解雇が裁判で無効とされる場面も多いのです。会社側が退職の合意に向けた説得の中で、「退職に応じなかったら解雇する」という発言をして退職の合意を取り付けたとしても、もし解雇すれば不当解雇として解雇が無効になるのであれば、事実と違うことを会社から説明して退職の合意を取り付けたということになってしまいます。

その場合、いったんは退職について合意に至った従業員が、あとで、退職の合意が強要によるもので無効だとして、訴訟を起こし、裁判トラブルに発展するケースもあります。

例えば、少し古い事件ですが、昭和電線電纜事件（横浜地川崎支判平成16年5月28日）は、同僚に対する暴言などの問題があった従業員がいったん退職に合意して退職した後に、会社からの退職強要があったとして、復職を求めて裁判を起こした事例です。

この事件では退職勧奨を行った際に、会社が「自分から退職する意思がないということであれば解雇の手続をすることになる」「どちらを選択するか自分で決めてほしい」などと説明したことが問題になりました。

裁判所は、この事件で本来解雇できるほどの理由はなく、解雇は法的には認められないのに、会社の説明により、従業員が退職届を出さなければ当然解雇されると誤信して退職届を提出したと判断しました。そのうえで、退職の合意を無効と判断し、会社に対し、この従業員を復職させ、かつ、退職によりこの従業員が受領できなかった賃金「約1,400万円」を支払うことを命じています。

このように、退職勧奨の際に「退職届を出さなかったら解雇する」という発言をすることは、金銭の横領など明確に解雇できる理由がある場合でない限り、事実に反する説明をしたということになりかねません。その場合、後で退職した従業員から、退職の合意は無効だとして訴えられれば、裁判所でも企業側が敗訴する理由になります。

同様の事例として、以下のような裁判例もあります。

●大阪地決昭和61年10月17日

「これは横領だ。責任をとれ。告訴や懲戒解雇ということになれば、困るだろう。任意に退職するなら、次の就職先からの問い合わせや社員達に対しても、家庭の事情で辞めたことにしてやる」などと告げて、退職届を出させた事案について、退職の意思表示の取消しを認めました。

●東京地判平成23年3月30日

「職を辞して懲戒解雇を避けたいのか、手続を進めるのか」「自主退職であれば退職金は出る」「懲戒解雇は退職金は支払わない」「会社は必ず処置をする。一番重たい結論になる可能性が高い」などと告げて、退職勧奨を行い、退職願を提出させたケースについて、退職の意思表示を無効と判断し、約1,300万円の支払いと従業員の雇用の継続を命じました。

退職に向けた話をする場面で、従業員から、「それは解雇ですか？」と質問を受けることがあります。これに対しては、「○○さんにも理解していただいたうえで会社都合の退職扱いとしたいと考えており、解雇ではありません」と回答するべきです。

また、従業員から「退職しなかったらどうなるんですか？」という質問を受けることがあります。これに対しても、「現時点では解雇することは考えていません。解雇ではなく合意による解決をしたいと思います」と回答するべきでしょう。

(2) 退職を目的とした配置転換や仕事の取り上げをしない

退職強要にならないための注意点の２つ目は、「退職させることを目的とした配置転換や仕事の取り上げをしてはならない」という点です。退職させることを目的に、例えば役職者に新入社員がやるような仕事を担当させるなど、本人の経歴に照らして不適切な職に配置転換することや、仕事を取り上げて与えないということは、パワハラの一種であり、退職強要行為にも該当します。

例えば、大阪地判平成27年４月24日は、大手証券会社が、勤務態度、勤務成績の評価が悪かった従業員に対して、退職して子会社に転籍することを勧告し、従業員もこれに応じて転籍したが、その後、この従業員が退職・転籍は強要されたものであるなどとして、会社を訴えた事件です。

会社は、退職勧奨を行っていた時期に、約４か月もの間、この従業員を「追い出し部屋」などと呼ばれる１人の部屋で執務させ、他の社員との接触を遮断し、朝会などにも出席させませんでした。

裁判所は、会社の行為は、従業員を退職に追い込むための嫌がらせであり、およそまともな処遇であるとはいい難いとして、会社に対し、「150万円」の慰謝料の支払いを命じています。

この事件については、第二審の大阪高等裁判所でも同様の判断が維持されています。

このように、従業員を退職に追い込むことを目的として、嫌がらせ目的で、配転や仕事の取り上げをしてはならないだけでなく、そういった誤解を与えないように注意することも必要です。

特に、「仕事にミスが多い」「上司と協調できない」というような理由で従業員に退職勧奨をする際は、業務に支障を生じさせないために、その従業員について、配置転換や仕事内容の変更をしなければならないケースもあります。その際に、退職に追い込むための嫌がらせであると誤解を与えないように、なぜ配置転換や仕事内容の変更を行うのかについて十分な説明を行うことが必要です。

⑶　執拗すぎる退職勧奨は退職強要と判断される危険がある

退職強要にならないための注意点の３つ目は、「執拗すぎる退職勧奨は退職強要と判断される危険がある」という点です。

退職勧奨のための面談について、１回あたりの面談時間や、退職勧奨の回数、退職勧奨を行う頻度について合理的な範囲にとどめる必要があります。

まず、１回あたりの面談時間については30分程度、長くても１時間までにとどめることを心がけるべきです。話し合いを無理に１回で終えようとするのではなく、何回かに分けて継続して話し合いをするという意識をもつことも大切です。

次に、退職勧奨の回数については、退職勧奨の面談を繰り返し行ったり、従業員が退職を拒否していても再度、退職の方向で説得し、再考を促すこと自体は、合理的な範囲内であれば問題ないとされています。たとえば、サニーヘルス事件（東京地判平成22年12月27日。次頁図表10－１の事例６）では、１回あたり30分程度の面談を、７回にわたって行って退職勧奨した事例について、適法な退職勧奨の範囲内と判断しています。ただし、退職勧奨があまりにも多数回にわたるときは違法となりますし、多数回行っても退職の合意に至らないのは、そもそも退職勧奨の方法に問題があることがほとんどです。退職についての話し合いを本人が拒否する姿勢をとっている場合は、同じ方法で繰り返し退職勧奨を続けるのではなく、本書で説明してきた「自己認識のゆがみを修正する努力」にもう一度取り組んだうえで、退職勧奨をするべきでしょう。

退職勧奨の頻度については、前述のサニーヘルス事件（東京地判平成22年12月27日）で、週に１回程度の面談を７回にわたって行って退職勧奨した事例について適法な退職勧奨の範囲内とされており、１つの目安になると思います。

また、当然のことですが、退職勧奨のときに怒鳴ったり、机をたたいたりといった威圧的な言動は絶対にしてはいけません（次頁図表10－１の事例４参照）。

その他、裁判例では、退職勧奨の面談の場で会社側が従業員を侮辱するような発言をしたことを理由に、退職勧奨を違法と判断したものが多くみられます（次頁図表10－１の事例１、事例２）。また、退職に向けた説得にあたり、従業員の近親者ら第三者に働きかけたことなどを理由に、退職勧奨が違法であるとした事例もあります（次頁図表10－１の事例３）。最近の裁判例の詳細は次頁の**図表10－１**をご参照ください。

▼図表10－１　退職勧奨に関する裁判例

事例	裁判例	結論	退職勧奨の内容
1	横浜地判令和２年３月24日	違法（慰謝料20万円）	課長職の従業員に対する退職勧奨の面談の場で、仕事ぶりが平従業員並みである、自分で仕事を見つけてくる必要があるなどと述べたうえ、他の部署にも退職勧奨の情報が共有されている旨述べ、能力がなく成果の出る仕事もしていないのに高額の賃金の支払いを受けているのはおかしい旨の発言をした
2	神戸地判姫路支部平成24年10月29日	違法（慰謝料100万円）	繰り返し執拗に退職勧奨を行い、「ラーメン屋でもしたらどうや」「管理者としても不適格である」「異動先を自分で探せ」などと発言した
3	金沢地判平成13年１月15日	違法（慰謝料20万円）	男性58歳、女性48歳を基準とする違法な退職勧奨制度に基づき退職勧奨を行った。退職勧奨を拒否する意思を明確にした後も、対象者の夫や兄に説得を行うよう働きかけた
4	大阪地判平成11年10月18日	違法（慰謝料50万円）	約４か月の間に30回以上の退職勧奨の面談を行い、その中には８時間もの長時間にわたるものもあった。退職勧奨の面談の際に、大声を出したり、机をたたいたりという不適切な言動があった
5	東京地判平成23年12月28日（日本アイ・ビー・エム事件）	適法	退職強要にならないように研修を受けた上司が、複数回面談を行い、その際に退職勧奨に至る経緯や退職者支援プログラム等について説明を行った。対象者が面談の際、興奮し怒鳴る等して席を立って出て行ったことにより、十分に説明できないことがあった。その後もメール等により面談の申入れの説得を行った
6	東京地判平成22年12月27日（サニーヘルス事件）		１週間に１回あたり30分程度の面談を７回行って退職勧奨をした。面談は、短いもので約10分程度、長いもので約１時間15分程度であった。面談の際は、辞めろというような表現を用いることなく、希望退職制度を受け入れることが賢明であることなどを繰り返し説得した

7	大阪地決 平成11年 7月19日	適法	長期間受注がない営業係長に対して、期限までに営業目標を達成できない場合はいかなる処分をも受ける旨記載した誓約書を提出させたが、その後も受注がなかったため、支店長が退職勧奨を行った。後日、支店長、総務及び営業の各主席が同席する話し合いにおいて、再度退職勧奨を行い、翌日、営業係長は自己都合の退職届を提出した。退職勧奨の際、業績不良を理由に懲戒免職か退職かを迫ったなどという事実はなかった

退職勧奨の違法性が裁判になる例では、従業員から退職勧奨面談についての録音テープが証拠として提出されるケースが多いです。会社側としては、当然録音されているものと考えたうえで、録音されても問題のない話し合いをする必要があります。また、会社側も録音をしておくことが必要です。

⑷　退職勧奨の話し方、進め方の留意点

図表10－１の事例５の東京地判平成23年12月28日は、日本アイ・ビー・エムが業績下位の約3,000名の従業員に対して退職勧奨を行った際に、そのうちの４名から、退職勧奨が退職強要にあたるなどとして訴訟を起こされた事例です（40頁で紹介した同社の事件とは別の事件です）。この事件で、東京地方裁判所は、退職勧奨の違法性の判断基準として、「労働者に対して不当な心理的圧力を加えたり、又は、その名誉感情を不当に害するような言辞を用いたりすることによって、その自由な退職意思の形成を妨げるに足りる不当な行為ないし言動をすることは許されず、そのようなことがされた退職勧奨行為は、もはや、その限度を超えた違法なものとして不法行為を構成することとなる」（下線は筆者）という判断基準を示したうえで、この事例において退職勧奨は違法とはいえないと判断しています。

さらに、この事件の第二審は、「退職勧奨の態様が、退職に関する労働者の自由な意思形成を促す行為として許容される限度を逸脱し、労働者の退職についての自由な意思決定を困難にするものであったと認められるような場合には、当該退職勧奨は、労働者の退職に関する自己決定権を侵害するものとして違法性を有する」（下線は筆者）という判断基準を示したうえで、結論としては第一審と同様に、この事例において退職勧奨は違法とはいえないと判断しています（東京高判平成24年10月31日）。

この日本アイ・ビー・エムの事件で示された判断基準は、その後の退職勧奨をめぐるトラブル事例における裁判例でも引用されており、退職勧奨の違法性を判断する一般的な基準になりつつあります。

さらに、この事件では、日本アイ・ビー・エムが退職勧奨を行うにあたり、以下の点を留意点として事前に各部門長に共有しており、退職勧奨の話し方、進め方の留意点として参考になります。若干整合的でない部分や重複している部分もありますが、判決文によると、その内容は以下のとおりです。

① 退職強要をすることはできないので、あくまで本人の「自由意志」に基づいて決断するようにコミュニケーションすること。具体的な注意事項として、以下の点を指摘する

ア 退職を強要するような言動は違法となりますので、面接を行う際は言葉遣いや態度には十分気をつけてください。特に、人格を傷つけるような言動や解雇の意思表示と感じさせるような言葉は決して使わないでください。

イ 当該社員の話を、よく聞く態度で臨んでください（説得ではなく、応諾の答えを引き出すことを心がけてください）。急ぎすぎず、自らが話しすぎないようにしてください。

ウ 感情的になった場合は、面接を一時中断し、次回の面談の日時を決めて終了するようにしてください。

エ　1回の面談は、30～40分程度を目安にしてください。

オ　1週間に3回以上の面談はしないようにしてください。

② 基本的な注意事項として、さらに以下の点を指摘する

ア　本人の話を、よく聞く

イ　同情や言い訳、退職勧奨プログラム実施に反することは言わない

ウ　人格を傷つけるような言動はしない

エ　協力的だが、きっぱりした口調で話す

オ　結論を急ぎすぎない（説得しようとして、自らが話しすぎない）

カ　繰り返し退職支援制度、再就職支援サービスに、言及する

キ　感情的になった場合は、面談を一時中断し、日を改めて面談する約束をして終了する

ク　パフォーマンス評価に引き続き、今後のキャリアの可能性について話をし、適切な進路選択を促すということを、基本的な進め方とする

ケ　1回の面談は30分程度を目安とする

2　退職届が出たらすみやかに承諾する

ここまで説明してきた「退職強要」とは別の問題で、注意したいのが、「退職の意思表示の撤回」です。

退職勧奨を行い、従業員もそれに応じていったん退職の意思表示をした場合でも、その後に、従業員の気が変わって退職を撤回しようとしてトラブルになるケースがあります。

裁判例では、従業員がいったん退職の意思を示しても、それを会社側が「承諾」するまでの間に、従業員が退職の意思表示を撤回したときは、会社は退職の撤回を認めなければならないとされており、実際に退職の撤回を認めた裁判例も存在します。

そのため、退職に向けた説得の結果、対象社員が退職に応じる意思を示した場合、会社としてはすぐに退職届を出させ、かつ、退職の意思表示を会社が「承諾」したことを明確にする必要があります。会社が退職の意思表示を承諾した後は、会社から退職強要を受けたなどの事情がなければ、対象社員は退職を撤回することはできません。

この点について参考になる裁判例として、横浜地判平成23年７月26日があります。

この事件は、私立学校を運営する学校法人が、生徒を深夜まで自家用車で私的に連れまわすなどの問題があった教員に対し、退職勧奨を行い、問題の教員としてはいったん退職の意思表示をしたが、その３日後にこの教員から依頼を受けた弁護士が学校に電話をかけてきて退職の意思表示を撤回し、雇用の継続を求めた事件です。

裁判所はこの事案で、教員による退職の意思表示は学校が承諾する前に撤回されたとして、退職の意思表示の撤回を認めました。

この事件で、学校側は、弁護士が電話をかけてきて、問題の教員の退職の意思表示を撤回する前に、校長が問題の教員の退職の意思表示を承諾していたとの主張もしています。

しかし、この学校の就業規則では、「職員が自己の都合により退職しようとする時は1か月前までに退職願を所属長を経て理事長に提出し承認を得なければならない」と定められていました。裁判所は、この就業規則の規定を根拠に、退職については理事長の承認が必要であり、校長が退職の意思表示を承諾することはできないと判断しています。このように、退職の意思表示の承諾にあたっては、就業規則の規定にも注意する必要があります。就業規則で誰が退職を承認するかが規定されているときは、その人が退職の意思表示を承諾する必要があります。

退職届が提出された場合の承諾の仕方は以下のような様々な方法があります。

・退職届に承認欄を設けて、従業員から提出された退職届に承認印を捺印して、コピーを本人に手渡す方法
・退職届を承諾したことを従業員にメールで通知する方法

なお、31頁で説明した「合意書」を従業員との間で作成している場合は、そこに、会社の承諾の意思も含まれているため、改めて退職を承諾することの意思表示を会社側からする必要はありません。

ただし、従業員が「退職届」を出した後、その場で「合意書」を作成することができず、「合意書」の作成が後日となる場合は、「合意書」作成までの間に「退職届」が撤回される可能性もあります。また、「合意書」については、単に退職のことだけでなく、退職後に会社に対して一切の請求をしないことを約束させる条項なども入っていますので、退職者と残業代などのことで争いが残っている場合は、「合意書」は取得できない可能性があると考えておくべきです。これらの点を踏まえると、「合意書」が後日の作成になる場合は、「退職届」が出された時点で、会社が退職を承諾した旨を「退職届」を出した従業員に通知しておくことが必要です。

3　退職後の手続をミスなく進める

筆者の経験からすると、厳しい指導や懲戒手続などを経て、退職の合意がまとまった場合でも、退職日には問題社員が会社に礼を言って退職していくということは少なくありません。そういった事例をみると、一応「円満退職」といえるのではないかと考えています。

ただ、そのように礼を述べて退職していったにもかからず、退職後に会社の手続に不備があるとして、再度、紛争化するというケースがあります。これは、主に、離職票の送付遅れ、資格喪失証明書の送付遅れ、源泉徴収票の送付遅れなどが原因です。

①　離職票について

離職票は退職者の雇用保険の手続に必要な書類です。会社は従業員の退職日の翌日から10日以内にハローワークに従業員の退職理由などを記載した離職証明書を提出する必要があります。離職証明書をハローワークに提出すると、ハローワークが会社に離職票を発行するので、会社はこれをすみやかに退職者に郵送するか手渡しする必要があります。退職者への離職票の交付が遅れると退職者が雇用保険を円滑に受給できず、トラブルの原因になります。

②　資格喪失証明書

従業員が退職したときは、退職者は会社の健康保険から抜け、次の就職までの期間、国民健康保険に加入するか、任意継続といって退職後も会社の健康保険に加入し続けるかを選択することが通常です。退職者が国民健康保険に加入する場合、会社が退職者について健康保険の資格喪失手続をし、退職者は会社の健康保険から抜けたことを証明する「資格喪失証明書」を区市町村に提出することが原則です。この「資格喪失証明書」は、会社が発行しなくても、退職者が日本年金機構または健康保険組合から発行を受けることが可能ですが、トラブル防止のためには、会社から発行し、退職者に郵送することが望ましいでしょう。退職者が通院している場合などは国民健康保険への加入を急いでいることも多く、特に注意する必要があります。

③　源泉徴収票

退職者には源泉徴収票を退職日から１か月以内に送付する必要があります。源泉徴収票は、退職者が転職先で年末調整をするときや、確定申告をするときに必要になります。

④　給与、退職金

最後の給与は原則として本来の給与支払日に支払えばよいのですが、退職者から請求があった場合は、請求日から「７日以内」に支払わなければならないとされています（労働基準法23条）。

また、退職金について、中小企業退職金共済制度（中退共）や特定退職金共済制度（特退共）を利用している場合、各制度で定められている退職者が退職金を受け取るために必要な手続をすみやかにしなければなりません。

せっかく円満退職で解決したのに、退職後の手続の不備で再度トラブルになると、後味が悪いことになるので注意してください。

第11章

問題社員対応の失敗事例

以下では問題社員対応の失敗例として、退職勧奨に応じない従業員を解雇してしまい、訴訟トラブルに発展した事例を紹介します。

1　問題社員トラブルで窮地に陥った介護事業者

この事例は、老人福祉施設を運営する介護事業者（法人）の経営者からの相談です。

この経営者は、相談の１年前にこの事業を買収して経営者となりましたが、前経営者の子の１人が施設内で管理職として残っており、雇用を継続していました。この管理職職員が施設の入居者や、他の職員に対し、粗暴な言動を繰り返し、おさまりがつかず、なんとかして辞めさせなければ施設の存続にもかかわるという相談でした。

相談にくる前に、相談者はすでに問題の管理職職員に対し、500万円の支払いをする意向を伝えて退職勧奨を行っていました。しかし、この管理職職員は退職に同意せず、そのため、相談者はこの管理職職員を解雇していました。

2　退職勧奨をしたが断られたため解雇

問題の管理職職員は、施設の入居者が使用しているテレビやエアコンのリモコンを無断で取り上げたり、入居者に「施設から出ていけ」と怒鳴るなどといった問題行動を繰り返していました。また、入居者の意向を踏まえずに、入居者がうける介護のサービスを独断で決定し、入居者が嫌がるのに無理にデイサービスを利用させるということを繰り返していました。このような管理職職員の言動から、入居者もこの管理職職員を怖がり、入居者数が増えず、施設は赤字が続いている状況でした。

本件のように、元経営者やその家族が問題社員化するということは珍しくありません。元経営者やその家族が事業を買収された後も、「自分の会社である」という意識から、わがもの顔で振る舞い、ルール無視の態度をとることが少なくないのです。そして、筆者の経験からすると、元経営者やその家族が問題社員化したときの退職勧奨は、難しい部類に属する退職勧奨事案であるといえます。これは、元オーナー系の従業員は、自分が本来オーナーであるという意識から、通常の従業員よりも会社に対する気持ちが強く、退職という選択肢をなかなか受け入れないことが原因です。条件によっては退職を受け入れる意思を示した場合も多額の退職金等を要求するケースが多く、交渉が難航しがちです。本件でも経営者が500万円の金銭の支払いを提示したにもかかわらず、管理職職員が退職を承諾しなかったのは、その背景にこの管理職職員のオーナー意識があると考えられました。

本書でも説明してきたように、本来であれば、こういった問題社員については、１か月から３か月くらいの期間で、十分な指導を行い、問題行動に対しては懲戒処分を行うなどして、問題社員の自己認識のゆがみを修正させる努力をする必要があります。こういった手順を踏んだうえで、それでも改善されない場合に、退職の話し合いをするという方法をとらなければ、退職の合意を得ることは困難です。本書の103頁で「**業務に支障を生じさせるようになった工場長に対する退職勧奨事例**」として紹介した事例も元オーナー経営者に対する退職勧奨の事例でしたが、退職勧奨の前に腰を据えて問題の工場長に対応する期間をとったことで合意による退職を実現しています。

しかし、本件では、弁護士に相談する前に、相談者がすでに管理職職員を解雇してしまっており、この管理職職員に対して指導や懲戒処分を行うということができませんでした。また、この施設は相談者が買収する前は、この管理職職員の父親が経営していたため、この管理職職員に対する指導は全くといっていいほど行われていなかったのです。この管理職職員は問題社員であるにもかかわらず、役職についており、元オーナーの子であることもあって、この管理職職員に対して指導をできる職員はいませんでした。

3　解雇から約１か月で仮処分が起こされる

(1)　賃金仮払いの仮処分とは？

相談者である法人が管理職職員を解雇してから約１か月で、裁判所にこの管理職職員から賃金仮払いの仮処分の申立てがありました。賃金仮払いの仮処分とは、解雇された従業員が雇用主に対して、解雇の無効を主張して復職を求める訴訟を起こす場合に活用される裁判上の手続で、解雇の無効についての訴訟の結論が出るまでの期間の賃金を「仮に支払う」ことを雇用主に求めるものです。

従業員が解雇の無効を主張して起こす訴訟は、「地位確認訴訟」と呼ばれますが、この地位確認訴訟で解雇が有効か無効かについて結論が出るまで、１年から２年近く、場合によってはそれ以上かかります。解雇された従業員がこの地位確認訴訟の期間中の生活費に困ることがないように前述の賃金仮払い仮処分の手続が認められています。その結果、雇用主側は、賃金仮払いの仮処分の手続と、地位確認訴訟の両方に対応しなければならないことになります。

(2)　解雇の正当性と保全の必要性がないことを主張

賃金仮払い仮処分の手続は、１週間から２週間ごとに裁判の期日が入る非常に圧縮された手続で、3か月くらいで結論が出ることも多い、いわば「仮の裁判」です。本件では、この仮処分の手続の中では、雇用主側の立場から、問題の管理職職員が前述のように、施設の入居者や他の職員に対し粗暴な言動を繰り返し、その結果、施設の環境に重大な悪影響が出ていることを解雇理由として主張しました。しかし、管理職職員はこの主張を全面的に否定して争いました。

裁判手続において、問題社員の解雇理由となる問題行動を主張するときは、「いつ」「誰に対して」「どのような」問題行動がされたかを特定して主張する必要があります。単に、「粗暴な言動を繰り返していた」というような抽象的な主張で裁判所が解雇を有効と認めることはありません。

本件では、この管理職職員が問題行動を繰り返してきたことは事実であるものの、それが「いつ」「誰に対して」行われたものかについての記録がありませんでした。特に事業を買収する前のことについては相談してきた経営者も把握していませんでした。そのため、解雇の理由となった事実関係を裁判所で具体的に説明することができず、解雇の正当性を裁判所に認めてもらうことはそもそも困難な状況でした。

一方、賃金仮払い仮処分の手続は、解雇の正当性だけでなく、保全の必要性も争点になります。保全の必要性というのは、解雇の無効を主張する地位確認訴訟が決着するまでの期間中、賃金の仮払いをしないと解雇された従業員の生活が困窮する事態にあるかどうかを審理の対象とするものです。解雇された従業員が賃金について仮払いをうけなくても生活に困らないような事情がある場合は、地位確認訴訟において結論が出るまで待てばよく、賃金仮払いの請求は認められません。

本件では、雇用主側の立場から、この「保全の必要性」がないという主張も行いました。この管理職職員の親は資産家であり、賃金の仮払いをうけなくても、この管理職職員が生活に困ることはないと思われました。これに対して、この管理職職員は親は年金生活であり、収入がないという主張をしましたが、当方は、管理職職員の親が所有する収益物件を具体的に指摘し、反論しました。その結果、一審の裁判所では仮払いの仮処分は保全の必要性がないという理由で却下となりました。

しかし、管理職職員はこの却下決定に対して、異議を出し、二審の裁判所では、雇用主は賃金の仮払いを命じられることになりました。

これは二審に至った段階では、管理職職員の無職の期間が長引き、管理職職員の預貯金が減ってきていたことや、この管理職職員が解雇後に両親と別居して両親と家計の収支が別になったことが理由になっていると思われました。

なお、このとき、高等裁判所の裁判官からは、「問題社員の解雇事案では、問題行動やそれに対する指導記録をすぐに出せるかどうかで結論が分かれる。しっかり指導をした企業は、裁判の最初からこれらの証拠を出してくる」との話がありました。これはそのとおりなのですが、本件では前述のとおり、指導の記録や証拠を提出することができませんでした。

(3) 和解の交渉は決裂

賃金仮払いの仮処分の手続は、雇用主側としては、再度、問題社員と話し合いをして早期に訴訟を終わらせるための和解の可能性を探るチャンスでもあります。

本件では、賃金仮払いの仮処分の手続の中で、雇用主側の主張をする一方で、雇用主側から、この管理職職員に対して、退職と引換えに600万円を支払うという和解案を提示し、早期の解決ができないかの交渉を行いました。裁判官からも、指導の記録や証拠が出せないのであれば裁判を続けても解雇が有効と認められる可能性はないため、金銭を支払うことで和解による解決をするようにすすめられました。しかし、管理職職員は最低でも1,000万円以上の支払いを得ないと退職を承諾することはできないと主張して、和解に応じませんでした。

4　地位確認訴訟が起こされる

賃金仮払い仮処分が申し立てられてから、約１か月で、地位確認訴訟が起こされました。

地位確認訴訟でも、この管理職職員が繰り返してきた、施設入居者に対する暴言等について、いつ、誰に対して、何と言ったかを主張し、立証する必要がありました。これには、実際に被害を受けた施設入居者や施設の職員からの聴き取りが不可欠でしたが、必要な人からの協力は一切得られませんでした。

管理職職員が解雇後も施設の近くに住んでいたことや、これまでの管理職職員の粗暴な行いから、施設入居者や施設職員が雇用主側に協力することで管理職職員の反感を買うことを恐れたことがその理由でした。地位確認訴訟は長期間に及び、その間、折に触れて何度も弁護士から施設入居者や施設職員を説得し、協力を求めましたが、この結論は変わらず、最後まで協力を得ることはできませんでした。このように、問題社員が粗暴であればあるほど、その問題行動を証言してくれる人の確保は困難を極めます。

そのうえ、地位確認訴訟では、途中で不当解雇による慰謝料として500万円の請求が追加されました。この慰謝料請求が認められる可能性は低い見通しでしたが、500万円の請求が追加されたことによる雇用主側へのインパクトは大きいものでした。賃金仮払いの仮処分での裁判官の見解や提出した証拠の内容からは、地位確認訴訟でも雇用主側の勝訴は難しい状況です。その中でさらに500万円の請求が追加されたことは、地位確認訴訟中での和解がさらに困難になることをうかがわせました。

そして、裁判官からも、解雇理由を立証する証拠が乏しく、判決となれば解雇は無効になるとの心証が開示されました。

5　和解のタイミングが訪れる

本件のような不当解雇を主張する訴訟について、雇用主が敗訴すると、雇用主は解雇した職員を復職させることを命じられることになります。これは雇用主として最も回避すべき事態なので、敗訴が見込まれる事件については、和解をまとめることが重要です。簡単には和解できなさそうな事件でも、長い訴訟の間で和解のチャンスが訪れることがあり、そのタイミングを逃さないことが必要です。

本件でも、管理職職員の強硬な対応から和解が難しく、敗訴が避けられない見込みであるようにも思われましたが、偶然も重なり和解のタイミングが訪れました。

管理職職員が依頼していた労働者側の弁護士が個人的な事情で、本件の担当を外れ、別の弁護士に裁判の担当が変わったことがきっかけとなりました。さらに、ちょうど新型コロナウイルス感染症拡大の時期で裁判所でも感染対策が必要になり裁判期日がしばらく入らず、判決を待っていてはいつの解決になるのか見通せなくなったという事情もありました。一方で、雇用主側も新たな買収者に買収されて、買収者の意向として紛争を早期に解決したいという意向が出てきました。

雇用主である法人は、長年のトラブルで収支が悪化しており、敗訴した場合、判決で支払いを命じられても、一括での支払いはできない状態でした。この点については、管理職職員に和解手続の中で、決算書などを開示して説明をした結果、管理職職員としても判決をもらっても支払いが得られないことを理解し、分割払いでの和解で解決しようという機運が高まりました。

その結果、管理職職員に対して法人から合計約600万円を３年かけて分割払いすることと引換えに、管理職職員は退職に同意する内容で和解が成立しました。

6　まとめ

本件では、解雇から丸２年の期間をかけて、賃金仮払いの仮処分の申立てと地位確認訴訟の２つの手続に対応することになりました。

そして、最終的には、問題社員の職場への復帰という最悪の事態を避ける形で、和解により解決に至りました。管理職職員がもし法人に復帰した場合、多くの職員が退職し、また施設入居者も退所し、施設自体が継続困難になることは確実だったのでこのように和解ができたことは大きな意味がありました。また、判決になると一括での支払いが必要となり、法人の資金面でも問題が出る恐れがありましたが、分割払いの和解ができたことにより、この点も解決することができました。

ただ、和解で約束した約600万円の支払いのほか、賃金の仮払い仮処分に基づく仮払いとして約300万円を支払っており、合計約900万円での解決となりました。このような高額の金銭を支払わなければならなくなったことを踏まえると、法人が管理職職員を解雇した判断は失敗だったといわざるを得ないでしょう。

7　本来とるべきだった選択肢は？

本件では、相談にくる前に、相談者はすでに管理職職員に対し、500万円の支払いをする意向を伝えて退職勧奨を行っており、退職勧奨をせずにいきなり解雇したわけではありません。しかし、弁護士の目からみると、退職勧奨のやり方が適切とはいえず、これでは合意に至らないこともやむを得ないものでした。

本件でも、まず、１か月から３か月くらいの期間で、この管理職職員に十分な指導を行い、問題行動に対しては懲戒処分を行うことにより、管理職職員の自己認識のゆがみを正すことが必要でした。そして、それでも改善がされない場合に退職の話し合いをしていれば、合意による退職を実現して裁判を回避する余地は十分あったと考えられます。

しかし、相談を受けたタイミングで法人はすでに切羽詰まっており、管理職職員をただちに解雇しなければ、施設職員の離職や施設入居者の退所が増え、施設の継続が困難となるぎりぎりの状態でした。このような状況のため、時間をかけて管理職職員に対し、退職に向けた話し合いをする余裕はありませんでした。もう少し早く、まだ話し合いをする余裕のあるタイミングで相談されていれば、解雇による裁判の労力と多額の金銭の支払いを避けることができた可能性が高く、その点が悔やまれる事案です。

第12章
円満退職路線を目指す場合の弁護士の役割

この章では実践編の最後として、会社が問題社員に対し、合意による退職に向けた説得を進める場面における、会社側弁護士の役割について説明します。

1　退職を求めるべきか否かの判断には第三者の視点も必要

まず、弁護士の役割の1つ目として、退職を求めることが本当に正しいのかを第三者的な視点でチェックすることがあげられます。単に社長や上司とそりが合わないというだけで問題社員として扱い、退職を求めることは不適切です。そのようなことをしていると、会社経営者が他の従業員から信頼を失い、会社組織崩壊の危険すらあります。

そのほかにも、弁護士が相談を受け、よく話を聞けば、退職を求めることが適切でないというケースは少なくありません。例えば、直属の上司から問題社員だという報告が上がってきたため、会社も退職を求めるつもりで相談を受けたケースについて、弁護士がその上司や他の関係者から十分なヒアリングをしたところ、上司の対応に問題があり、対象の従業員の問題ではなかったというケースもありました。また、積極的に仕事に取り組まない、言われたことしかやらないという従業員に対する退職勧奨の相談について、よく聞いてみると実は部署内に十分な仕事がなく、言われたことしかやらないというのはその部署の仕事量の問題であり、その従業員の問題とはいえないことがわかったケースもありました。こういったケースで従業員を問題社員として扱い、退職を求めることは不適切です。

さらに、入社してからそれほど期間が経っていない従業員について、その業績が会社の求めるレベルに達しないという事情がある場合に、退職を求めるか否かについても慎重な検討が必要です。入社後しばらくは成績や能力の面で基準に満たなかったとしても、それはいわゆる「遅咲き」型の従業員であり、後になって会社に大きく貢献するということも少なくありません。まずは、成績や能力面の向上に向けて会社が必要な教育指導を行うことが重要です。また、長い目で見れば会社に貢献してくれる見込みのある人なのか、あるいは、指導の手間がかかるだけで見込みがない人なのかということを見極める力も必要です。

以上のことを踏まえると、退職勧奨に入る前に、弁護士がこれまで会社が行った指導の内容や指導に対する対象社員の対応状況を確認しなおし、退職を求めることが本当に会社としてすべきことを全部行ったうえでの判断なのかどうかを確認することも必要です。

安易に人を切り捨てる会社にならないためにも、対象社員に対して退職を求めることが適切か否かを第三者である弁護士の視点からチェックすることが重要なのです。

2　解雇が適切な選択肢でないことの確認

経営者や経営幹部の中には、話し合いによる解決というようなまわりくどいことはしないで、問題社員を解雇してしまいたいと考えて相談される方も少なくありません。

もちろん、解雇のリスクもケースバイケースであり、例えば業務上の金銭の横領について確実な証拠があり本人も横領を認めているケースなど、解雇してもリスクがほとんどない場面もあることは事実です。しかし、そういう限られたケースを除き、多くのケースで解雇が企業にとって重大なリスクになることは、本書で説明してきたとおりです。

一方、本書で説明した合意による退職を実現するためには、一定期間、会社として、「問題社員の自己認識のゆがみを修正させる努力」にエネルギーを割く必要があります。解雇は重大なリスクがあり、合意による退職が会社にとってベストな選択肢であることを十分に納得したうえでなければ、時間と労力を割いて「問題社員の自己認識のゆがみを修正させる努力」を進めることはできません。

自社の事案でも解雇が重大なリスクであることを十分に理解できていないと、例えば退職の意思がないことを問題社員から告げられたときに、簡単に話し合いによる解決をあきらめて、解雇してしまいがちです。そういったことがないように、解雇が適切な選択肢でなく、時間と労力をかけてでも話し合いで解決すべきことを、経営者や経営幹部あるいは人事部の担当者に十分に理解してもらえるように説明することも、弁護士の重要な役割だと考えています。

3　自己認識のゆがみを修正させる努力のサポート

合意による退職を実現するうえで最も重要なポイントとなる、問題社員の「自己認識のゆがみ」を修正させるための取組についても、弁護士のサポートを受けることが有用です。この取組の内容は、問題社員のケースごとに様々なので、まずは、事案に応じた最も適切な方法を弁護士の助言を受けて方針決定する必要があります。

また、能力不足が原因で退職勧奨を検討しなければならないケースでは、会社で求められる能力水準に達していないことを本人にはっきりと認識させるために、一定期間指導を続けることが必要になります。このようなプロセスを踏んだうえで、それでも改善がみられなければ退職に向けた具体的な話をすることにより、合意による退職を実現することができます。これについて、実践編の第１章でクリニックの事例を紹介しましたが、この指導は指導する側にとっても相当な負担であり、弁護士のサポートを受け、その方法が正しいと信じて実行しなければ、やりきれるものではありません。

一方、業務命令に従わないことが原因で退職勧奨するケースでは、文書で業務命令を出し、また業務命令違反について懲戒処分を実施していくことになります。そして、これらの手続は、会社に対して反抗的な態度をとっている問題社員から法的な疑義を指摘されないような方法、あるいは疑義を指摘されても十分な反論できるような方法で進めていかなければなりません。普段そういったことをしていない会社にとっては、弁護士のサポートを受けて行わなければ、正しい方法で自信をもってやりきることができません。

また、ハラスメントの加害社員に対しては、ハラスメントの調査を弁護士が行うことによってはじめて、加害社員を納得させ、加害社員に対して、ハラスメントをする社員は職場では評価されないことをはっきりと理解させることができます。

　このように、自己認識のゆがみを修正させる方法については、問題社員のパターンごとに様々ですが、いずれの場合も、弁護士のサポートを受けることが有用です。

4　予算についての相談

合意による退職を成功させるための確実性をあげるうえで、金銭の支払いも重要な要素です。しかし、実際の問題社員対応の現場では、これまで問題社員にさんざん苦労させられた経緯から金銭を支払う気になれなかったり、あるいは、他の従業員との公平を考慮すると問題社員にのみ金銭を支払うことは難しいという心情を吐露される経営者、経営幹部も多いです。

もちろん、そのような心情になることは、筆者も十分理解できます。しかし、だからといって、問題社員を解雇すれば、それは本書でも説明してきたとおり、重大なリスクを伴います。特に、会社の規模が大きくないときは、解雇の効力を争う訴訟が起こされれば、会社が窮地に立たされ、他の従業員にも迷惑をかけることになりかねません。

客観的な視点を持ち合わせた弁護士が、経営者や経営幹部を説得し、退職の合意のために必要な予算をとってもらうことで、合意による退職が実現できたケースが多数存在します。

5　弁護士による説得

退職に向けた説得を会社のトップや幹部層から行う場合、対象社員の立場からすると、いま自分とトラブルになっている会社のいうことを本当に信用してよいのだろうかと疑問に感じることは当然です。また、対象社員が会社のトップや経営幹部に対して、嫌悪の感情を抱いてしまっているケースも少なくありません。このような会社のトップや幹部層に対する不信感や悪感情が退職の合意に向けた説得の妨げになるときは、弁護士が対象社員に対して、退職に向けた説得を行うことも有用です。

会社からの依頼を受けた弁護士であるとはいえ、弁護士が第三者的な視点も踏まえた説得を行うことにより、対象社員が納得し、合意の成立に至るケースは多いです。退職勧奨の対象となる従業員が金銭的な損得のみで退職に同意するケースは少なく、会社が退職を求める理由や会社が提示する退職条件に「納得」したときに退職の合意が成立します。弁護士から説明を受け、説得されることで、対象社員としても「正しい対応をしてもらった」と受け止めて、「納得」に至るケースも多いのです。

このように退職勧奨にあたり、その具体的な進め方について弁護士のサポートを受けることも有用であることを覚えておいていただきたいと思います。

整備編

　ここまで問題社員トラブルを円満退職で解決する方法について説明してきました。
　ただし、問題社員に対して、ここまで説明したような対応をするためには、会社が日ごろから法令を遵守し、正しい労務管理を行っていることが大前提となります。会社の労務管理にも問題があるのに、従業員の問題点のみを指摘するような対応では、退職勧奨を受ける対象社員の納得は得られず、「問題があるのはお互い様」ということになりかねません。そのような対応では、会社は、他の優秀な従業員からも信頼を失ってしまうことになります。
　会社が日ごろから整備しておくべき労務管理のポイントは多岐にわたりますが、以下では特に重要なポイントを確認しておきます。

第1章

会社も法令順守で襟を正す

1　過重労働をなくす

企業には、「労働者が安全と健康を確保しつつ就業するために必要な配慮をする義務」があり、安全配慮義務と呼ばれます。この安全配慮義務は、労働契約法第５条に定められている法律上の義務です。そして、過重労働は、従業員の精神疾患、過労死、過労自殺につながる危険があり、企業は安全配慮義務の観点から従業員が過重労働に陥らないように配慮する責任があります。

(1)　36協定を守るだけでは十分ではない

111頁でも説明したとおり、時間外労働、休日労働のある会社は、36協定を締結し、労働基準監督署に届け出ることが法律上の義務とされています。そのうえで、各従業員の時間外労働、休日労働が36協定に定められた範囲内にとどまっているかどうかを常に確認する体制をつくる必要があります。

労働基準法上、36協定では、時間外労働は原則として月45時間、年360時間以内とされています。ただし、例外として、年に６か月まで月45時間を超える時間外労働をさせる場合があることを36協定で定めることも可能です。これを「特別条項」といいます（資料編388頁参照）。特別条項を定めた場合、１か月の時間外労働が休日労働と合わせて

100時間未満であれば労働基準法の残業規制には抵触しません。

しかし、このような36協定の制度は、労働基準法上、最低限守るべき基準を定めたものであり、これを守っていれば、過重労働の問題が起きないというわけではないことに注意する必要があります。

この点を考えるうえで重要な事件が、東芝事件（最判平成26年３月24日、東京高判平成28年８月31日）です。

この事件は、東芝がうつ病を発症して欠勤・休職に至った従業員を、欠勤を開始してから約３年後に休職期間満了を理由に解雇したことが発端です。従業員は、解雇は不当解雇であり、うつ病の発症は会社の過重労働によるものだとして、東芝に訴訟を提起し、12年にもわたる裁判の結果、東芝は約6,000万円の支払いと従業員の雇用の継続を命じられることになりました。

この事件では、会社の業務がうつ病を発症させるほど過重なものであったか、が大きな争点の１つになりました。この従業員のうつ病発症前６か月間の時間外労働は平均69時間54分であったと認定されています。そして、裁判所は、このような時間外労働の長さや、当時、この従業員が初めてプロジェクトのリーダーになり、負担の大きい業務についていたという点を踏まえれば、業務は相当過重なものであったとして、会社に安全配慮義務違反があったと判断しています。

前述のとおり、36協定で定めることができる１か月の時間外労働の上限は、休日労働とあわせて100時間未満までであり、36協定を守っていても、６か月間の時間外労働の平均が70時間を超えることは制度上あり得ます。しかし、上記の裁判例では、平均69時間54分の時間外労働と業務の負担を考慮して、東芝の安全配慮義務違反を認めています。

また、別の事案では、自動車部品の取り付けなどを事業とする会社の正社員が自宅寝室内で心疾患により亡くなっていたのが発見されたケースについて、うつ病での通院歴があったことや、直近１か月間のタイムカード上の時間外労働が85時間を超えていた点を指摘し、「この時間外労働時間数だけでも、脳・心臓疾患に対する影響が発現する程度の過重な労働負荷である」として労災認定すべきと判断したものがあります（名古屋高判平成29年２月23日）。この事案では死亡前の直近６か月間の時間外労働の平均は約34時間で、必ずしも恒常的に時間外労働が多い事案ではありませんでしたがこのような判断がされました。

これらの裁判例を踏まえると、36協定の基準を守るだけでは、過重労働対策として十分ではないことは明らかです。

⑵　時間外労働、休日労働を月60時間以内にする仕組みをつくる

東芝事件の判決を踏まえると、企業は毎月の従業員の時間外労働・休日労働の合計を60時間以内にコントロールする仕組みを設けておくべきです。

そのためには、以下のような仕組みづくりが必要です。

・従業員の毎日の始業、終業時刻を適切に記録する仕組みをつくる。
・朝礼などで、月の時間外労働・休日労働は最大でも60時間までとする方針を従業員に周知する。
・月の途中で、各従業員の時間外労働・休日労働の時間数をチェックし、長すぎる場合はその従業員に指導する。
・月末に、各従業員の時間外労働・休日労働が何時間になったかをチェックし、長すぎる場合は改善する。

この４つのポイントについて、以下、順番に詳しく説明します。

①　従業員の毎日の始業時刻、終業時刻を適切に記録する仕組みをつくる

月の時間外労働・休日労働の合計を月60時間までにコントロールするためには、「従業員が月何時間働いたかが正確にわかる」ことが前

提になります。そのため、会社は、従業員の毎日の始業時刻、終業時刻を適切に把握して記録を残すことが必要です。

記録の方法としては、以下のようなものがあります。

●始業、終業時にタイムカードを打刻する方法
●始業、終業時に、ＩＣカードで時刻を記録する方法
●パソコンの使用時刻を基準に把握して記録する方法

これらの方法により、まず従業員の就業時間を正確に把握する仕組みをつくることが必要です。最近の過労死や過労自殺の訴訟では、自宅での持ち帰り残業やタイムカード打刻後も就業していたなどの事情により、会社が把握していた時間数よりも長時間の時間外労働があったと裁判所に判断され、それが安全配慮義務違反を肯定する理由付けとなっているケースが多くみられます。東芝事件でも、裁判所は、従業員が使用していたパソコンの電子データの更新時刻の記録から、東芝が把握していた労働時間を超えてこの従業員が業務を行っていたと判断し、労働時間についての東芝の主張を採用しませんでした。このようなことがないように、時間外労働、休日労働を正しく把握する仕組みをつくることがまず重要です。

また、法律上は労働時間と扱う必要がある時間について、自社の独自の判断で労働時間と扱っていないということがないかどうかも確認しておく必要があります。裁判例上、次頁の**図表１－１**にあげた時間は労働時間に該当するとされています。

②　時間外労働・休日労働を最大でも月60時間までに減らす方針を従業員に周知する

従業員の始業、終業時刻を正しく把握する仕組みができたら、「時間外労働と休日労働の合計を最大でも月60時間までにすること」を会社のルールとすることを従業員に周知しましょう。

「仕事を期限までに終わらせたり、営業目標を達成することは重要だけれども、それは月の時間外労働と休日労働の合計が60時間を超え

■図表１－１　労働時間に該当すると判断された時間

製造業	・造船所において、事業所内更衣所で、作業着への着替えが義務付けられている場合の着替え時間（最判平成12年３月９日。三菱重工長崎造船所事件） ・技術面で問題がある従業員に対して、就業時間外に月１回、指導内容の振り返りの機会を与えるために設けられた勉強会の時間（大阪地判令和２年３月３日）
運輸業	・駅係員が始業前あるいは終業後退社時に行う点呼の時間（東京地判平成14年２月28日。東京急行電鉄事件） ・配送ドライバーが荷下ろしの順番を待っている間の待機時間（大阪地判平成29年３月21日） ・配送ドライバーが必要以上に早く出発していたがそれについて会社も特段指導していなかったという場合に、配送先に早く着いて到着場所で待機している待機時間（大阪地判平成29年３月21日） ・制服の着用が義務付けられている引っ越し作業員の制服への着替え時間（横浜地判令和２年６月25日）
建設業	・いったん会社に集合した後に、資材等を積み込んで現場に向かう場合の現場までの移動時間（東京地判平成20年２月22日）
警備業	・出席が義務付けられた朝礼の時間や法律上着用が義務付けられている制服への着替え時間（千葉地判平成29年５月17日）
医療機関	・病院の宿直勤務において実態として通常勤務が行われている場合の宿直勤務時間（大阪高判平成22年11月16日。奈良県立奈良病院事件） ・新生児科の医師が、出勤してから退勤するまでの間、院内連絡用の携帯電話を常に携帯し、連絡があった場合には必要な対応を行うことが義務付けられていた場合の、病院内での食事や仮眠の時間（東京地判平成31年２月８日）

ない限られた時間の中で行わなければならない」というメッセージを従業員に伝えることが必要です。

そして、月の時間外労働と休日労働を合計60時間未満にするためには、「毎日何時までに終業することが必要なのか」を伝えると、よりわかりやすいメッセージとなります。

たとえば、朝9時始業、休憩1時間の会社で、月の出勤日が20日であれば、休日労働がない場合は、午後9時まで就業すれば、時間外労働が月60時間になります。この場合、「平均して毎日午後9時までには終業してください」と伝えるのがよいでしょう。

なお、この月の60時間までにするということに加えて、36協定の制限を守ることが当然必要です。特に、36協定の制度では、少なくとも年に6か月は、時間外労働を月45時間以内にとどめる必要があります。月45時間以内の時間外労働とは別に休日労働が可能ですが、単に時間外労働と休日労働の合計が月60時間までになるように管理しているだけでは、36協定の時間外労働の上限を超えてしまうことがあることにも注意してください。

③　月の途中で、各従業員の労働時間をチェックし、労働時間が長すぎる場合は、その従業員に指導する

出勤日が20日の月であれば、その月の出勤日が10日を超えた時点で、その月の前半の時間外労働・休日労働をチェックしましょう。

月の前半の時間外労働・休日労働が30時間を超えている場合は、このままでは月60時間を超えてしまいます。

そのため、その従業員に指導して、仕事を効率化する努力をさせたり、場合によっては担当する仕事の一部を別の従業員に交代させるといったことが必要になります。

④　月末に各従業員の労働時間が何時間になったかをチェックする

月末に、再度、各従業員の時間外労働・休日労働が月60時間までに収まったかどうかをチェックしましょう。

時間外労働・休日労働が60時間を超えている従業員に対しては、会社の安全配慮義務の観点から、残業を減らしていくことが必要になります。

このように、まず、就業時間をもれなく正確に把握する仕組みをつくったうえで、月の時間外労働・休日労働は最大でも60時間までとする方針を表明し、月の途中と月末で時間数をチェックする仕組みをつくることで、過重労働を防ぐ対策をすることが重要です。

(3)　管理職や裁量労働制の対象者も時間把握を行う

ここまで説明してきた労働時間の把握の必要性は、健康上の問題にかかわるものであり、管理職や裁量労働制の対象者についても同様にあてはまります。法律上も、企業は、管理職や裁量労働制の対象者についても、労働時間の状況の把握が義務付けられています（労働安全衛生法66条の８の３）。

管理監督者については、36協定の対象外ですが、管理監督者についても、健康管理上、就業時間のうち週40時間を超える部分が月60時間以内に収まるように管理する仕組みをつくっておくことが必要です。

また、裁量労働制の対象者は、実際の労働時間にかかわらず、労使協定で定めた時間数、労働したとみなされるため、通常、36協定の労働時間の上限を超えることにはなりません。しかし、そうであっても、健康管理上、実際の就業時間のうち週40時間を超える部分が月60時間以内に収まるように管理する仕組みをつくっておくことが必要です。

⑷　月80時間を超えた場合は申し出があれば医師の面接指導が必要

時間外労働と休日労働の合計が月80時間を超えた場合は、法律上、そのことを本人に通知しなければなりません（労働安全衛生規則52条の２）。また、産業医がいる会社では、産業医にも時間外労働と休日労働の合計が月80時間を超えた従業員の氏名等の情報の提供が必要です（労働安全衛生規則14条の２）。そして、時間外労働と休日労働の合計が月80時間を超え、疲労の蓄積が認められる従業員から申し出があった場合は医師による面接指導を行うことが義務付けられています（労働安全衛生法66条の８第１項）。管理監督者や裁量労働制の対象者についても、時間外労働と休日労働の合計が月80時間を超える場合はこの義務の対象となります。

会社は、この面接指導による医師の意見を踏まえ、必要なときは、労働時間の短縮などの措置をとらなければならないとされています（労働安全衛生法66条の８第５項）。

以上説明した点を踏まえ、過重労働対策を会社としてしっかりやることが重要です。

2　残業代未払いでは信頼は得られない

会社は従業員の就業時間を正しく管理して、残業に対しては残業代を支払う義務があります。残業代の未払いがあるようでは、従業員の信頼を得ることができません。また、残業代が支払われていない会社で、残業が必要な業務を命じて、従業員が拒否したからといって、それは残業代が支払われていない以上当然ともいえ、問題社員と評価できるものではありません。

さらに、問題社員に対してその問題点を指摘し、退職に向けた話し合いをする中で、問題社員の側から未払い残業代についての労働基準監督署への通報等を示唆され、会社として問題社員に対し、毅然とした対応をとれなくなるという事態も考えられます。

一般の従業員について残業代の未払いがないようにするべきことはもちろんですが、特に、管理職や営業職については残業代の未払いが発生しているケースが少なくないため、注意が必要です。以下この点について説明していきます。

(1)　管理職の残業代について

労働基準法は41条で「監督若しくは管理の地位にある者」については、時間外割増賃金、休日割増賃金の対象としないことを定めています。この「監督若しくは管理の地位にある者」(以下、「管理監督者」)に該当するかどうかは、最終的には裁判所が判断します。注意しなければならないのは、社内で「管理職」と扱われていても、裁判所で「管理監督者」にあたると判断されるとは限らないという点です。裁判所は、企業内で自身が担当する部門について経営者と一体的な立場で管理を担当する従業員に限り、管理監督者と認めています。その結果、多くの裁判例において、社内で管理職と扱っていても法律上の管理監督者には該当しないとして、企業が管理職に対する残業代の支払いを命じられてきました。

最近では、年収1,200万円を超える日産自動車の課長職や、コナミスポーツクラブにおいて従業員数43名、年間売上約２億6,000万円の支店を担当していた支店長等について、いずれも裁判所で「管理監督者」にあたらないと判断され、残業代の支払いが命じられています。管理職について残業代の支払いをしていない会社は、本当にその管理職が法律上の「管理監督者」に該当するのかを十分検討しておく必要があります。

裁判になった場合に管理職が管理監督者に該当するかどうかの判断は、以下の点を踏まえた総合判断とされ、明確な基準がないのが実情です。

■判断基準１：対象となる管理職の職責と権限が重要なものか

従業員の採用や配置に関する決定権限、部下に対する人事考課の権限などが与えられ、経営にかかわるメンバーのみで開催される会議に出席するなど経営に関与する「重要な職責と権限」が付与されているかどうか。

■判断基準２：対象となる管理職についての出退勤の自由の有無

始業後の出勤や欠勤があっても給与を控除されないなど、自身の出退勤を自ら決定することができる立場にあったか。

■判断基準３：対象となる管理職の待遇

一般の従業員よりも高額の給与を得ており、「残業代を支払わなくても問題ないような待遇」を受けていたか。

判断基準１の「職責と権限の重要性」については、管理職がアルバイトの採用や解雇について上席の許可を得る必要があったり、自身が管理する店舗の営業時刻の変更や備品の購入について上席の許可を得ることが必要である場合は、管理監督者にあたるかどうかの判断において、管理監督者であることを否定する方向に考慮される傾向があります。

また、判断基準２の「出退勤の自由」については、形式的には、出退勤の自由が与えられていても、人手不足の状況などから、実際上、管理監督者が現場従業員と同じ仕事も担当せざるを得ず、出退勤が自由とはいえないような場合は、管理監督者であることが否定される傾向にあります。

判断基準３の「待遇」については、年収の絶対額と、他の従業員との比較（例えば、一般の従業員と比べてどの程度給与が高額になっていたか）の両方が問題になります。年収の絶対額が600万円未満である場合は、そもそも管理監督者としては認められる可能性は低いと考える必要があります。

最近の裁判例での判断を307～308頁**図表１－２**に整理しましたので参考にしてください。

裁判例を参考に、「管理監督者」に該当するかどうかを検証し、該当しない場合は、残業代支払いの対象とすることが必要です。

(2)　営業職の残業代について

営業職も残業代の未払いが起きやすい職種の１つです。会社は従業員の就業時間を管理し、就業時間が１日８時間、週40時間を超える場合は時間外割増賃金を支払う義務があります。このことは原則として、営業職の従業員についても同じです。

ただし、社外での業務について、会社で営業職の従業員の就業時間を把握することが難しい場合は、「事業場外労働に関するみなし労働時間制」を採用することが可能です（労働基準法38条の２）。この「事業場外労働に関するみなし労働時間制」を適用するときは、原則として所定労働時間労働したものとみなされるため、時間外割増賃金が発生しません。このことを理由に、営業職を残業代支給の対象外としている会社も多くみられます。

■図表１－２　管理監督者性に関する裁判例

	管理職の種類	職責と権限	出退勤の自由	待遇	備考
管理監督者にあたらないとしたもの	日産自動車 課長職 （横浜地判平成31年３月26日）	新しい車両の投資額や収益率の提案を企画立案する立場にあったが、これらを決定する会議への参加は補佐的であり、会議での発言は原則として予定されていなかった。	遅刻や早退の場合も賃金の控除はなく、自身の労働時間について裁量を有していた。	年収1,234万円で部下よりも約240万円高額であり、管理監督者にふさわしい待遇であった。	労働時間についての裁量があり、高額の給与が支払われているものの、経営者と一体的な立場になるといえるだけの職責、権限はない。
	大手スポーツクラブ（コナミスポーツクラブ）支店長 （東京高判平成30年11月22日） なお、この支店は従業員数43名、年間売上約２億6,000万円であった。	・支店の運営管理全般について、責任者としての職責を担うとともに、従業員の勤務シフト決定などに権限を有していた。 ・提供する商品及びサービス内容の決定、営業時間の変更に関わる提案は可能であったが、決定権はなく、経営会議への参加も求められていなかった。 ・アルバイトの採用や解雇、販売促進活動の実施、設備の修繕、備品の購入等は、決裁を得る必要があった。	・比較的柔軟に出勤時刻等を調整することが認められていたが、恒常的な人員不足の状況で、一般従業員と同様の現場業務にも日常的に携わらざるを得ない状況であり、自己の裁量で労働時間を管理することが許容されていたとしても、それが可能であったとみることができない労働状況であった。 ・業務のための外出も、上長に申請し承認を得る必要があった。	月額５万円の役職手当が支給され、本給部分についても、昇格昇給４万円が付されていたが、管理監督者としてふさわしい待遇とは言い難い。	形式的には支店長が権限を有する事項についても、本部が定めた運営方針や、上長の指導等を通じて、支店の運営管理に関する支店長の裁量は、相当程度制限されていた。
	大手弁当チェーン店長 （大分地判平成29年３月30日）	・クルーを採用する権限はあるものの、時給の決定や昇給の権限、正社員の採用権限はなかった。雇止めや解雇の権限も、限定的であった。 ・店舗運営について一定の権限を有していたが、1,000円以上の消耗品や食材の購入には許可を得る必要があり、また、店舗の営業時間や店舗独自のメニューを決定する権限はなかった。	・タイムカード等による出退勤管理は行われておらず、出退勤や休日の取得について自己の都合で決定することが可能であった。規定上は、勤務時間につき自由裁量が認められていた。 ・しかし、実態はクルー不足により自ら調理・販売業務に従事する必要があり、労働時間に関する裁量は限定的なものであった。	役職手当の支給はあるが、管理監督者でない社員を含めた社員全体の平均年収を下回っている。	重要な職務と責任を有するとも、現実の勤務態様が労働時間等の規制になじまないような立場にあるともいえない。

	管理職の種類	職責と権限	出退勤の自由	待遇	備考
管理監督者にあたるとしたもの	ゴルフ場併設ホテルのレストラン部門の料理長 （東京地判平成30年７月27日）	・調理の仕事はしているが、レストラン部門を代表して会議に出席し、1,000万円程度の高額設備購入等も行っていた。 ・また、レストラン部門の従業員の新規採用を担当し、第１次評価者として従業員の人事評価を行っていた。	・自己の考えで出勤し、それによる人事考課のマイナス評価等の不利益な取扱いはされていなかった。 ・タイムカードは、入退場時刻の記録にすぎず、タイムカードによる時間管理はされていなかった。	正社員のうち、上から２番目の給与（月額45万9,000円）であり、また、ホテルのシングルルームが無償で提供されていたため、一般労働者に比べ優遇されていた。	レストランを統括する立場にあり、人事権、労務管理等の権限を実際に有し、部下に対する労務管理上の決定についての裁量権、自身の労働時間の裁量も有し、ふさわしい賃金等の待遇を受けている。
	医療法人が経営するクリニックの院長 （東京地判平成25年３月29日）	クリニック勤務者の最高責任者であり、職員の退職を事実上承認でき、医療業務についての指示命令をする権利を有していた。	自らを含め職員の出退勤を管理していた。	少なくとも年俸1,800万円の賃金支払を受ける地位にあった。	経営が順調に進めば、最終的にクリニックの経営権限の継承を受けることができる地位にもあったことも考慮すれば、管理監督者に該当する。
	美容サロン経営会社部長職 （東京地判平成24年５月16日）	・取締役会や経営会議に取締役という地位で参加していた。 ・新サロン開設時の備品購入や従業員の採用時等に権限を有していた。 ・従業員の勤務時間について、集計や訂正等の確認を行い、労務管理の権限もある程度与えられていた。	タイムカードを打刻していたが、打刻時間中に麻雀への参加やパーティー懇親会への参加など業務以外のことをしていた時間があり、厳密な労働時間の管理はされておらず、広い裁量があった。	一般従業員の中で最高額の給与をもらっていた従業員と比較しても、倍以上の給与をもらっていた。	会長より細々とした雑用を指示されていたが、小規模な個人企業のため、雑用の指示を受けたとの事実だけでは、管理監督者ではないとはいえない。

しかし、この「事業場外労働に関するみなし労働時間制」の適用が認められるのは、営業先への直行直帰が多いなどの事情により会社による就業時間の把握が困難で、かつ、営業先での行動スケジュールを会社から指示されたり、あるいは会社に行動スケジュールを具体的に事後報告することがなく、さらに、社外での営業活動中に携帯電話等を通じた会社からの指示を受けないようなケースに限られています。営業先での行動スケジュールを会社から指示されたり、あるいは会社に営業先での行動スケジュールの詳細を具体的に事後報告しているようなケースでは、裁判例上、会社はスケジュールの指示や報告を通じて就業時間を把握することができるとされ、「事業場外労働に関するみなし労働時間制」の適用は認められていません。「事業場外労働に関するみなし労働時間制」は、会社による就業時間の把握が難しい場合に限り例外的に認められる制度だからです。

このように、営業職の従業員について、事業場外労働に関するみなし労働時間制を適用できるケースは実は非常に限られていることに注意が必要です。そして、事業場外労働に関するみなし労働時間制を適用できない営業職の従業員については、タイムカードを打刻させる、あるいは始業時刻、就業時刻を報告させるなどの方法によって、会社が就業時間を把握し、時間外割増賃金の支払いをすることが必要です。

営業職について残業代の未払いが起きていないかどうか確認してみてください。

(3) 仮眠時間の扱いについて

一般の従業員についても、就業時間を会社で把握し、時間外労働がある場合は、時間外割増賃金を支払う必要があります。この点に関して、特に、時間も長く、問題になりやすいのが仮眠時間の扱いです。

仮眠時間については、仮眠中に仕事が発生すれば、起きて対応しなければならないような状況であれば、労働時間に該当するとされてい

■図表1－3　仮眠時間についての裁判例

労働時間であると判断した裁判例	1　泊り勤務の仮眠中も警報や電話などに対しての対応が義務付けられている場合の警備員の仮眠時間（最判平成14年2月28日。大星ビル管理事件） 2　異常やトラブルがあれば仮眠時間中であっても対応する必要がある場合の、ホテルの設備管理等に従事する従業員の仮眠時間（東京地判令和元年7月24日）
労働時間にあたらないと判断した裁判例	1　複数の警備員が交代で仮眠をとるなどすることにより、仮眠時間中は他の警備員に業務を任せ、実作業に従事する必要が皆無に等しいといえる状態だった場合の、警備員の仮眠時間（仙台高判平成25年2月13日） 2　マンションとの管理委託契約において仮眠時間中は管理業務の対象外とされ、フロントにも仮眠時間は管理人の受付時間外であることが表記され、受付時間外の連絡先として管理会社の電話番号が記載されるなどの対応により、実作業に従事する必要が皆無に等しいといえる状態で仮眠していた場合のマンション管理人の仮眠時間（東京地判平成18年2月3日）

るので、賃金の未払いが発生しないように注意が必要です。

労働時間に該当しないとするためには、仮眠時間中の実作業への従事の必要が皆無に等しい状態であることが必要とされています。

仮眠時間についての裁判例は**図表1－3**のようになっていますので参考にしてください。

⑷　休憩を確実にとらせる

労働基準法上、1日の労働時間が6時間を超える場合は45分以上、1日の労働時間が8時間を超える場合は1時間以上の休憩を労働時間の途中に与えることが義務付けられています（労働基準法34条１項）。

例えば、休憩時間中も電話が鳴れば従業員が対応しなければならない状態や、休憩時間中に来客があれば従業員が対応しなければならない状態の場合、適法に休憩を与えたとはいえません。休憩を与えたというためには、従業員が休憩時間中、完全に業務から解放されて、従業員が自由に休憩時間を利用することができる状態でなければならないことに注意してください（休憩時間自由利用の原則）。

また、雇用契約書や就業規則で休憩時間について定めることが必要ですが、単に「休憩１時間」というように時間数を定めるのではなく、「休憩　12時から13時」というように、休憩開始時刻と休憩終了時刻を明記することで、休憩をとらせる時間帯を明確にし、休憩が確実にとれる環境をつくることが適切です。

(5)　労働時間の自己申告制度は原則として避けるべき

会社は従業員の労働時間の状況の把握を、原則として、タイムカード、あるいはパソコンの使用時間の記録などの客観的な方法で行うことが義務付けられています（労働安全衛生法66条の８の３、労働安全衛生規則52条の７の３）。企業はこの労働時間の状況の記録を３年間保管する義務があります。

このように、労働時間の状況の把握は、タイムカード等の客観的な方法によることが必要とされています。これは、自己申告制による労働時間の把握は客観性が乏しく、従業員の過少申告により過重労働が発生する恐れがあるためです。

平成29年１月20日策定の厚生労働省の「労働時間の適正な把握のために使用者が講ずべき措置に関するガイドライン」では、労働時間の自己申告制についても、やむを得ない場合は許容されるとしていますが、その場合も、以下の点が義務付けられているので、おさえておきましょう。

・従業員に対して労働時間を正しく自己申告するべきことについて十分説明すること
・労働時間の管理者に対しても、労働時間を一般従業員から正しく自己申告させるべきことについて十分説明すること
・自己申告された労働時間と実際の労働時間が一致しているかどうかについて、必要に応じて実態調査を行うこと。特にパソコンの使用時間の記録や職場への入退場記録があるときに、その記録と自己申告された労働時間との差が大きいときは、実態調査により、労働時間の記録を補正すること。
・休憩や自主的な研修等の時間だとして報告されている時間についても、実際には業務に従事している場合は労働時間として扱うこと。
・自己申告できる労働時間に上限を設けるなどして正しい自己申告を妨げないこと

例えば、従業員に日報を提出させ、日報に書かれている始業時刻と終業時刻の記載で労働時間を把握する方法は自己申告制にあたります。そのような会社は、このガイドラインの基準を満たしているかどうか確認することが必要です。

3　賃金の不当な減額をしない

雇用契約に基づき、賃金を正しく支払うことは従業員との信頼関係の基本であり、法的にも賃金の減額は例外的な場面でのみ認められます。問題社員に対応する中で、賃金を切り下げたいという場面が出てくることもありますが、法律上認められないような賃金の減額は厳に慎むべきです。

法律上賃金の減額が認められるのは、「本人が減額に同意した場合」「人事考課に基づく等級の引下げに伴う場合」「役職者を降格させ給与を引き下げる場合」「懲戒処分による場合」「就業規則の変更による場合」「労働協約による場合」などがあります。それぞれについて、制限があるので、以下で説明します。

(1)　本人が同意した場合

賃金の減額は従業員の個別の同意により行わなければならないことが原則です（労働契約法９条）。そして、その同意は書面で取得する必要があります。賃金の減額に関して裁判トラブルに発展した場合、減額について従業員から口頭で同意を得ていたと会社側から主張しても、裁判所ではほとんど認められません。

さらに、同意書の取り付けは、従業員に対して、十分な説明をしたうえで行う必要があります。特に、賃金の減額については、同意書を取得していても、「自由な意思に基づく同意ではない」などとして、同意を認めない裁判例が多いことに注意する必要があります。つまり、単に「同意」があればよいとするのではなく、従業員の「真意」がどうだったかが議論の対象になります。

山梨県民信用組合事件は、賃金の減額の同意の効力に関する重要な判例です。この事件では、山梨県の信用組合が他の信用組合との合併に伴い、退職金が減額になることの同意書を従業員から取り付けたものの、のちに従業員から訴訟を起こされました。この事件で、最高裁判所は、賃金や退職金に関する不利益変更についての同意は、同意書が提出されていればそれだけで同意があったと判断するのではなく、「労働者の自由な意思に基づいてされたものと認めるに足りる合理的な理由が客観的に存在するか否かという観点」も踏まえて、慎重に判断する必要があるとしています。

■参考情報：最判平成28年２月19日。山梨県民信用組合事件（下線は筆者）

「使用者が提示した労働条件の変更が賃金や退職金に関するものである場合には、当該変更を受け入れる旨の労働者の行為があるとしても、労働者が使用者に使用されてその指揮命令に服すべき立場に置かれており、自らの意思決定の基礎となる情報を収集する能力にも限界があることに照らせば、当該行為をもって直ちに労働者の同意があったものとみるのは相当でなく、当該変更に対する労働者の同意の有無についての判断は慎重にされるべきである。そうすると、就業規則に定められた賃金や退職金に関する労働条件の変更に対する労働者の同意の有無については、当該変更を受け入れる旨の労働者の行為の有無だけでなく、当該変更により労働者にもたらされる不利益の内容及び程度、労働者により当該行為がされるに至った経緯及びその態様、当該行為に先立つ労働者への情報提供又は説明の内容等に照らして、当該行為が労働者の自由な意思に基づいてされたものと認めるに足りる合理的な理由が客観的に存在するか否かという観点からも、判断されるべきものと解するのが相当である」。

このように裁判所は、従業員と企業の力関係も踏まえ、賃金の減額について同意書があればそれで同意があったという判断はしていません。企業側による強制力が働かない状況においても、賃金の減額に従業員が同意するような客観的な事情があったかどうかという観点から同意の有無を判断しています。

例えば、従業員の希望に応じて、従業員の職務内容が軽減されたり、労働時間が減ったというような事情があって賃金の減額に従業員が同意している場合は、「賃金の減額に従業員が同意するような客観的な事情」があったと認められやすいと考えられます。一方で、そのような事情がない場合は、仮に賃金の減額について従業員から同意書を取得していても、裁判所で賃金の減額について、真の意味での同意があったと認められるとは限らないと考えなければなりません。

また、賃金の減額について同意書を取得する場合は以下の点に注意する必要があります。

・同意書には「賃金減額の内容」や「賃金減額の理由」をわかりやすく詳細に記載する
・従業員との１対１の面談を行って、「賃金減額の内容」や「賃金減額の理由」を十分説明する
・面談時に賃金の減額について従業員から質問を受けた内容やそれに対して会社から回答した内容を記録し、後日、万が一、訴訟が起こされたときにも、従業員が会社から十分な説明を受けて、真意に基づいて同意したことを裁判所で説明できるようにしておく

(2)　人事考課に基づく等級の引下げに伴う場合

ここまで説明したとおり、賃金の減額には従業員の真の意味での同意が必要であることが原則ですが、職能等級制度が整備され、かつ、就業規則において人事考課に基づく職能等級の引下げやそれに伴う賃金の減額について定められている場合は、人事考課の結果に基づいて、本人の同意なく賃金を減額することも可能です。例えば、最近では、大阪地判令和元年６月12日が、学校法人が事務職員に対して人事評価に基づき約14パーセントの賃金減額を行ったことを適法と判断してい

ます。

ただし、その場合、人事考課やその結果に基づく賃金の減額の仕組みが公正なものであることが求められます。

会社の賃金制度として、人事考課に基づく職能等級の引下げやそれに伴う賃金の減額があり得る制度を採用する場合は、以下の点を確認しておいてください。

・人事考課の結果で決まる等級と賃金の関係をあらかじめ定め、従業員に周知する
・２年連続最低評価の場合は降級させるなど、人事考課に基づく等級の引下げの基準を定める
・評価対象期間が始まる前に、人事考課の評価項目を設定し、従業員に明示する
・人事考課の基準を定めたうえで、一次評価者による評価と二次評価者による評価を併用するなどして、公正な評価ができる仕組みをつくる
・本人に対する評価結果のフィードバックを適切に行う。また、評価結果に対する異議申立ての制度を整備することが望ましい

人事考課に基づき、賃金の減額があり得る制度を採用している会社は、人事考課制度が適切に設計できているかどうかを確認しておく必要があります。

(3)　役職者を降格させ給与を引き下げる場合

役職者については、会社が、能力や勤務状況から、その役職にふさわしくないと判断したときは、役職を下位のものに引き下げたり、役職を外すことが、原則として可能です。そして、役職が下がったことに伴って役職給を下げたり、役職がなくなったことに伴って役職給の支給を停止することについては、本人の同意がなくても適法と判断し

た裁判例が多くなっています。

ただし、給与の引下げは本人にとって大きな不利益になるので、役職を下げたことによる賃金の引下げが、裁判トラブルに発展するケースも少なくありません。本人に対して必要な説明をしてできるだけ本人の納得、了解を得ることが必要です。また、万が一の裁判に備えて、会社が対象者の役職を引き下げる必要があると判断した理由を十分説明できるようにしておくことが必要です。

さらに、以下の場合は、降格に伴う賃金減額であっても違法とされることが多いので注意してください。

・役職給の減額や支給停止にとどまらず、基本給も減額する場合
・役職を下げる合理的な理由がないのに、退職に追い込むことを目的として降格させ、給与を引き下げる場合
・役職が下がったり役職から外れたりしていても、実際の職務内容や責任の程度に変更がなく、賃金だけが減額になっている場合
・有給休暇の取得など正当な権利の行使を理由に降格させ給与を引き下げる場合
・２段階以上の極端な降格の場合
・妊娠、出産、育児休暇などをきっかけとして降格させ給与を引き下げる場合

(4)　懲戒処分による場合

問題行動に対する制裁として懲戒処分をする場合は、その懲戒処分の内容として賃金の減額が可能です。減給処分、出勤停止処分、降格処分などはいずれも通常は賃金の減額を伴う懲戒処分です。この点については121～122頁で詳しく説明しました。

⑸　就業規則の変更による場合

以下の２つの条件を満たすときは、就業規則を変更することによって、従業員の個別の同意がなくても、労働条件を不利益に変更することが可能とされています（労働契約法10条）。

条件１：就業規則の変更に合理性が認められること
条件２：変更後の就業規則を従業員に周知すること

ただし、賃金を減額する就業規則の変更は、賃金が労働者にとって非常に重要な権利であるという観点から、条件１の「就業規則の変更の合理性」が非常に厳しい基準で判断されており、変更が「高度の必要性に基づいた合理的な内容のものである場合」に限り、効力が生じるとされています（最判平成12年９月７日。みちのく銀行事件）。具体的には、赤字が数期連続し、経営危機にあるなどのケースにおいて、労使間で経営資料を示して、十分な話し合いを行った場合に限り、賃金を減額する就業規則の変更が適法と認められる余地があります。

例えば、シオン学園事件（東京高判平成26年２月26日）は、自動車教習所運営会社が就業規則の変更により、平均8.1パーセントの賃金減額を行った事案について、就業規則の変更による賃金減額を適法とした事例です。この判決は、会社が多額の営業損失を計上していること、会社側が賃金減額について約３年間に20回以上団体交渉で話し合いをし、決算報告書その他経営状況の資料を示し、経営状況の説明を行ったこと、賃金減額後も県内の同業他社の平均賃金よりも賃金水準が高いこと、就業規則変更時の従業員の過半数代表者からの意見聴取にあたっても過半数代表者が特に意見はないとしていることなどを、就業規則変更の合理性を肯定した理由として挙げています。

⑹　労働協約による場合

労働組合のある会社では、労働組合との合意に基づき労働協約を締結することにより、組合に加入する従業員の賃金を減額することも可能です（労働組合法16条）。

ただし、労働組合側がそのような労働協約を締結するために、組合内部で適切な意思集約手続を踏んでいることが必要であり、この点が訴訟等で争われるケースが多いことに注意しなければなりません。また、一部の組合員に特に不利益を与えるような労働協約は裁判所で効力を否定されることがあります。例えば、広島高判平成16年４月15日は、希望退職に応じなかった56歳以上の従業員の基本給を３割減額するという労働協約について、組合内部の意思集約手続の不備や56歳以上の従業員に与える不利益の大きさ等を指摘して、この労働協約による個々の従業員の賃金減額の効力を否定しています。

⑺　まとめ

ここまで説明したように、賃金の減額については、どの方法でも厳しい制限があり、安易に従業員の賃金を引き下げることは許されないことに注意する必要があります。

4　体調不良者に配慮する

体調不良者に配慮することも会社が従業員に対する安全配慮義務を果たすために重要です。

⑴　従業員から体調不良の申し出があったときの対応

従業員から体調不良の申し出があった場合は、会社として迅速に対応し、必要に応じて仕事の内容を軽減したり、勤務時間を減らしたり、あるいは一定期間休職させるなどの対応が必要です。

この点についても、前述の東芝事件（最判平成26年３月24日、東京高判平成28年８月31日）が参考になります。

この事件では、うつ病が治癒せず休職期間満了で解雇された従業員が、うつ病発症は会社の過重労働によるものだと主張したのに対し、会社側は、「従業員が精神科への通院歴などを申告しなかったため、会社はうつ病の発症回避などの対応を取れなかったという面があり従業員側にも落ち度があるから、それを考慮して賠償額を減額すべきだ」と主張しました。

しかし、最高裁判所は、この会社側の主張を認めませんでした。その理由として、裁判所は、この従業員が頭痛等の体調不良を訴えて欠勤を繰り返し、重要な会議も欠席するようになっていたこと、上司に対してそれまでしたことのない業務の軽減の申し出をしていたことなどを指摘して、「会社も業務が過重であることは認識できたはずであり、会社が業務の軽減をするなどの措置を執ることは可能であった」と判断しています。また、「メンタルヘルスに関する情報はプライバシーに属する情報であり、人事考課等に影響し得る事柄として通常は職場において知られることなく就労を継続しようとすることが想定される性質の情報であったといえる」と指摘し、「（企業は）労働者本人からの積極的な申告が期待し難いことを前提とした上で、必要に応じてその業務を軽減するなど労働者の心身の健康への配慮に努める必要がある」と判断しました。

この判決は、従業員から通院歴等の申告がなくても、従業員の体調不良がうかがわれる事情があれば、会社として、配慮し、業務を軽減しなければならないことを示しています。

また、デンソー事件（名古屋地判平成20年10月30日）では、従業員が「現在の負荷では、私一人では対応できません」と述べたにもかかわらず、上司が「他のグループの人は、それくらいの業務を皆抱えてやっているよ。人が今いないから、やれるだけやって」などと対応し、残業が月80時間を超える状況を続けさせたことが、会社の安全配慮義務に違反すると判断されています。

これらの裁判例からもわかるように、従業員から体調不良の申し出があった場合は、すぐに病院を受診させ、業務を続けてよい状況かどうか、業務を続ける場合に会社が配慮しなければならないことは何かを確認することが必要です。また、頭痛や耳鳴り、めまい、吐き気などの体調不良や睡眠不足の訴え、遅刻や欠勤の増加、仕事の効率の著しい低下等は、精神疾患の兆候である可能性があり、十分注意することが必要です。

⑵　法定の健康診断を活用する

さらに、法律上義務付けられている健康診断を正しく実施し、異常所見があった場合は放置せず、医師の意見を聴いて、必要な対応をすることも非常に重要です。

会社は従業員の雇入れ時及びその後１年以内ごとに１回の一般健康診断を実施することが義務付けられています（特定業務従事者は６か月に１回の一般健康診断が義務付けられています）。

そして、会社は健康診断の結果を把握し、異常所見があった従業員については、健康診断から３か月以内に健康保持のために必要な措置について、医師の意見を聴くことが義務付けられています（労働安全衛生法66条の４、労働安全衛生規則51条の２）。従業員の異常所見について病院を受診させたうえで、就業に問題がないかどうか、就業にあたって配慮するべき点がないかを確認することが必要です。そして、医師の意見を踏まえて、業務の軽減や就業時間の短縮などの措置をとることが義務付けられています（労働安全衛生法66条の５）。心臓や脳血管の異常所見については、過労死につながる恐れがあり、特に注意が必要です。

(3)　休職していた従業員を復職させる際の注意点

病気や怪我で休職していた従業員が復帰する際も、本当に復帰が可能かどうか、復帰にあたって配慮するべき点がないかどうかを従業員の主治医に確認することが必要です。この点を怠り、本人から復職の希望があったというだけで復職を認めてしまうことは、会社の安全配慮義務違反になることがあります。

市川エフエム事件（東京高判平成28年４月27日）は、ラジオ放送会社が、精神疾患で休職していた従業員を、本人の強い復職希望があったため、会社が復帰を認めたところ、復帰後に本人が自殺した事件です。遺族は、会社が復職をさせた点に安全配慮義務違反があるとして、会社に損害賠償を請求しました。裁判所は、会社が従業員の主治医の意見を聴かずに職場復帰させた点について、「専門的な立場からの助言等を踏まえることなく、漫然と職場復帰を決めたにすぎないのであるから、使用者として、従業員の生命身体に対する安全を配慮すべき義務に欠いたものと認められる」と判断し、会社に約3,000万円の損害賠償を命じています。

5　ハラスメントのない会社をつくる

企業には普段から、パワハラ、セクハラのない職場をつくるために必要な対策をする法的な義務があります。パワハラについては労働施策総合推進法30条の３、セクハラについては雇用の分野における男女雇用機会均等法11条にこの点が明記されています。

具体的には厚生労働省が定めるパワハラ防止指針、セクハラ防止指針により、以下の点がハラスメント10項目として、法律上の義務とされています。

■ハラスメント10項目

⑴　事業主の方針の明確化と周知

①　ハラスメントがあってはならないという方針を明確化し、周知・啓発する。

②　ハラスメントの加害者には厳正に対処することを明確にしたうえで、対処の内容を就業規則等に規定し、周知・啓発する。

⑵　相談体制の整備

③　相談窓口をあらかじめ定め、周知する。

④　相談窓口担当者が適切に対応できるようにする。また、広く相談に対応する。

⑶　ハラスメント発生時の迅速かつ適切な対応

⑤　事実関係を迅速かつ正確に確認する。

⑥　事実確認ができた場合には、速やかに被害社員に対する配慮の措置を適正に行う。

⑦　事実確認ができた場合には、加害社員に対する措置を適正に行う。

⑧　再発防止に向けた措置を講ずる。

⑷　⑴から⑶までの措置と併せて講ずべき措置

⑨　プライバシーを保護するために必要な措置を講じ、周知する。
⑩　相談したこと等を理由として不利益な取扱いをされない旨を周知・啓発する。

以下ではポイントをみていきます。

(1)　事業主の方針の明確化と周知

まず、企業として、「職場のパワハラ、セクハラはなくすべきものである」という方針を明確に打ち出し、従業員に伝えることが必要です。パワハラやセクハラのニュースなどが社会的な話題として取り上げられた際などに、社内の朝礼でハラスメントについて話すなどして、パワハラ、セクハラを許さない意向を従業員に明確に伝えましょう。

あわせて、就業規則等で、パワハラ行為、セクハラ行為を禁止し、パワハラ行為、セクハラ行為について懲戒処分を科すことを明記することが求められています。

また、従業員に対して、パワハラ防止、セクハラ防止のための研修を行うことも有効な事前対策の１つです。管理職向け研修資料、一般従業員向け研修資料を厚生労働省が作成し、ウェブサイトで公開しているのでこれを参考にするのもよいと思います。また、弁護士や社会保険労務士にパワハラ防止、セクハラ防止についての研修を依頼することも望ましい対策の１つです。

このように、ハラスメントを許さない方針を社内で明確にすることが、「働きやすい職場をつくること」や、「パワハラ、セクハラによる離職や法的トラブルの予防」につながります。

(2)　相談体制の整備

パワハラ、セクハラの相談体制を整備することも義務付けられています。以下の点ができているか確認しておきましょう。

① 相談窓口をあらかじめ定め、周知する

法律上、ハラスメント相談窓口を設置し、社内で周知することが企業に義務化されています（労働施策総合推進法30条の２）。中小企業については、2022年３月までの間は、努力義務とされていますが、2022年４月以降は中小企業を含むすべての企業においてハラスメント相談窓口の設置が義務化されます。

具体的な対応としては、会社内の人事部など会社内部に相談窓口を設置する方法と、弁護士やハラスメント相談窓口サービスを提供する企業に依頼して社外に窓口を設置する方法があります。会社内部の相談窓口と社外の窓口を併用することも可能です。

相談窓口を設置したら、社内で周知し、実際に相談できるようにすることが必要です。相談窓口の周知例は資料編395頁を参照してください。

厚生労働省の指針では、一部のハラスメントに限定して相談を受けるのではなく、パワハラやセクハラ、妊娠・出産・育児休業等に関するハラスメントなど、ハラスメント全般について一元的に相談に応じる相談窓口を設置することが望ましいとされています。

② 相談窓口担当者が適切に対応できるようにする。また、広く相談に対応する

ハラスメント相談窓口は単に設置するだけでなく、適切に相談対応ができるようにあらかじめ準備しておく必要があります。適切な対応ができるようにするためには、相談のマニュアルを整備し、相談窓口担当者の研修を行うことが必要です。

相談時にトラブルにつながることが多いのが、相談窓口担当者がハラスメント被害を訴える相談者に対して、相談者自身の対応に問題があったのではないかと指摘する趣旨の発言を行うことです。「あなた

にも落ち度があるのではないか」とか「それは考えすぎではないか」などと発言することは、ハラスメントの相談が解決に向かわずに、会社とのトラブルに発展する原因になります。会社によるハラスメントについての相談対応が不適切であったことを理由に、被害者の怒りの矛先が加害者に対してだけでなく、会社に対しても向けられるようになり、訴訟トラブルに至るケースは多いです。このようなトラブルを防ぐためには、相談窓口担当者は、相談者に共感を示しつつ事実関係を聴き取ることに注力し、相談者の対応を非難したり、ハラスメントの有無についての私的な見解を伝えることがないようにする必要があります。また、相談窓口とハラスメントの有無を認定する組織は区別し、相談窓口担当者は相談対応に専念することが適切です。

加えて、厚生労働省の指針では、ハラスメントに該当するか否か微妙な場合であっても、広く相談に対応することが適切であるとされています。相談窓口担当者には、厳密にハラスメントに該当するか否かのみにこだわらずに相談対応することにより、従業員間の人間関係のトラブルやストレスに早く気づき、職場環境の悪化を防ぐ役割が期待されています。

(3) ハラスメント発生時の迅速かつ適切な対応

① 事実関係を迅速かつ正確に確認する

ハラスメントの相談があったときは、事実関係を迅速かつ正確に確認することが会社に義務付けられています。相談を調査せずに放置することは、会社に対する信頼を失わせるだけでなく、会社が損害賠償責任を負う結果につながることもあります。最近の裁判例でも、パワハラの訴えがあったのに事実関係の調査をせず、被害職員が自殺に至ったとして、約2,000万円の損害賠償が命じられた事例（東京高判平成29年10月26日）があります。

②　事実確認ができた場合には、速やかに被害社員に対する配慮の措置を適正に行う

ハラスメントの事実が確認できた場合は、被害社員に対する配慮の措置をとることが求められます。特に、被害社員と加害社員を早期に切り離し、被害社員と加害社員の接点をなくすことが重要です。

また、被害社員の精神的なダメージが深刻なときは、今後の就業について、医師の意見を聴くことが必要です。前述の東京高判平成29年10月26日では、部下からパワハラの訴えがあり、体調不良、自殺念慮の訴えがあった場合に、管理者は本人の同意をとったうえで「主治医等から意見を求め、産業医等に相談するなど適切に対処をする義務があった」としています。

③　事実確認ができた場合には、加害社員に対する措置を適正に行う

ハラスメントの加害社員に対しては、ハラスメントの内容に応じて、注意・指導、懲戒処分、被害社員に謝罪させる等の適切な措置をとることが求められます。

④　再発防止に向けた措置を講ずる

ハラスメントの相談を受けたときは、ハラスメントが確認できたか否かにかかわらず、再発防止の措置をとることが必要とされています。

ハラスメントがあったことが確認されたときは加害社員をハラスメント防止に関する外部の研修に参加させるなどして、同様の問題を繰り返させないようにすることが必要です。社内でも加害者の氏名が特定されない形で、ハラスメント発生事例を報告し、同様の問題が起きないように注意喚起することを検討するべきでしょう。

また、ハラスメントにまで至らない人間関係のトラブルについても、会社として職場環境を調整し、必要に応じて注意・指導をしたり、配置転換によりトラブルになっている従業員同士を隔離するなどの措置

をとることが必要です。

(4) 併せて講ずべき措置

ハラスメント相談窓口の周知にあたっては、相談者が安心して相談できるようにするために、相談の秘密が守られること、相談をしたことにより不利益な扱いを受けないことを社内で明確にすることが重要になります。

過去の裁判例でも、セクハラの相談内容を漏洩したことについて損害賠償が命じられた事例（東京地判平成26年４月14日等）があり、相談の秘密を守ることは非常に重要です。

6　育児や介護に関する制度を整備する

育児介護休業法により、すべての会社に育児休業や介護休業を従業員に認めることが義務付けられています。また、労働基準法により、会社が妊娠中の女性従業員に対して配慮しなければならない点が定められています。企業は出産や育児、介護などの従業員のライフステージの変化を超えて働き続けることができる環境を整備していく必要があります。

以下のようなケースは典型的な違法事例です。

- 産休や育児休業、介護休業などの制度を利用したことを理由とする退職強要・減給・嫌がらせ
- 妊娠して身体を使う仕事をいままでどおりできなくなったため、賃金を減額すること
- つわりなどで体調が悪く業務に支障が生じたため、退職を求め、あるいは解雇すること

これらの違法事例についての社会的な評価は非常に厳しくなっています。また、上記のような典型例だけでなく、以下のケースも違法とされており、注意する必要があります。

①　妊娠、産休、育休をきっかけとする降格は本人の同意があっても違法となることがある

労働基準法上、妊娠中の従業員から、負担の軽い業務への配置転換を求められたときは、会社はこれに応じる義務があります（労働基準法65条３項）。しかし、このような軽い業務への配置転換をきっかけとして、本人を降格させることは、原則として違法とされているので注意してください。

この点に関する重要な裁判例が、広島中央保健生活協同組合事件（最判平成26年10月23日）です。この事件では、病院に勤務し、訪問リハ

ビリチームの副主任の立場にあった女性従業員が妊娠を機に、より負担の軽い業務として、院内でのリハビリ業務への配置転換を希望し、病院側もこの希望に応じて配置転換を行った事例です。病院は、リハビリ業務への配置転換に伴い、本人の一応の同意を得て本人を副主任のポストから外しましたが、最高裁判所は、降格による影響等について十分な説明を受けたうえで自由な意思に基づいて本人が降格を承諾したと判断できる合理的な理由が客観的に認められる等の特段の事情がない限り、このような降格は違法であると判断しています。つまり、降格が適法とされるためには、降格について単に本人の同意を得ているというだけでは足りず、本人が降格に伴う賃金減額の程度や、元のポストへの復帰の見込み時期などについて十分な説明を受けたうえで、本人の自由な判断として真の意味で同意したと判断できるような客観的な事情が必要になることが原則とされています。

また、「育児休業から復帰した従業員について、育児休業前の役職に別の従業員がついておりポストがないからという理由で、降格させる」といったケースも、特段の事情がない限り、違法となります。つまり、妊娠、産休、育児休業にからむ降格は原則として違法であり、本人の同意があっても違法とされる場合があることに注意してください。厚生労働省は、妊娠・出産・育児休業等の事由の終了から１年以内に、従業員に対して降格等の不利益取扱いがなされた場合は、原則として「妊娠・出産・育休等を契機とする不利益取扱い」に該当し違法となるという判断基準を公開しています。

②　育児短時間勤務制度の利用を理由に昇給幅を少なくすることは違法

会社は、３歳未満の子どもを育てる従業員から勤務時間を６時間に短縮することを求められれば、これを認める義務があります（育児介護休業法23条）。そして、この制度を利用したことを理由に従業員に不利益な取扱いをすることは違法とされています（育児介護休業法23

条の２）

この育児短時間勤務制度を利用して所定労働時間を「８時間」から「６時間」に減らして勤務していた従業員について、社会福祉法人が、勤務成績に対する評価に応じた通常の昇給幅の「４分の３」しか昇給させなかったことが問題になった事例で、裁判所は、このような昇給抑制は、育児短時間勤務制度を利用した従業員に対する不利益な取扱いにあたるとして、違法と判断し、法人に従業員に対する賠償を命じています（東京地判平成27年10月２日）。法人側は、経験を積むことにより能力、キャリアの上昇が期待される業務であるから就労時間が短かったことを昇給幅に反映させることは合理性があると主張しましたが、裁判所はこの主張を認めませんでした。

このように育児短時間勤務制度を利用した従業員について、制度を利用したことを理由として、昇給の幅を減らすことは違法とされています。

会社は、妊娠、育児、介護に関する法律、裁判例を正しく理解して、違法な点がないように注意する必要があります。

7　年５日の有給休暇の確実な取得に対応する

平成31年４月の労働基準法改正で、企業は10日以上有給休暇の権利を与えられる従業員について、最低でも年５日以上は有給休暇を現実に与えること（年５日の有給休暇の確実な取得）が義務付けられました（労働基準法39条７項）。具体的には、有給休暇の消化日数が５日未満の従業員に対しては、従業員の意見を聴いたうえで、企業側が有給休暇の日を指定して有給休暇を取得させる必要があります。管理監督者もこの有給休暇の指定義務の対象となります。有給休暇に対する権利意識も年々高まっており、法律どおり制度が整備されていないと従業員との間でトラブルになりやすいポイントです。以下の点を特に留意しておいてください。

⑴　パート社員や契約社員も指定義務の対象

「年５日の有給休暇の確実な取得」の義務は、10日以上有給休暇の権利が与えられるすべての従業員が対象になります。契約社員や、週３日以上勤務するパート社員も法律上10日以上の有給休暇の権利の対象となり得ますので、この義務の対象となることに注意してください。詳細は以下のとおりです。

①　フルタイムの契約社員や、週30時間以上または週５日以上勤務のパート社員

フルタイムの契約社員や、勤務時間が週30時間以上のパート社員、勤務日数が週５日以上のパート社員には、正社員と同じ有給休暇の日数が付与されます（労働基準法39条１項、２項）。出勤率が８割以上であれば、入社後６か月たてば、10日の有給休暇の権利が発生します。

そのため、権利発生後１年間の有給休暇の消化日数が年５日未満になる見込みの場合、５日に足りない日数について、企業側で従業員の意見を聴いたうえで、有給休暇取得日を指定する義務の対象となります。

②　週４日出勤のパート社員

週４日出勤のパート社員は入社後３年半がたち、直近１年間の出勤率が８割以上であれば、10日の有給休暇の権利が発生します。このように10日の有給休暇が付与された場合に、その後１年間の有給休暇の消化日数が年５日未満になる見込みであれば、５日に足りない日数について、企業側で従業員の意見を聴いたうえで、有給休暇取得日を指定する必要があります。

③　週３日出勤のパート社員

週３日出勤のパート社員は入社後５年半がたち、直近１年間の出勤率が８割以上であれば、10日の有給休暇の権利が発生します。その場合、その後１年間の有給休暇の消化日数が年５日未満になる見込みであれば、５日に足りない日数について、企業側で従業員の意見を聴いたうえで、有給休暇取得日を指定する必要があります。

なお、パート社員についてシフトを組み、現場を回している会社では、シフト上の出勤日について有給休暇を指定すると、シフトに穴が開いてしまいます。そのため、あらかじめ、有給休暇取得日も含めてシフトを組むなどの工夫が必要です。

⑵　有給休暇の指定方法を明確化する

年５日の有給休暇の確実な取得が義務付けられたことに対する企業側の対応としては、以下の２とおりが考えられます。

●一律指定方式

10日以上の有給休暇が付与されたタイミングで本人の希望を聴いたうえで、その後1年間について5日分の有給休暇取得日をまとめて指定してしまう方法です。

●個別指定方式

付与後1年が経過する前のタイミング（例えば3か月前）で各従業員の消化日数をチェックし、有給消化が5日未満になってしまいそうな従業員についてのみ、会社が有給休暇取得日を指定する方法です。

会社としてどちらの方法を採用するかをあらかじめ決めておく必要があります。また、個別指定方式をとる場合、「有給消化が5日未満になってしまいそうかどうか」をどのタイミングで判断して指定を進めるかについても決めておく必要があります。例えば、就業規則で、「有給休暇の基準日から1年間の期間が終わる3か月前の時点で有給休暇の消化日数が5日未満の従業員について、会社が従業員の意見を聴いたうえで、5日に満たない分の日数の有給休暇を指定する」ことを定めて、実行していくことが考えられます。

一律指定方式、個別指定方式のどちらの方法を採用する場合でも、会社で有給休暇取得日を指定したときは、その日が有給休暇として消化されたことを記録上明確にするためにも、会社からの指定により有給休暇を取得したことを書面で明確にしておくことが必要です。この点が不明確になると、有給休暇の残日数をめぐって、会社の認識と、従業員の認識がずれてしまい、トラブルになることがあるので注意してください。

■計画年休制度について

年5日の有給休暇の確実な取得に対応する方法としては、ここまで説明したように有給休暇取得日を会社から指定する方法のほかに、「計画年休制度」を利用する方法もあります。「計画年休制度」とは、会社が過半数代表者（従業員の過半数が加入する労働組合がある場合はその労働組合）との労使協定により、各従業員の有給休暇のうち５日を超える部分について、あらかじめ日を決めてしまうことができる制度です。年10日以上の有給休暇の権利を付与された従業員に、計画年休制度で年５日分の有給休暇を付与すれば、その時点で、「年５日の有給休暇の確実な取得」の義務を果たしたことになるため、有給休暇取得日の指定が必要なくなります。この計画年休制度を利用する方法は、労使協定により５日分の有給休暇の取得日を決めることになるため、個別の従業員ごとに取得日を５日分指定する方法と比べて、統一的な管理をしやすいというメリットがあります。

■注意点

計画年休制度あるいは会社からの５日分の指定を除けば、有給休暇は従業員が取得日を指定して申請することが必要です。これは有給休暇の時季指定権と呼ばれる従業員の権利です。会社のほうから、例えば従業員の欠勤日を従業員の承諾なく有給休暇扱いするということはできないことに注意してください。有給休暇の日数についてトラブルになるのを避けるためには、計画年休あるいは会社からの指定分以外の有給休暇は、必ず有給休暇申請届を従業員から提出させ、自分の意志で有給休暇を申請したことを明確にさせることが必要です。

⑶　有給休暇取得日の賃金について

有給休暇に関しては、取得日の賃金の支払額について、従業員の退職時などに不足を指摘され、トラブルになるケースが増えています。以下の点に注意してください。

① 有給休暇取得日の賃金の計算方法は就業規則等で定めることが必要

まず、有給休暇取得日の賃金をどのように計算するかについては、法律上、就業規則等で定める必要があるとされていることに注意してください（労働基準法39条９項）。

有給休暇取得日の賃金の計算方法は以下の３とおりのいずれかを選択することができます。

・労働基準法上の平均賃金を支払う方法
・所定労働時間労働した場合に支払われる通常の賃金を支払う方法
・健康保険の標準報酬月額の30分の１を支払う方法

ただし、３番目の「健康保険の標準報酬月額の30分の１を支払う方法」については就業規則だけでなく労使協定も必要です。３つの方法のうち、どの方法を選択するかによって、有給休暇取得日について支払う賃金の額が違ってきますので、トラブルが生じないように、どの方法を採用するかを就業規則等で明確にしておくことは重要です。

② 「所定労働時間労働した場合に支払われる通常の賃金」を支払う場合の注意点

多くの会社では、上記の３つの方法のうち、「所定労働時間労働した場合に支払われる通常の賃金」を支払う方法を採用しています。この場合、有給休暇取得日について欠勤控除しないことにより対応できるケースがほとんどです。

ただし、仕事内容や勤務時間に応じて手当等を支給している会社では、有給休暇取得日に支払う「所定労働時間労働した場合に支払われる通常の賃金」にその手当等が含まれるのかをめぐってトラブルになることがあります。

裁判例の中には、運送ドライバーの車両乗務日に普通車両手当を支給している会社において、この普通車両手当を有給休暇取得日も支払う必要があるかどうかが問題になったものがあります。裁判所は、たとえ、出勤すれば車両に乗務することがほとんどであるという実態があったとしても、年次有給休暇取得日は車両に乗務していないのだから、年次有給休暇取得日の賃金に普通車両手当分を含めることを要しないとしています（東京地判平成29年６月22日）。この裁判例の事案では、深夜勤務したドライバーに深夜勤務手当も支給されていました。この点についても、裁判所は有給休暇取得日のシフトが深夜勤務に該当する場合でも、有給休暇取得日は実際には深夜勤務をしていない以上、年次有給休暇取得時の賃金に深夜勤務手当分を含めることも要しないとしています。

このように仕事内容や勤務時間帯に応じた手当等を支給している会社では、有給休暇付与日について支給する「所定労働時間労働した場合に支払われる通常の賃金」の計算方法について疑義が生じる可能性があります。そのため、賃金規程において、有給休暇取得日についても手当分を支給の対象とするのかどうかなど、有給休暇付与日の賃金の計算方法を具体的に定めておくべきでしょう。

③「労働基準法上の平均賃金を支払う方法」または「健康保険の標準報酬月額の30分の１を支払う方法」の場合

有給休暇取得日について「労働基準法上の平均賃金を支払う方法」を採用することも適法です。ただし、この場合、労働基準法上の平均賃金は、その有給休暇取得者の過去３か月分の賃金の合計を、その対象となる３か月の暦日数で割って出た額として計算されることが原則であることに注意が必要です（労働基準法12条）。このように平均賃金の原則的な計算方法は、「暦日数」、つまり、カレンダー上の日数で割ることになっており、出勤日の日数で割るわけではありません。そのため、「労働基準法上の平均賃金を支払う方法」を採用する場合、有給休暇を取得した従業員に支給される賃金額は、年次有給休暇を取得しなかった場合に比べて低くなります。この点について従業員から疑義を指摘され、トラブルになることもあるので、「労働基準法上の平均賃金を支払う方法」を採用する場合は、必ず就業規則で規定を設けることが必要です。また、従業員にも丁寧に説明して理解してもらうことが必要です。

「健康保険の標準報酬月額の30分の１を支払う方法」を採用する場合も同様に、有給休暇を取得した従業員に支給される賃金額は、年次有給休暇を取得しなかった場合に比べて低くなりますので、労使協定締結時を含め従業員に対する丁寧な説明が必要になります。

第2章
問題社員を生まない会社づくりのためにできること

最後に、問題社員をできるだけ生まないための仕組みづくりについて、触れておきます。

筆者の経験では、しっかりマネジメントされたよい会社であっても、問題社員が生まれることがあり、問題社員を生まないための特効薬はないといわざるを得ません。しかし、相談を受けるケースの中には、問題社員を生んでしまう背景が会社にあるケースが多いことも事実です。

以下の点を確認してみてください。

1　遠慮のない指導をする

まず、従業員に何か問題がある場合は、早期に、遠慮のない指導をすることが対応の基本であり、とても重要です。問題社員が生まれる背景には、問題行動が出てきた初期段階で注意・指導をしておらず、その結果として問題が手を付けられないほど大きくなってしまうというケースが非常に多いです。

特に以下のようなケースは危険です。

・人手不足などの背景事情から退職してしまうと困ると思って問題行動に目をつぶるケース

・指導することによる反発やトラブルを避けるために、問題行動について見て見ぬふりをするケース

・成績のよい従業員の問題行動について見て見ぬふりをするケース

また、従業員が同じ問題行動をした場合に、経営者や上司が、それに対して指導をしたり、しなかったりというように、時によって対応がまちまちになってしまっていることがあります。そのようなことでは、指導をしても単に「機嫌が悪かったから怒ったんだろう」と受け取られてしまいます。問題行動があった場合は、そのつど、必ず指導すること、同じことを何度も指導する労をいとわないことが大切です。

指導をするときは、パワハラにあたらないように注意する必要があります。パワハラにあたらないように指導するための注意点を、実践編の64頁で解説していますので、確認してください。

2　毎月面談をする

経営陣や管理職層が従業員のことをよく把握しておらず、従業員の仕事ぶりをみることができていないことが、問題社員が生まれる背景になっているケースもあります。

問題社員かどうかにかかわらず、少なくとも2か月に1回、できれば毎月、従業員と面談を実施することが、問題社員化を防ぎ、よい従業員を育てるための基本になります。

毎月の面談で、1人1人の従業員と話をし、上司（小規模の会社では経営者）からフィードバックすることで、従業員に会社側の意向を理解してもらうことができ、従業員との信頼関係を築いていくことができます。また、経営者や上司から「私はあなたの仕事ぶりをよくみていますよ」というメッセージを従業員に伝えることができます。あるいは「あなたに期待していますよ」「あなたのことを頼りにしていますよ」というメッセージを伝えることも必要です。このような地道なコミュニケーションの積み重ねが従業員との信頼関係につながります。

問題行動があったらただちに指導することが重要と説明しましたが、普段からコミュニケーションをとっていない相手にいきなり指導しても反発を買うだけになりがちです。従業員が指導を受け入れるためには、日ごろから従業員との関係性をつくっておくことが必要です。普段から面談を行うことは、問題があったときに指導をするために必要な従業員との関係性をつくっていくという意味もあります。

面談の場でも、従業員に問題がある点については遠慮せずに指導を行うことが重要です。そして指導をしたままにせずに、指導をした後に改善がされたかどうかを確認し、場合によっては再度指導をすることを忘れないようにしましょう。改善されるまでの間、たとえ同じ内容の指導であっても繰り返し指導することで、きちんと仕事をし、社内の規則を守る社風をつくり上げていくことが大切です。

3　業務のローテーションを実施する

問題社員の傾向として、自分の業務を自分だけにしかわからないように抱え込むという傾向があります。自分の業務の内容を社内で共有せずに自分にしかわからないようにし、自分がいなければ会社が困るという状況をつくり上げたうえで、モンスター化して業務上の指示に対して反論して協力を拒否したり、自己中心的な要求を通そうとするタイプです。

このような事態を避けるためには、業務の手順についてマニュアル化した文書を作り、その業務を担当できる従業員を増やしたうえで、定期的に業務のローテーションを行うことが必要です。業務のローテーションを行うことによって、特定の従業員にしかできない業務を減らすことができ、それを盾に取ったモンスター化を防ぐことができます。いま、特定の従業員にしかできない業務ができてしまっている会社は、まず、現在の担当者にその業務について文書化したマニュアルを作らせることから始め、業務の手順を誰でもわかる形にすることに少しづつ取り組んでいく必要があります。

短期的にみれば、従業員ごとの業務を固定し、特定の従業員を特定の業務に専属させる形にしたほうが効率的ではあります。しかし、特定の従業員に頼らない強い会社をつくるという長期的な視点をもって、このような作業に取り組んでいくことが必要です。

4　査定を行い、昇給・賞与に反映させる

従業員の勤務成績、勤務態度を人事考課により評価し、その結果を昇給や賞与に反映させることも、問題社員を生まない環境づくりのために有用です。

問題社員への対応について相談を受けていると、問題社員が会社や上司を誹謗中傷する、あるいは社長や上司の業務命令に対して自分勝手な主張をして従わないといったケースについての相談も少なくありません。こういったケースには、その背景として、そのような行動をとっていても、会社から不利益を科されないと問題社員から思われているという側面があります。

例えば、「個人の成績ではなくチームの成績を重視して賞与や昇給を決めている会社」があります。このような会社では、チームの中に１人いる問題社員が業務命令に従わなかったり、会社に対して反抗的な態度をとっていても、チーム全体としては成績が下がらなければ、問題社員にも賞与を通常どおり支給し、昇給させることになりかねません。つまり、問題社員の立場からすれば、会社のいうことを聴かなくても、不利益はありません。

また、「賞与についてあらかじめ計算式が決められ、経常利益や個人の営業売上など数字に連動する形で賞与や昇給が決まる会社」についても同じことがいえます。このような会社では、業務命令に従わなかったり、会社を誹謗するような反抗的な態度をとっている問題社員についても、数字の面で成績が上がっていれば、それに応じて賞与を支給し、昇給させることになります。

「基本給の１か月分、あるいは２か月分というように賞与が基本給に連動して決まる会社」も同じです。基本給を下げることは簡単にはできないので、賞与が基本給に連動する形で決まっている以上、業務命令に従わなかったり、会社を誹謗中傷するような反抗的な態度を

とっている問題社員についても通常どおり、賞与を支給することになりかねません。

このような会社に共通するのは、賞与や昇給を決めるにあたって、個人の勤務成績、勤務態度に対する人事考課をしっかり行っておらず、チームの成績で決めたり、数字の面だけみて決めたり、基本給で自動的に賞与が決まる形をとったりしているということです。問題社員を生まない会社をつくるためには、従業員１人１人の人事考課を行い、会社の業務命令に従わずに反抗的な態度をとっていれば、賞与や昇給で不利益を受けるという仕組みをつくることが必要です。

そして、人事考課はあらかじめ評価項目と評価対象期間を決め、期間が始まる前に評価項目を従業員に周知したうえで行い、その結果は、面談で従業員１人１人にフィードバックすることが必要です。

人事考課にあたって注意したいのは、問題社員の人事考課については、問題点を遠慮なく指摘する考課記録をつけるべきであるという点です。筆者が問題社員にお悩みの企業から相談を受けて、その問題社員の考課記録をみると、それほど悪い評価を受けているということが読み取れないような内容の考課記録になっていることがよくあります。例えば、業務命令に従わず、会社が扱いに困っている問題社員であるにもかかわらず、その人事考課の記録には、評価者が「臨機応変に対応してもらえて助かりました」とか「問題なく業務をこなせていたものと認識しています」などと書いている一方で、問題点については簡単に触れられている程度になっていて驚くことがあります。もちろん、実際に大きな問題がないのであればそのような考課記録でよいと思います。しかし、大きな問題がある従業員についてもそのような考課記録になっている場合、人事考課の結果をフィードバックする際に、上司が、問題点を端的に指摘せず、「○○という良いところもあるけど、△△は改善してほしい」というような中立的な伝え方をしてしまっている可能性が高いです。

問題社員は多くのケースで「自分はできている」という自己認識を

もっていますので、会社はそうは思っていないということを明確に伝えて、問題社員の自己認識のゆがみを正すことが重要であるということを本書で繰り返し述べてきました。ところが、問題社員に対して、前述のようにあたかも大きな問題がないかのような評価のフィードバックをしていると、問題社員に対して、「自分はできている」という自己評価が間違いであるという気づきを与えることができません。問題社員本人の自己評価が高いと、「○○という良いところもあるけど、△△は改善してほしい」と伝えられても、問題社員の頭には「○○という良いところもある」という部分だけが残り、「△△は改善してほしい」という部分は聞き流されてしまいます。

大きな問題を抱えた社員については、あいまいな伝え方をせず、問題点が改善されない限り雇用の継続が困難であることをはっきりと査定記録に記載し、本人にも伝えることが重要です。

5　足し算方式の評価を改める

人事考課については、「足し算方式での評価を改める」ということも重要です。

多くの会社で、人事考課の項目は、「会社の収益への貢献に対する評価」（例えば営業成績）や「本人の能力に対する評価」（例えば技術や知識の専門性に対する評価や仕事上のミスの有無に対する評価）に力点が置かれています。「協調性や規律遵守に対する評価」に関する評価項目も通常設けられていると思いますが、その点数配分が小さいことが多いです。

そして、これらの評価項目を足し算して、その総点数で総合評価を決めるという「足し算方式」で最終の査定結果を決めている会社が多いのではないでしょうか？

しかし、この方式では、仮に、協調性や規律遵守に対する評価項目で非常に悪いという評価を受けたとしても、その評価項目への点数配分は大きくないので、点数配分が大きい「会社の収益への貢献に対する評価」や「本人の能力に対する評価」の部分で平均以上をとれば、足し算すれば平均的な評価ということになります。

このような査定方式の結果、後輩に対するいじめ行為をしたり、業務命令に従わなかったりというような社会人として非常に問題がある問題社員でも、足し算方式で評価すれば平均的な評価になってしまうということが起こります。これでは、問題社員に対して、「自分はできている」という自己評価が間違いであるという気づきを与えることができません。

そもそも「協調性や規律遵守に対する評価」の評価結果が致命的に悪いものがあれば、仮に足し算すれば平均的な結果になったとしても、会社としては重大な問題がある従業員であるということになるはずです。

後輩に対するいじめ行為をしたり、業務命令に従わなかったりというように、「協調性・規律遵守」の項目で致命的な問題がある従業員は、他の評価項目である、会社の収益への貢献や本人の能力に対する評価の結果がどんなによくても、最低の評価としなければならないのです。

この点を踏まえると、「協調性や規律遵守」に関する評価項目について最低の評価がついたときは、ほかの項目がいくらよくても、総合評価を最低評価とすることを査定のルールとして明確にしなければなりません。

また、会社の賃金規程においても、協調性や規律順守について重大な問題がある従業員は昇給や賞与支給の対象外とすることを明記しておかれることをおすすめします。

資料編

特定受給資格者及び特定理由離職者の範囲と判断基準

退職勧奨に関する合意書

指導用の業務日報

指導記録票

事業主が職場における優越的な関係を背景とした言動に起因する問題に関して雇用管理上講ずべき措置等についての指針（パワハラ防止指針）

指導書

弁明通知書

弁明書

36協定届の記載例

36協定届の記載例（特別条項）

支払誓約書

分割払いの合意書

身元保証書

ハラスメント相談窓口設置のお知らせ

■特定受給資格者及び特定理由離職者の範囲と判断基準

1　特定受給資格者及び特定理由離職者とは

特定受給資格者とは、倒産・解雇等の理由により再就職の準備をする時間的余裕なく離職を余儀なくされた者（具体的には以下の「特定受給資格者の範囲」に該当する方）であり、一方、特定理由離職者とは、特定受給資格者以外の者であって期間の定めのある労働契約が更新されなかったことその他やむを得ない理由により離職した者（具体的には以下の「特定理由離職者の範囲」に該当する方）であり、これに該当した場合、

① 被保険者期間が６か月（離職以前１年間）以上あれば、失業等給付（基本手当）の受給資格を得ることができます（特定受給資格者及び特定理由離職者以外は、被保険者期間が12か月以上（離職以前２年間）必要です。）。

② 失業等給付（基本手当）の所定給付日数が手厚くなる場合があります（注）。

（注）以下の「特定理由離職者の範囲」のⅡに該当する場合を除きます。

受給資格に係る離職理由、年齢、被保険者であった期間（加入期間）に基づき基本手当の所定給付日数が決定されます。被保険者であった期間（加入期間）が短い場合など、特定受給資格者及び特定理由離職者以外の通常の離職者と所定給付日数が変わらないこともあります。

特定受給資格者の範囲

Ⅰ 「倒産」等により離職した者

① 倒産（破産、民事再生、会社更生等の各倒産手続の申立て又は手形取引の停止等）に伴い離職した者

② 事業所において大量雇用変動の場合（１か月に30人以上の離職を予定）の届出がされたため離職した者及び当該事業主に雇用される被保険者の３分の１を超える者が離職したため離職した者

③ 事業所の廃止（事業活動停止後再開の見込みのない場合を含む。）に伴い離職した者

④ 事業所の移転により、通勤することが困難となったため離職した者

Ⅱ 「解雇」等により離職した者

① 解雇（自己の責めに帰すべき重大な理由による解雇を除く。）により離職した者

② 労働契約の締結に際し明示された労働条件が事実と著しく相違したことにより離職した者
③ 賃金（退職手当を除く。）の額の３分の１を超える額が支払期日までに支払われなかったことにより離職した者
④ 賃金が、当該労働者に支払われていた賃金に比べて85％未満に低下した（又は低下することとなった）ため離職した者（当該労働者が低下の事実について予見し得なかった場合に限る。）
⑤ 離職の日の属する月の前６か月間のうちに３月連続した45時間、１月で100時間又は２～６月平均で月80時間を超える時間外労働及び休日労働が行われたため、又は事業主が危険若しくは健康障害の生ずるおそれがある旨を行政機関から指摘されたにもかかわらず、事業所において当該危険若しくは健康障害を防止するために必要な措置を講じなかったため離職した者
⑥ 事業主が法令に違反し、妊娠中若しくは出産後の労働者又は子の養育若しくは家族の介護を行う労働者を就業させ、若しくはそれらの者の雇用の継続等を図るための制度の利用を不当に制限したこと又は妊娠したこと、出産したこと若しくはそれらの制度の利用の申出をし、若しくは利用をしたこと等を理由として不利益な取扱いをしたため離職した者
⑦ 事業主が労働者の職種転換等に際して、当該労働者の職業生活の継続のために必要な配慮を行っていないため離職した者
⑧ 期間の定めのある労働契約の更新により３年以上引き続き雇用されるに至った場合において当該労働契約が更新されないこととなったことにより離職した者
⑨ 期間の定めのある労働契約の締結に際し当該労働契約が更新されることが明示された場合において当該労働契約が更新されないこととなったことにより離職した者（上記⑧に該当する者を除く。）
⑩ 事業主又は当該事業主に雇用される労働者から就業環境が著しく害されるような言動を受けたことによって離職した者
⑪ 事業主から直接若しくは間接に退職するよう勧奨を受けたことにより離職した者（従来から恒常的に設けられている「早期退職優遇制度」等に応募して離職した場合は、これに該当しない。）
⑫ 事業所において使用者の責めに帰すべき事由により行われた休業が引き続き３か月以上となったことにより離職した者
⑬ 事象所の業務が法令に違反したため離職した者

特定理由離職者の範囲

Ⅰ　期間の定めのある労働契約の期間が満了し、かつ、当該労働契約の更新がないことにより離職した者（その者が当該更新を希望したにもかかわらず、当該更新についての合意が成立するに至らなかった場合に限る。）（上記「特定受給資格者の範囲」のⅡの⑧又は⑨に該当する場合を除く。）（※）

（※）労働契約において、契約更新条項が「契約を更新する場合がある」とされている場合など、契約の更新について明示はあるが契約更新の確約まではない場合がこの基準に該当します。

Ⅱ　以下の正当な理由のある自己都合により離職した者（※）

① 体力の不足、心身の障害、疾病、負傷、視力の減退、聴力の減退、触覚の減退等により離職した者

② 妊娠、出産、育児等により離職し、雇用保険法第20条第１項の受給期間延長措置を受けた者

③ 父若しくは母の死亡、疾病、負傷等のため、父若しくは母を扶養するために離職を余儀なくされた場合又は常時本人の看護を必要とする親族の疾病、負傷等のために離職を余儀なくされた場合のように、家庭の事情が急変したことにより離職した者

④ 配偶者又は扶養すべき親族と別居生活を続けることが困難となったことにより離職した者

⑤ 次の理由により、通勤不可能又は困難となったことにより離職した者

i）結婚に伴う住所の変更

ii）育児に伴う保育所その他これに準ずる施設の利用又は親族等への保育の依頼

iii）事業所の通勤困難な地への移転

iv）自己の意思に反しての住所又は居所の移転を余儀なくされたこと

v）鉄道、軌道、バスその他運輸機関の廃止又は運行時間の変更等

vi）事業主の命による転勤又は出向に伴う別居の回避

vii）配偶者の事業主の命による転勤若しくは出向又は配偶者の再就職に伴う別居の回避

⑥ その他、上記「特定受給資格者の範囲」のⅡの⑪に該当しない企業整備による人員整理等で希望退職者の募集に応じて離職した者等

（※）給付制限を行う場合の「正当な理由」に係る認定基準と同様に

判断されます。

失業等給付（基本手当）の所定給付日数は、特定受給資格者及びⅠ以外の通常の離職者と同じです。

2　特定受給資格者又は特定理由離職者に該当するかどうかの判断

特定受給資格者又は特定理由離職者に該当するかどうかの判断は、受給資格に係る離職理由により、住所又は居所を管轄する公共職業安定所又は地方運輸局（※）（以下「安定所等」という。）が行います。

離職理由の判定は、①事業主が主張する離職理由を離職証明書の離職理由欄（⑦欄）により把握した後、離職者が主張する離職理由を離職票―2の離職理由欄（⑦欄）により把握することによって、両者の主張を把握するのみならず、②その際にはそれぞれの主張を確認できる資料による事実確認を行った上で、最終的に安定所等において慎重に行います。

したがって、事業主又は離職者の主張のみで判定するものではありませんので、離職理由を確認できる資料の持参をお願いしております。

下記以降の【持参いただく資料】には、離職理由を確認できる資料として事業主又は離職者に持参いただくものを掲げていますが、この他に安定所等に既に提出されている資料等により確認する場合があります。

なお、この他、離職理由の判定に当たっては、必要に応じ、安定所等から事情を伺わせていただいたり、確認資料の提示をお願いする場合があります。

※　船員であった方が離職後引き続き船員の求職を希望される場合は、住所又は居所を管轄する地方運輸局で失業等給付（基本手当）の受給手続を行っていただくこととなります。

★　離職理由の記載方法等については、
事業主は「雇用保険被保険者離職証明書についての注意」を
離職者は離職票―2の裏面及びリーフレット「離職票―2の離職理由欄当（⑦欄及び⑰欄）の記載方法について」をご覧下さい。

特定受給資格者の判断基準

Ⅰ　「倒産」等により離職した者

⑴　倒産（破産、民事再生、会社更生等の各倒産手続の申立て又は手形取引の停止等）に伴い離職した者

①　破産手続開始、再生手続開始、更正手続開始（更正特例法に基づく更生手続開始を含む。）、整理開始若しくは特別清算開始の申立て等がなされたこと又は不渡手形の発生（1回を含む。）の事実が生じたことを理由として離職

した場合が該当します。ただし、再建型の倒産手続の場合は、民事再生計画や会社更生計画が決定されるまでの間に離職を事業主に申し出た場合が該当します。

【持参いただく資料】裁判所において倒産手続の申立てを受理したことを証明する書類など

② 業務停止命令（業務停止命令時において業務停止期間について定めのないもの又は1か月以上のものに限る。）により当該営業業務が全て停止されたことにより、事業所の倒産がほぼ確実となったため離職した場合（業務が再開されるまでの間に離職を事業主に申し出た場合に限る。）が該当します。

【持参いただく資料】業務停止命令の事実が分かる資料など

⑵ 事業所において大量雇用変動の場合（1か月に30人以上の離職を予定）の届出がされたため離職した者及び当該事業主に雇用される被保険者の3分の1を超える者が離職したため離職した者

① 事業規模若しくは事業活動の縮小又は事業の転換等に伴い、雇用対策法第27条第1項の規定による離職に係る大量の雇用変動の場合（1か月に30人以上の離職を予定）の届出が事業所の所在地を管轄する公共職業安定所にされ（されるべき場合を含む。）大量の人員整理が行われることが確実となったため離職した場合（※）が該当します。

※ 事業所において、30人以上の離職者が生じることが予定されている場合は、再就職援助計画の作成義務があり、再就職援助計画の申請をした場合も、当該基準に該当します。

また、事業所で30人以上の離職者がいないため、再就職援助計画の作成義務がない場合でも、事業所が事業規模の縮小等に伴い離職を余儀なくされる者に関し、再就職援助計画を作成・提出し、公共職業安定所長の認定を受けた場合、大量雇用変動の届出がされたこととなるため、当該基準に該当します。

② 事業規模若しくは事業活動の縮小又は事業の転換等に伴い、当該事業主に雇用される雇用保険被保険者のうちの相当数の人員整理（事業主都合による解雇や勧奨退職、希望退職応募等により離職した者が、当該離職者の離職日の1年前の日（1年前より後に人員整理が開始された場合は当該人員整理開始日）と比較し、適用事業所の3分の1を超えることとなる場合）が既に行われたために離職した場合が該当します。

⑶ 事業所の廃止に伴い離職した者

① 事業所が廃止されたため、当該事業所を離職した場合が該当します。

② 事業所が廃止されたのでもなく、裁判上の倒産手続が執られているのでも

ないが、事実上当該事業所に係る事業活動が停止し、再開される見込みがないときにおいて、当該事業所を離職した場合が該当します。

③　会社法等の商事関係法令に基づく解散の議決が行われたため、離職した場合が該当します。

【持参いただく資料】解散の議決が行われた議事録（写）など

⑷　事業所の移転により、通勤することが困難となったため離職した者

通勤困難（通常の方法により通勤するための往復所要時間が概ね4時間以上であるとき等）な適用事業所の移転について事業主より通知され（事業所移転の1年前以降の通知に限る。）、事業所移転直後（概ね3か月以内）までに離職した場合がこの基準に該当します。

【持参いただく資料】事業所移転の通知、事業所の移転先が分かる資料及び離職者の通勤経路に係る時刻表など

Ⅱ　「解雇」等により離職した者

⑴　解雇（自己の責めに帰すべき重大な理由による解雇を除く。）により離職した者

自己の責めに帰すべき重大な理由により解雇された場合を除き、事業主から解雇され離職した場合が該当します。

【持参いただく資料】解雇予告通知書、退職証明書、就業規則など

⑵　労働契約の締結に際し明示された労働条件が事実と著しく相違したことにより離職した者

被保険者が労働契約の締結に際し、事業主から明示された労働条件（以下この項目において「採用条件」という。）が就職後の実際の労働条件と著しく相違したこと又は事業主が労働条件を変更したことにより採用条件と実際の労働条件が著しく異なることとなったことを理由に、当該事由発生後1年を経過するまでの間に離職した場合が該当します。この場合の「労働条件」とは労働基準法第15条及び労働基準法施行規則第5条において労働条件の明示が義務づけられているもの（賃金、労働時間、就業場所、業務等）です。ただし、事業主が、正当な手続を経て変更したことにより、採用条件と実際の労働条件が異なることとなった場合には、この基準には該当しません。（他の特定受給資格者に該当する場合（賃金や時間外労働の時間等）は、各々の判断基準で判断します。）

【持参いただく資料】採用条件及び労働条件が分かる労働契約書や就業規則など

労働協約による変更は労使が合意した書面、就業規則による変更は労働組合

等の意見を聴取した事実が分かる資料など

⑶ 賃金（退職手当を除く。）の額の３分の１を超える額が支払期日までに支払われなかったことにより離職した者

下記の①又は②のいずれかに該当し、これらのあった月から起算して１年以内に離職した場合（この事実があった後、通常の賃金支払の事実が３か月以上継続した場合を除く。）が該当します。

① 現実にその月（賃金月）中に支払われた額（何月分であるかを問わない。）がその者が本来その月（賃金月）中に支払を受けるべき額の３分の２に満たない月（支払われた休業手当等の額が、その者に支払われるべき賃金月額の３分の２に満たない月も該当）が１か月以上あった場合

② 毎月決まって支払われるべき賃金の全額が所定の賃金支払日より遅れて支払われたという事実が１回以上あった場合

【持参いただく資料】労働契約書、就業規則、賃金規定、賃金台帳、給与明細書、口座振込日が分かる預金通帳など

⑷ 賃金が、当該労働者に支払われていた賃金に比べて85％未満に低下した（又は低下することとなった）ため離職した者（当該労働者が低下の事実について予見し得なかった場合に限る。）

下記の①又は②のいずれかに該当したため離職した場合が該当します。

① 離職の日の属する月以後の６か月のうちいずれかの月に支払われる賃金と当該月より前６か月のうちいずれかの月に支払われる賃金とを比較し、85％未満に低下することとなった場合

② 離職の日の属する月より前の６か月及び離職の日の属する月のいずれかの月の賃金と当該月より前６か月間のうちいずれかの月に支払われる賃金とを比較し、85％未満に低下した場合

ただし、低下する又は低下した時点から遡って１年より前の時点でその内容が予見できる場合及び出来高払制のように業績によって、各月の賃金が変動するような労働契約の場合にはこの基準に該当しません。また、懲戒や疾病による欠勤がある場合や60歳以上の定年退職に伴い賃金が低下し、同一の適用事業主に再雇用される場合も該当しません。

なお、この場合の「月」とは、賃金締切日の翌日から次の賃金締切日までの期間をいい、「賃金」とは、毎月決まって定期的に支給される賃金（残業手当など業務の繁閑により支給額が変動するもの等を除いたもの）をいいます。

【持参いただく資料】労働契約書、就業規則、賃金規定、賃金低下に関する

通知書など

⑸　離職の日の属する月の前６か月間のうちに３月連続した45時間、１月で100時間又は２～６月平均で月80時間を超える時間外労働及び休日労働が行われたため、又は事業主が危険若しくは健康障害の生ずるおそれがある旨を行政機関から指摘されたにもかかわらず、事業所において当該危険若しくは健康障害を防止するために必要な措置を講じなかったため離職した者

①　離職の日の属する月の前６か月間（賃金締切日を起算日とする各月）の間に45時間を超える時間外労働及び休日労働が３月連続してあったため離職した場合、100時間を超える時間外労働及び休日労働が１月あったため離職した場合、又は２～６月平均で月80時間を超える時間外労働及び休日労働があったため離職した場合等が該当します（ただし、労働時間については、有給休暇や体調不良等のやむを得ない理由により時間外労働が行われていない月がある場合には、これを除いて算定します。）。

【持参いただく資料】タイムカード、賃金台帳、給与明細書など

②　労働基準法、労働安全衛生法等の労働者保護法令や保安関係法令（いずれも一定のものに限る。）において、職業生活を継続する上で危険又は健康障害の発生するおそれのある旨の法令違反について、所管の行政機関により改善に係る指摘がなされた事実があり、改善に係る指摘後、一定期間（概ね１か月程度）経過後においても当該法令違反に係る改善が行われていないことを理由に離職した場合が該当します。なお、労働災害により被害を受けたことにより離職した場合は改善に係る指摘がない場合もこの基準に該当します。

⑹　事業主が法令に違反し、妊娠中若しくは出産後の労働者又は子の養育若しくは家族の介護を行う労働者を就業させ、若しくはそれらの者の雇用の継続等を図るための制度の利用を不当に制限したこと又は妊娠したこと、出産したこと若しくはそれらの制度の利用の申出をし、若しくは利用をしたこと等を理由として不利益な取扱いをしたため離職した者

下記の①～③のいずれかに該当したため離職した場合が該当します。

①　育児・介護休業法の規定に基づき、育児休業、介護休業、看護休暇、介護休暇の申出をしたが、正当な理由なく拒まれたため、休業開始予定日までに休業又は休暇を取得できなかった場合

②　妊娠･出産をしたこと、産前休業を請求し、又は産前産後休業をしたこと、並びに育児休業、介護休業、看護休暇、介護休暇の申出又は取得したことを理由とする不利益取扱いを受けた場合

③　事業主が、育児・介護休業法、労働基準法、雇用の分野における男女の均

等な機会及び待遇の確保等に関する法律（船員については、船員法を含む。）の労働者保護法令（一定のものに限る。）に違反し、又は措置されなかった場合

(7) 事業主が労働者の職種転換等に際して、当該労働者の職業生活の継続のために必要な配慮を行っていないため離職した者

① 採用時に特定の職種を遂行するために採用されることが労働契約上明示されていた者について、当該職種と別の職種を遂行することとされ、かつ、当該職種の転換に伴い賃金が低下することとなり、職種転換が通知され（職種転換の1年前以内に限る。）、職種転換直後（概ね3か月以内）までに離職した場合が該当します。この場合の「賃金」とは、毎月の決まって固定的に支給される賃金（残業手当など業務の繁閑により支給額が変動するもの等を除いたもの）をいいます。

【持参いただく資料】採用時の労働契約書、職種転換・配置転換の辞令（写）、賃金台帳など

② 採用時の特定の職種を遂行することが明示されていなかった者であって一定期間（10年以上）同一の職種に就いていたものについては、職種転換に際し、事業主が十分な教育訓練を行わなかったことにより、労働者が専門の知識又は技能を十分に発揮できる機会を失い、新たな職種に適応することが困難なため離職した場合が該当します。したがって、事業主が職種を遂行する上で必要な教育訓練を実施し、同職種に他の職種より転換した者が適応できている場合においては、原則として、この基準に該当しません。

【持参いただく資料】採用時の労働契約書、配置転換の辞令（写）など

③ 労働契約上、勤務場所が特定されていた場合に遠隔地（通常の交通機関を利用して通勤した場合に概ね往復4時間以上要する場合。④において同じ。）に転勤（在籍出向を含む。）を命じられ、これに応じることができないため離職した場合が該当します。

【持参いただく資料】採用時の労働契約書、転勤の辞令（写）など

④ 権利濫用に当たるような事業主の配転命令がなされた場合

家族的事情（常時本人の介護を必要とする親族の疾病、負傷等の事情がある場合をいう。）を抱える労働者が、遠隔地に転勤を命ぜられたため離職した場合等が該当します。

【持参いただく資料】転勤の辞令（写）など

(8) 期間の定めのある労働契約の更新により3年以上引き続き雇用されるに至った場合において当該労働契約が更新されないこととなったことにより離

職した場合

期間の定めがある労働契約が更新され、雇用された時点から継続して３年以上雇用されている場合であり、かつ、労働契約の更新を労働者が希望していたにもかかわらず､契約更新がなされなかった場合に離職した場合が該当します。また、契約更新が１回以上され、雇用された時点から３年以上引き続いて雇用されている労働者が、平成30年２月５日から平成34年３月31日までに契約更新上限の到来により離職した場合であって、下記の①～③のいずれかに該当する場合は、この基準に該当します。

① 契約更新上限が当初の有期労働契約締結時に設けられておらず、当初の有期労働契約締結後に設定された場合又は不更新条項が追加された場合

② 契約更新上限が当初の有期労働契約決結後に引き下げられた場合

③ 基準日（※）以後に締結された４年６か月以上５年以下の契約更新上限がある有期労働契約の契約更新上限の到来（定年後の再雇用に関し定められた雇用期限到来を除く。）により離職した場合。ただし、基準日（※）前から、同一の事業所の有期雇用労働者に対して、一様に４年６か月以上５年以下の契約更新上限を設定していた場合を除く。

（※）改正労働契約法の公布日（平成24年８月10日）

なお、定年退職後の再雇用時に契約更新の上限が定められている等あらかじめ定められていた再雇用期限の到来に伴い離職した場合はこの基準には該当しません。

上記の「継続して３年以上雇用されている場合」について、派遣労働者の方で、派遣就業と派遣先での直接雇用を繰り返すことについて派遣元が積極的に関与するなど一定の要件を満たす場合は、派遣先で直接雇用されていた期間も含める場合があります。

また、定年後の継続雇用を希望していたにもかかわらず、就業規則に定める解雇事由又は退職事由（年齢に係るものを除く。以下同じ。）に該当したため60歳以上65歳未満の定年により離職した場合が該当します（解雇事由又は退職事由と同一の事由として就業規則又は労使協定に定める「継続雇用しないことができる事由」に該当して離職した場合を含みます)。

【持参いただく資料】労働契約書、雇入通知書、就業規則、契約更新の通知書、タイムカードなど

⑼ 期間の定めのある労働契約の締結に際し当該労働契約が更新されることが明示された場合において当該労働契約が更新されないこととなったことにより離職した者（上記⑻に該当する者を除く。）

期間の定めのある労働契約の締結に際し、当該契約の更新又は延長を行う旨

が雇入通知書等により明示されている場合（労使で契約を更新又は延長することについて確約がある場合）であり、かつ、労働契約の更新を労働者が希望していたにもかかわらず、契約更新がなされず離職した場合が該当します。

なお、労働契約において、契約更新条項が「契約を更新する場合がある」とされている場合など、契約更新に条件が付されているときは、ここでいう契約更新の明示（契約更新の確約）があるとは言えませんので、この基準に該当しません。

【持参いただく資料】労働契約書、雇入通知書、就業規則など

⑽ 事業主又は当該事業主に雇用される労働者から就業環境が著しく害されるような言動を受けたことによって離職した者

① 上司、同僚等の「故意」の排斥又は著しい冷遇若しくは嫌がらせを繰り返し受けたことにより離職した場合が該当します。例えば、特定個人を対象とした配置転換又は給与体系等の変更が行われた場合が該当します。

管理者が、部下の職務上の失態があった場合等に注意、叱責することは通常起こり得ることから、そのことだけをもってこの基準には該当しません。

【持参いただく資料】特定個人を対象とする配置転換、給与体系等の変更があった場合には、配置転換の辞令（写）、就業規則、労働契約書、賃金台帳など

② 事業主が男女雇用機会均等法第11条に規定する職場におけるセクシュアル・ハラスメント（以下「セクハラ」という。）の事実を把握していながら、雇用管理上の必要な措置を講じなかった場合に離職した場合が該当します。

この基準は、当該労働者が事業主（又は人事担当者）、雇用環境・均等部（室）等の公的機関にセクハラの相談を行っていたにもかかわらず、一定期間（概ね１か月）経過後においても、事業主が雇用継続を図る上での必要な改善措置を講じなかったため離職した場合が該当します。

その他、事業主が直接の当事者であり離職した場合や対価型セクハラに該当するような配置転換、降格、減給等の事実があり離職した場合も該当します。

ただし、視覚型セクハラ（事業所にヌードポスター等を掲示し、女性従業員が苦痛に感じて業務に専念できないこと）については、例えば「隣の席の上司が、自分ひとりに繰り返し卑わいな写真を見せて反応を見て喜んでおり、同僚に相談しても信じてもらえない」ような特定の労働者を対象とするものを除き、それにより離職を決意するに至るとは通常考えられないことから、原則として、この基準に該当しません。

③ 事業主が育児・介護休業法第25条、男女雇用機会均等法第11条の２に規定

する職場における妊娠、出産、育児休業、介護休業等に関する言動により労働者の就業環境が害されている（以下「妊娠、出産等に関するハラスメント」という。）事実を把握していながら、雇用管理上の必要な措置を講じなかった場合に離職した場合が該当します。

この基準は、当該労働者が事業主等に、上司又は同僚から妊娠、出産等に関するハラスメントを受けているとの相談を行っていたにもかかわらず事業主において雇用管理上の必要な措置を講じなかったために離職した場合において該当します。

⑾　事業主から直接若しくは間接に退職するよう勧奨を受けたことにより離職した者（従来から恒常的に設けられている「早期退職優遇制度」等に応募して離職した場合は、これに該当しない。）

①　企業整備における人員整理等に伴う退職勧奨など退職勧奨が事業主（又は人事担当者）より行われ離職した場合が該当します。

②　希望退職募集（希望退職募集の名称を問わず、人員整理を目的とし、措置が導入された時期が離職者の離職前１年以内であり、かつ、当該希望退職の募集期間が３か月以内であるものに限る。）への応募に伴い離職した場合が該当します。

【持参いただく資料】希望退職募集要綱、離職者の応募事実が分かる資料など

⑿　事業所において使用者の責めに帰すべき事由により行われた休業が引き続き３か月以上となったことにより離職した者

経済情勢の変動その他により正常な事業活動を継続することが困難となった場合に、一時的に全日休業し、規定により休業手当の支払が３か月以上連続していた場合に該当します。ただし、休業手当の支給が終了し、通常の賃金支払がなされるようになってから離職した場合はこの基準に該当しません。

【持参いただく資料】賃金台帳、給与明細書など

⒀　事業所の業務が法令に違反したため離職した者

事業所が法令違反の製品を製造し、あるいは販売する等被保険者の就職当時の事業内容と相違し、又は、その製品の製造、あるいは販売を禁止する法令が新たに公布されたにもかかわらず、従来どおりの製造、あるいは販売を継続している等、事業所の業務が法令に違反した場合であり、当該法令違反の事実を知った後、３か月以内に離職した場合が該当します。なお、事業所において製造する製品が品質管理上の問題があった場合等はこの基準には該当しません。

【持参いただく資料】事業主の業務が法令に違反した事実が分かる資料

特定理由離職者の判断基準

Ⅰ　期間の定めのある労働契約の期間が満了し、かつ、当該労働契約の更新がないことにより離職した者（その者が当該更新を希望したにもかかわらず、当該更新についての合意が成立するに至らなかった場合に限る。）

期間の定めのある労働契約について、当該労働契約の更新又は延長があることは明示されているが更新又は延長することの確約まではない場合（※１）であって、かつ、労働者本人が契約期間満了日までに当該契約の更新又は延長を申し出たにもかかわらず、当該労働契約が更新又は延長されずに離職した場合に該当します。

また、雇用された時点から契約期間が３年未満又は契約期間が３年以上で、１回以上契約更新されていない労働者が、平成30年２月５日から平成34年３月31日までに契約更新上限の到来により離職した場合であって、下記の①～②のいずれかに該当する場合も、この基準に該当します。

①　契約更新上限が当初の有期労働契約締結時に設けられておらず、当初の有期労働契約締結後に設定された場合又は不更新条項が追加された場合

②　契約更新上限が当初の有期労働契約締結後に引き下げられた場合

なお、雇入れ当初の契約締結時に契約の更新がないことが明示されている場合（※２）は、基本的にはこの基準に該当しません。

【持参いただく資料】労働契約書、雇入通知書、就業規則など

（※１）労働契約において、「契約を更新する（しない）場合がある」、「○○○の場合は契約を更新する」など、契約の更新について明示はあるが、契約更新の確約まではない場合をいいます。

（※２）労働契約において、「契約の更新なし」など、更新がない旨が明示されている場合をいいます。

Ⅱ　以下の正当な理由のある自己都合により離職した者

⑴　体力の不足、心身の障害、疾病、負傷、視力の減退、聴力の減退、触覚の減退等により離職した者

下記の①又は②のいずれかに該当したため離職した場合が該当します（①に該当するが②に該当しない場合は、この基準に該当しません）。

①　上記に掲げた身体的条件その他これに準ずる身体的条件のため、その者の就いている業務（勤務場所への通勤を含む。）を続けることが不可能又は困難となった場合

② 上記に掲げた身体的条件その他これに準ずる身体的条件のため、事業主から新たに就くべきことを命ぜられた業務（当該勤務場所への通勤を含む。）を遂行することが不可能又は困難である場合

【持参いただく資料】医師の診断書など

⑵ 妊娠、出産、育児等により離職し、雇用保険法第20条第１項の受給期間延長措置を受けた者

離職理由が雇用保険法第20条第１項の受給期間の延長事由に該当し、かつ、離職の日の翌日から引き続き30日以上職業に就くことができないことを理由として、当該事由により受給期間の延長措置の決定を受けた場合が該当します。

【持参いただく資料】受給期間延長通知書など

⑶ 父若しくは母の死亡、疾病、負傷等のため、父若しくは母を扶養するために離職を余儀なくされた場合又は常時本人の看護を必要とする親族の疾病、負傷等のために離職を余儀なくされた場合のように、家庭の事情が急変したことにより離職した者

父又は母の死亡、疾病、負傷等に伴う扶養の例及び常時本人の看護を必要とする親族の疾病、負傷等の例であり、この基準は「家庭の事情の急変」による離職が該当します。

常時本人の看護を必要とする親族の疾病、負傷等により離職した者（心身に障害を有する者の看護のために離職した者を含む。）といえるためには、事業主に離職を申し出た段階で、看護を必要とする期間がおおむね30日を超えることが見込まれていたことが必要です。

なお、自家の火事、水害等により勤務継続が客観的に不可能又は困難となった理由があると認められるときはこの基準に該当するものであり、学校入学、訓練施設入校（所）、子弟教育等のために離職することはこの基準に該当しません。

【持参いただく資料】所得税法第194条に基づく扶養控除等申告書、健康保険証、医師の診断書など

⑷ 配偶者又は扶養すべき親族と別居生活を続けることが困難となったことにより離職した者

配偶者又は扶養すべき親族と別居を続けることが、家庭生活の上からも、経済的事情等からも困難となったため、それらの者と同居するために事業所へ通勤が不可能又は困難な地へ住所を移転し離職した場合が該当します。

【持参いただく資料】転勤辞令、住民票の写し、所得税法第194条に基づく扶

養控除等申告書、健康保険証など

⑸ 次の理由により、通勤不可能又は困難となったことにより離職した者

次の理由により、通勤困難（通常の方法により通勤するための往復所要時間が概ね４時間以上であるとき等）となったため離職した場合に該当します。

【持参いただく資料ⅰ）～ⅶ）共通】離職者の通勤経路に係る時刻表など

ⅰ）結婚に伴う住所の変更

結婚に伴う住所の移転のために事業所への通勤が不可能又は困難となったことにより勤務の継続が客観的に不可能又は困難となり離職した場合（事業主の都合で離職日を年末、年度末等としたような場合を除き、離職から住所の移転までの間がおおむね１か月以内であることを要する。）に該当します。

【持参いただく資料】住民票の写しなど

ⅱ）育児に伴う保育所その他これに準ずる施設の利用又は親族等への保育の依頼

被保険者の住所若しくは職場の近隣又は通勤経路上の適当な場所に保育所等保育のための施設又は親族等がなく（当該施設又は親族等が適当な場所にあったとしても勤務の時間帯と保育の時間帯との関係等により、それぞれの利用保育の依頼もできないという客観的な事情がある場合も含む。）、かつ、上述した以外の保育所等保育のための施設を利用したり、親族等に保育を依頼するとすれば、通勤が不可能又は困難となる場合に該当します。

【持参いただく資料】保育園の入園許可書など

ⅲ）事業所の通勤困難な地への移転

移転後の事業所への通勤が、被保険者にとって不可能又は困難となる客観的事情がある場合に該当します。

【持参いただく資料】事業所移転の通知、事業所の移転先が分かる資料など

ⅳ）自己の意思に反しての住所又は居所の移転を余儀なくされたこと

例えば、住居の強制立退き、天災等による移転等により、通勤が不可能又は困難となる場合に該当します。

【持参いただく資料】住居の強制立退き、天災等の事実を証明できる書類

ⅴ）鉄道、軌道、バスその他運輸機関の廃止又は運行時間の変更等

ⅳ）と同様に、他動的な原因による通勤困難な場合に該当します。

【持参いただく資料】鉄道、軌道、バスその他運輸機関の廃止又は運行時間の変更に係る書類

ⅵ）事業主の命による転勤又は出向に伴う別居の回避

被保険者本人が事業主から通勤が不可能又は困難な事業所へ転勤又は出向を命ぜられ、配偶者又は扶養すべき同居の親族と別居することを余儀なくさ

れたために退職した場合に該当します。
【持参いただく資料】転勤辞令、離職者が離職事由を記載した申立書、住民票の写し、所得税法第194条に基づく扶養控除等申告書、健康保険証など

ⅶ）配偶者の事業主の命による転勤若しくは出向又は配偶者の再就職に伴う別居の回避

被保険者の配偶者がその事業主から通勤が不可能又は困難な事業所へ転勤又は出向を命ぜられ、或いは再就職のために、当該配偶者が住居を移転することとなった場合において、被保険者が当該配偶者と同居を続けるために住所を移転することとなった場合において、被保険者が当該配偶者と同居を続けるために住所を移転することとなったが、その結果、移転後の住所地から事業所への通勤が不可能又は困難となることにより離職した場合に該当します。
【持参いただく資料】転勤辞令、住民票の写しなど

⑹　その他、上記「特定受給資格者の範囲」のⅡの⑾に該当しない企業整備による人員整理等で希望退職者の募集に応じて離職した者等

★　窓口にお問い合わせ下さい。

注意 ―――――――――――――――――――――――――――――――

☆　偽りその他不正の行為で失業等給付を受けたり、又は受けようとした場合には、以後これらの失業等給付を受けることができなくなるばかりでなく、不正に受給した金額の返還・納付（３倍返し）を命ぜられ、また、詐欺罪等で処罰されることがあります。離職票の離職理由について虚偽の申告を行うことも不正行為となりますのでご注意下さい。

☆　事業主の方が離職理由について虚偽の記載を行った場合、偽りその他不正の行為をしたものとして、そのような虚偽の離職理由に基づき不正に受給した者と連帯して不正受給金の返還・納付命令（３倍返し）の対象となるとともに、詐欺罪等として処罰に処せられる場合があります。

☆　・１人以上の被保険者を事業主都合により解雇（勧奨退職、解雇予告を含む。）させた事業主
・事業所の被保険者の一定割合以上の特定受給資格者（一部のものを除く。）を発生させた事業主

のいずれかには、雇入れ関係助成金が支給されないこととなります。（特定理由離職者を発生させた場合は雇入れ関係助成金の支給に影響しません。）

☆　船員の方の特定受給資格者･特定理由離職者の範囲と判断基準については、上記と同様（一部を除く）ですが、詳しくは窓口へお問い合わせください。

■退職勧奨に関する合意書

合意書

株式会社○○○○（以下「甲」という）と従業員○○○○（以下「乙」という）とは、甲乙間の雇用契約について以下のとおり合意する。

第１条　甲と乙は、甲乙間の雇用契約を令和○年○月○日付で合意解約する。

第２条　甲は乙に対し、前条の退職日まで通常の給与を支給し、乙は令和○年○月○日まで出勤して、後任者への業務の引継ぎを行う。甲は、乙が令和○年○月○日以降の出勤日について有給休暇を取得することを認める。

第３条　乙の退職にあたり、甲は、乙に対して、退職金○○○万円を支給する。甲は上記金額から源泉所得税及び住民税を控除した金額を令和○年○月○日限り、乙の給与振込口座に振り込み送金する方法により支払う。振込手数料は甲の負担とする。

第４条　甲は、乙の離職理由を会社都合退職として扱う。

第５条　乙は、甲の施設内の乙の私物を令和○年○月○日までに持ち帰る。退職日の翌日以降、甲の施設内に乙の私物があった場合、乙は甲が当該私物を自由に処分することを認め、異議を述べない。

第６条　甲と乙は、本合意の存在及び内容、並びに甲乙間の紛争の内容及び経緯について第三者に開示または漏洩しない。また、甲及び乙は、口頭、書面、メール、SNSその他手段を問わず、相手方（甲の従業員、甲の取引先その他関係する第三者も含む。）に対する批判や苦情を発信して誹謗中傷する行為をしない。

第７条　乙は、在職中に知り得た以下の各情報を使用せず、また、第三者に開示、漏洩しない。

①甲の取引先の名称及び住所、連絡先、担当者名、取引先との取引内容、取引先からのクレーム内容、その他取引に関する一切の情報

②甲の財務、人事等の甲内部に関する情報

③その他、甲が機密保持の対象として指定した情報

第８条　甲及び乙は、甲乙間に、本合意書に定めるほか、何らの債権債務もないことを相互に確認する。ただし、乙に適用される甲の就業規則及び乙が在職中に甲に提出した誓約書のうち、退職後の乙の義務について定める部分については引き続き効力を有するものとする。

第９条　甲及び乙は相手方に対し、裁判上、裁判外を問わず、本合意書に定めるほか、何らの請求もしない。

本合意の成立を証するため、本合意書２通を作成し、各１通ずつ所持する。

令和○年○月○日

甲

㊞

乙

㊞

■指導用の業務日報

令和○年○月○日

提出者氏名　○○○○

業　務　日　報

報告対象日	年　　月　　日
本日の仕事内容	
頑張ったこと よくできたこと	
注意・指導を 受けた内容	
注意・指導に対する 改善内容	
指導者のコメント欄	

■指導記録票

令和○年○月○日

指導担当者　○○○○

指　導　記　録　票

指導対象者の氏名	
指導日時	
指導対象となった問題点	
問題点が業務に与えた影響	
指導の内容	
指導に対する対象者の応答	
備考	

■事業主が職場における優越的な関係を背景とした言動に起因する問題に関して雇用管理上講ずべき措置等についての指針

（令和２年１月15日　厚生労働省告示第５号）

１　はじめに

この指針は、労働施策の総合的な推進並びに労働者の雇用の安定及び職業生活の充実等に関する法律（昭和41年法律第132号。以下「法」という。）第30条の２第１項及び第２項に規定する事業主が職場において行われる優越的な関係を背景とした言動であって、業務上必要かつ相当な範囲を超えたものにより、その雇用する労働者の就業環境が害されること（以下「職場におけるパワーハラスメント」という。）のないよう雇用管理上講ずべき措置等について、同条第３項の規定に基づき事業主が適切かつ有効な実施を図るために必要な事項について定めたものである。

２　職場におけるパワーハラスメントの内容

⑴　職場におけるパワーハラスメントは、職場において行われる①優越的な関係を背景とした言動であって、②業務上必要かつ相当な範囲を超えたものにより、③労働者の就業環境が害されるものであり、①から③までの要素を全て満たすものをいう。

なお、客観的にみて、業務上必要かつ相当な範囲で行われる適正な業務指示や指導については、職場におけるパワーハラスメントには該当しない。

⑵　「職場」とは、事業主が雇用する労働者が業務を遂行する場所を指し、当該労働者が通常就業している場所以外の場所であっても、当該労働者が業務を遂行する場所については、「職場」に含まれる。

⑶　「労働者」とは、いわゆる正規雇用労働者のみならず、パートタイム労働者、契約社員等いわゆる非正規雇用労働者を含む事業主が雇用する労働者の全てをいう。

また、派遣労働者については、派遣元事業主のみならず、労働者派遣の役務の提供を受ける者についても、労働者派遣事業の適正な運営の確保及び派遣労働者の保護等に関する法律（昭和60年法律第88号）第47条の４の規定により、その指揮命令の下に労働させる派遣労働者を雇用する事業主とみなされ、法第30条の２第１項及び第30条の３第２項の規定が適用されることから、労働者派遣の役務の提供を受ける者は、派遣労働者についてもその雇用する労働者と同様に、３⑴の配慮及び４の措置を講ずることが必要である。なお、法第30条の２第２項、第30条の５第２項及び第30条の６第２項の労働者に対する不利益な取扱いの禁止については、派遣労働者も対象に含まれるものであり、派遣元事業主のみならず、労働者派遣の役務の提供を受ける者もまた、当該者に派遣労働者が職場におけるパワーハラスメントの相談を行ったこと等を理由として、当該派遣労働者に係る労働者派遣の役務の提供を拒む等、当該派遣労働者に対する不利益な取扱いを行ってはならない。

(4) 「優越的な関係を背景とした」言動とは、当該事業主の業務を遂行するに当たって、当該言動を受ける労働者が当該言動の行為者とされる者（以下「行為者」という。）に対して抵抗又は拒絶することができない蓋然性が高い関係を背景として行われるものを指し、例えば、以下のもの等が含まれる。

・職務上の地位が上位の者による言動
・同僚又は部下による言動で、当該言動を行う者が業務上必要な知識や豊富な経験を有しており、当該者の協力を得なければ業務の円滑な遂行を行うことが困難であるもの
・同僚又は部下からの集団による行為で、これに抵抗又は拒絶することが困難であるもの

(5) 「業務上必要かつ相当な範囲を超えた」言動とは、社会通念に照らし、当該言動が明らかに当該事業主の業務上必要性がない、又はその態様が相当でないものを指し、例えば、以下のもの等が含まれる。

・業務上明らかに必要性のない言動
・業務の目的を大きく逸脱した言動
・業務を遂行するための手段として不適当な言動
・当該行為の回数、行為者の数等、その態様や手段が社会通念に照らして許容される範囲を超える言動

この判断に当たっては、様々な要素（当該言動の目的、当該言動を受けた労働者の問題行動の有無や内容・程度を含む当該言動が行われた経緯や状況、業種・業態、業務の内容・性質、当該言動の態様・頻度・継続性、労働者の属性や心身の状況、行為者との関係性等）を総合的に考慮することが適当である。また、その際には、個別の事案における労働者の行動が問題となる場合は、その内容・程度とそれに対する指導の態様等の相対的な関係性が重要な要素となることについても留意が必要である。

(6) 「労働者の就業環境が害される」とは、当該言動により労働者が身体的又は精神的に苦痛を与えられ、労働者の就業環境が不快なものとなったため、能力の発揮に重大な悪影響が生じる等当該労働者が就業する上で看過できない程度の支障が生じることを指す。

この判断に当たっては、「平均的な労働者の感じ方」、すなわち、同様の状況で当該言動を受けた場合に、社会一般の労働者が、就業する上で看過できない程度の支障が生じたと感じるような言動であるかどうかを基準とすることが適当である。

(7)　職場におけるパワーハラスメントは、(1)の①から③までの要素を全て満たすものをいい（客観的にみて、業務上必要かつ相当な範囲で行われる適正な業務指示や指導については、職場におけるパワーハラスメントには該当しない。）、個別の事案についてその該当性を判断するに当たっては、(5)で総合的に考慮することとした事項のほか、当該言動により労働者が受ける身体的又は精神的な苦痛の程度等を総合的に考慮して判断することが必要である。

このため、個別の事案の判断に際しては、相談窓口の担当者等がこうした事項に十分留意し、相談を行った労働者（以下「相談者」という。）の心身の状況や当該言動が行われた際の受け止めなどその認識にも配慮しながら、相談者及び行為者の双方から丁寧に事実確認等を行うことも重要である。

これらのことを十分踏まえて、予防から再発防止に至る一連の措置を適切に講じることが必要である。

職場におけるパワーハラスメントの状況は多様であるが、代表的な言動の類型としては、以下のイからへまでのものがあり、当該言動の類型ごとに、典型的に職場におけるパワーハラスメントに該当し、又は該当しないと考えられる例としては、次のようなものがある。

ただし、個別の事案の状況等によって判断が異なる場合もあり得ること、また、次の例は限定列挙ではないことに十分留意し、4(2)ロにあるとおり広く相談に対応するなど、適切な対応を行うようにすることが必要である。

なお、職場におけるパワーハラスメントに該当すると考えられる以下の例については、行為者と当該言動を受ける労働者の関係性を個別に記載していないが、(4)にあるとおり、優越的な関係を背景として行われたものであることが前提である。

イ　身体的な攻撃（暴行・傷害）

(イ)　該当すると考えられる例

①　殴打、足蹴りを行うこと。

②　相手に物を投げつけること。

(ロ)　該当しないと考えられる例

①　誤ってぶつかること。

ロ　精神的な攻撃（脅迫・名誉棄損・侮辱・ひどい暴言）

(イ)　該当すると考えられる例

①　人格を否定するような言動を行うこと。相手の性的指向・性自認に関する侮辱的な言動を行うことを含む。

②　業務の遂行に関する必要以上に長時間にわたる厳しい叱責を繰り返し行うこと。

③　他の労働者の面前における大声での威圧的な叱責を繰り返し行うこ

と。

④　相手の能力を否定し、罵倒するような内容の電子メール等を当該相手を含む複数の労働者宛てに送信すること。

(ロ)　該当しないと考えられる例

①　遅刻など社会的ルールを欠いた言動が見られ、再三注意してもそれが改善されない労働者に対して一定程度強く注意をすること。

②　その企業の業務の内容や性質等に照らして重大な問題行動を行った労働者に対して、一定程度強く注意をすること。

ハ　人間関係からの切り離し（隔離・仲間外し・無視）

(イ)　該当すると考えられる例

①　自身の意に沿わない労働者に対して、仕事を外し、長期間にわたり、別室に隔離したり、自宅研修させたりすること。

②　一人の労働者に対して同僚が集団で無視をし、職場で孤立させること。

(ロ)　該当しないと考えられる例

①　新規に採用した労働者を育成するために短期間集中的に別室で研修等の教育を実施すること。

②　懲戒規定に基づき処分を受けた労働者に対し、通常の業務に復帰させるために、その前に、一時的に別室で必要な研修を受けさせること。

ニ　過大な要求（業務上明らかに不要なことや遂行不可能なことの強制・仕事の妨害）

(イ)　該当すると考えられる例

①　長期間にわたる、肉体的苦痛を伴う過酷な環境下での勤務に直接関係のない作業を命ずること。

②　新卒採用者に対し、必要な教育を行わないまま到底対応できないレベルの業績目標を課し、達成できなかったことに対し厳しく叱責すること。

③　労働者に業務とは関係のない私的な雑用の処理を強制的に行わせること。

(ロ)　該当しないと考えられる例

①　労働者を育成するために現状よりも少し高いレベルの業務を任せること。

②　業務の繁忙期に、業務上の必要性から、当該業務の担当者に通常時よりも一定程度多い業務の処理を任せること。

ホ　過小な要求（業務上の合理性なく能力や経験とかけ離れた程度の低い仕事を命じることや仕事を与えないこと）

(イ)　該当すると考えられる例

①　管理職である労働者を退職させるため、誰でも遂行可能な業務を行わ

せること。

② 気にいらない労働者に対して嫌がらせのために仕事を与えないこと。

(ロ) 該当しないと考えられる例

① 労働者の能力に応じて、一定程度業務内容や業務量を軽減すること。

ヘ 個の侵害（私的なことに過度に立ち入ること）

(イ) 該当すると考えられる例

① 労働者を職場外でも継続的に監視したり、私物の写真撮影をしたりすること。

② 労働者の性的指向・性自認や病歴、不妊治療等の機微な個人情報について、当該労働者の了解を得ずに他の労働者に暴露すること。

(ロ) 該当しないと考えられる例

① 労働者への配慮を目的として、労働者の家族の状況等についてヒアリングを行うこと。

② 労働者の了解を得て、当該労働者の性的指向・性自認や病歴、不妊治療等の機微な個人情報について、必要な範囲で人事労務部門の担当者に伝達し、配慮を促すこと。

この点、プライバシー保護の観点から、ヘ(イ)②のように機微な個人情報を暴露することのないよう、労働者に周知・啓発する等の措置を講じることが必要である。

3 事業主等の責務

(1) 事業主の責務

法第30条の3第2項の規定により、事業主は、職場におけるパワーハラスメントを行ってはならないことその他職場におけるパワーハラスメントに起因する問題（以下「パワーハラスメント問題」という。）に対するその雇用する労働者の関心と理解を深めるとともに、当該労働者が他の労働者（他の事業主が雇用する労働者及び求職者を含む。(2)において同じ。）に対する言動に必要な注意を払うよう、研修の実施その他の必要な配慮をするほか、国の講ずる同条第1項の広報活動、啓発活動その他の措置に協力するように努めなければならない。なお、職場におけるパワーハラスメントに起因する問題としては、例えば､労働者の意欲の低下などによる職場環境の悪化や職場全体の生産性の低下、労働者の健康状態の悪化、休職や退職などにつながり得ること、これらに伴う経営的な損失等が考えられる。

また、事業主（その者が法人である場合にあっては、その役員）は、自らも、パワーハラスメント問題に対する関心と理解を深め、労働者（他の事業主が雇用する労働者及び求職者を含む。）に対する言動に必要な注意を払うように努めなければならない。

(2)　労働者の責務

法第30条の３第４項の規定により、労働者は、パワーハラスメント問題に対する関心と理解を深め、他の労働者に対する言動に必要な注意を払うとともに、事業主の講ずる４の措置に協力するように努めなければならない。

４　事業主が職場における優越的な関係を背景とした言動に起因する問題に関し雇用管理上講ずべき措置の内容

事業主は、当該事業主が雇用する労働者又は当該事業主（その者が法人である場合にあっては、その役員）が行う職場におけるパワーハラスメントを防止するため、雇用管理上次の措置を講じなければならない。

(1)　事業主の方針等の明確化及びその周知・啓発

事業主は、職場におけるパワーハラスメントに関する方針の明確化、労働者に対するその方針の周知・啓発として、次の措置を講じなければならない。

なお、周知・啓発をするに当たっては、職場におけるパワーハラスメントの防止の効果を高めるため、その発生の原因や背景について労働者の理解を深めることが重要である。その際、職場におけるパワーハラスメントの発生の原因や背景には、労働者同士のコミュニケーションの希薄化などの職場環境の問題もあると考えられる。そのため、これらを幅広く解消していくことが職場におけるパワーハラスメントの防止の効果を高める上で重要であることに留意することが必要である。

イ　職場におけるパワーハラスメントの内容及び職場におけるパワーハラスメントを行ってはならない旨の方針を明確化し、管理監督者を含む労働者に周知・啓発すること。

（事業主の方針等を明確化し、労働者に周知・啓発していると認められる例）

①　就業規則その他の職場における服務規律等を定めた文書において、職場におけるパワーハラスメントを行ってはならない旨の方針を規定し、当該規定と併せて、職場におけるパワーハラスメントの内容及びその発生の原因や背景を労働者に周知・啓発すること。

②　社内報、パンフレット、社内ホームページ等広報又は啓発のための資料等に職場におけるパワーハラスメントの内容及びその発生の原因や背景並びに職場におけるパワーハラスメントを行ってはならない旨の方針を記載し、配布等すること。

③　職場におけるパワーハラスメントの内容及びその発生の原因や背景並びに職場におけるパワーハラスメントを行ってはならない旨の方針を労働者に対して周知・啓発するための研修、講習等を実施すること。

ロ　職場におけるパワーハラスメントに係る言動を行った者については、厳正に対処する旨の方針及び対処の内容を就業規則その他の職場における服務規律等を定めた文書に規定し、管理監督者を含む労働者に周知･啓発すること。
（対処方針を定め、労働者に周知・啓発していると認められる例）

① 就業規則その他の職場における服務規律等を定めた文書において、職場におけるパワーハラスメントに係る言動を行った者に対する懲戒規定を定め、その内容を労働者に周知・啓発すること。

② 職場におけるパワーハラスメントに係る言動を行った者は、現行の就業規則その他の職場における服務規律等を定めた文書において定められている懲戒規定の適用の対象となる旨を明確化し、これを労働者に周知・啓発すること。

(2) 相談（苦情を含む。以下同じ。）に応じ、適切に対応するために必要な体制の整備

事業主は、労働者からの相談に対し、その内容や状況に応じ適切かつ柔軟に対応するために必要な体制の整備として、次の措置を講じなければならない。

イ 相談への対応のための窓口（以下「相談窓口」という。）をあらかじめ定め、労働者に周知すること。

（相談窓口をあらかじめ定めていると認められる例）

① 相談に対応する担当者をあらかじめ定めること。

② 相談に対応するための制度を設けること。

③ 外部の機関に相談への対応を委託すること。

ロ イの相談窓口の担当者が、相談に対し、その内容や状況に応じ適切に対応できるようにすること。また、相談窓口においては、被害を受けた労働者が萎縮するなどして相談を躊躇する例もあること等も踏まえ、相談者の心身の状況や当該言動が行われた際の受け止めなどその認識にも配慮しながら、職場におけるパワーハラスメントが現実に生じている場合だけでなく、その発生のおそれがある場合や、職場におけるパワーハラスメントに該当するか否か微妙な場合であっても、広く相談に対応し、適切な対応を行うようにすること。例えば、放置すれば就業環境を害するおそれがある場合や、労働者同士のコミュニケーションの希薄化などの職場環境の問題が原因や背景となってパワーハラスメントが生じるおそれがある場合等が考えられる。

（相談窓口の担当者が適切に対応することができるようにしていると認められる例）

① 相談窓口の担当者が相談を受けた場合、その内容や状況に応じて、相談窓口の担当者と人事部門とが連携を図ることができる仕組みとすること。

② 相談窓口の担当者が相談を受けた場合、あらかじめ作成した留意点などを記載したマニュアルに基づき対応すること。

③ 相談窓口の担当者に対し、相談を受けた場合の対応についての研修を行

うこと。

(3) 職場におけるパワーハラスメントに係る事後の迅速かつ適切な対応

事業主は、職場におけるパワーハラスメントに係る相談の申出があった場合において、その事案に係る事実関係の迅速かつ正確な確認及び適正な対処として、次の措置を講じなければならない。

イ 事案に係る事実関係を迅速かつ正確に確認すること。

(事案に係る事実関係を迅速かつ正確に確認していると認められる例)

① 相談窓口の担当者、人事部門又は専門の委員会等が、相談者及び行為者の双方から事実関係を確認すること。その際、相談者の心身の状況や当該言動が行われた際の受け止めなどその認識にも適切に配慮すること。

また、相談者と行為者との間で事実関係に関する主張に不一致があり、事実の確認が十分にできないと認められる場合には、第三者からも事実関係を聴取する等の措置を講ずること。

② 事実関係を迅速かつ正確に確認しようとしたが、確認が困難な場合などにおいて、法第30条の6に基づく調停の申請を行うことその他中立な第三者機関に紛争処理を委ねること。

ロ イにより、職場におけるパワーハラスメントが生じた事実が確認できた場合においては、速やかに被害を受けた労働者(以下「被害者」という。)に対する配慮のための措置を適正に行うこと。

(措置を適正に行っていると認められる例)

① 事案の内容や状況に応じ、被害者と行為者の間の関係改善に向けての援助、被害者と行為者を引き離すための配置転換、行為者の謝罪、被害者の労働条件上の不利益の回復、管理監督者又は事業場内産業保健スタッフ等による被害者のメンタルヘルス不調への相談対応等の措置を講ずること。

② 法第30条の6に基づく調停その他中立な第三者機関の紛争解決案に従った措置を被害者に対して講ずること。

ハ イにより、職場におけるパワーハラスメントが生じた事実が確認できた場合においては、行為者に対する措置を適正に行うこと。

(措置を適正に行っていると認められる例)

① 就業規則その他の職場における服務規律等を定めた文書における職場におけるパワーハラスメントに関する規定等に基づき、行為者に対して必要な懲戒その他の措置を講ずること。あわせて、事案の内容や状況に応じ、被害者と行為者の間の関係改善に向けての援助、被害者と行為者を引き離すための配置転換、行為者の謝罪等の措置を講ずること。

② 法第30条の6に基づく調停その他中立な第三者機関の紛争解決案に従った措置を行為者に対して講ずること。

ニ　改めて職場におけるパワーハラスメントに関する方針を周知・啓発する等の再発防止に向けた措置を講ずること。

なお、職場におけるパワーハラスメントが生じた事実が確認できなかった場合においても、同様の措置を講ずること。

（再発防止に向けた措置を講じていると認められる例）

①　職場におけるパワーハラスメントを行ってはならない旨の方針及び職場におけるパワーハラスメントに係る言動を行った者について厳正に対処する旨の方針を、社内報、パンフレット、社内ホームページ等広報又は啓発のための資料等に改めて掲載し、配布等すること。

②　労働者に対して職場におけるパワーハラスメントに関する意識を啓発するための研修、講習等を改めて実施すること。

⑷　⑴から⑶までの措置と併せて講ずべき措置

⑴から⑶までの措置を講ずるに際しては、併せて次の措置を講じなければならない。

イ　職場におけるパワーハラスメントに係る相談者・行為者等の情報は当該相談者・行為者等のプライバシーに属するものであることから、相談への対応又は当該パワーハラスメントに係る事後の対応に当たっては、相談者・行為者等のプライバシーを保護するために必要な措置を講ずるとともに、その旨を労働者に対して周知すること。なお、相談者・行為者等のプライバシーには、性的指向・性自認や病歴、不妊治療等の機微な個人情報も含まれるものであること。（相談者・行為者等のプライバシーを保護するために必要な措置を講じていると認められる例）

①　相談者・行為者等のプライバシーの保護のために必要な事項をあらかじめマニュアルに定め、相談窓口の担当者が相談を受けた際には、当該マニュアルに基づき対応するものとすること。

②　相談者・行為者等のプライバシーの保護のために、相談窓口の担当者に必要な研修を行うこと。

③　相談窓口においては相談者・行為者等のプライバシーを保護するために必要な措置を講じていることを、社内報、パンフレット、社内ホームページ等広報又は啓発のための資料等に掲載し、配布等すること。

ロ　法第30条の２第２項、第30条の５第２項及び第30条の６第２項の規定を踏まえ、労働者が職場におけるパワーハラスメントに関し相談をしたこと若しくは事実関係の確認等の事業主の雇用管理上講ずべき措置に協力したこと、都道府県労働局に対して相談、紛争解決の援助の求め若しくは調停の申請を行ったこと又は調停の出頭の求めに応じたこと（以下「パワーハラスメントの相談等」という。）を理由として、解雇その他不利益な取扱いをされない旨を定め、労働者に周知・啓発すること。
（不利益な取扱いをされない旨を定め、労働者にその周知・啓発することについて措置を講じていると認められる例）
① 就業規則その他の職場における服務規律等を定めた文書において、パワーハラスメントの相談等を理由として、労働者が解雇等の不利益な取扱いをされない旨を規定し、労働者に周知・啓発をすること。
② 社内報、パンフレット、社内ホームページ等広報又は啓発のための資料等に、パワーハラスメントの相談等を理由として、労働者が解雇等の不利益な取扱いをされない旨を記載し、労働者に配布等すること。

5 事業主が職場における優越的な関係を背景とした言動に起因する問題に関し行うことが望ましい取組の内容

事業主は、当該事業主が雇用する労働者又は当該事業主（その者が法人である場合にあっては、その役員）が行う職場におけるパワーハラスメントを防止するため、4の措置に加え、次の取組を行うことが望ましい。

(1) 職場におけるパワーハラスメントは、セクシュアルハラスメント（事業主が職場における性的な言動に起因する問題に関して雇用管理上講ずべき措置等についての指針（平成18年厚生労働省告示第615号）に規定する「職場におけるセクシュアルハラスメント」をいう。以下同じ。）、妊娠、出産等に関するハラスメント（事業主が職場における妊娠、出産等に関する言動に起因する問題に関して雇用管理上講ずべき措置等についての指針（平成28年厚生労働省告示第312号）に規定する「職場における妊娠、出産等に関するハラスメント」をいう。）、育児休業等に関するハラスメント（子の養育又は家族の介護を行い、又は行うこととなる労働者の職業生活と家庭生活との両立が図られるようにするために事業主が講ずべき措置等に関する指針（平成21年厚生労働省告示第509号）に規定する「職場における育児休業等に関するハラスメント」をいう。）その他のハラスメントと複合的に生じることも想定されることから、事業主は、例えば、セクシュアルハラスメント等の相談窓口と一体的に、職場におけるパワーハラスメントの相談窓口を設置し、一元的に相談に応じることのできる体制を整備することが望ましい。
（一元的に相談に応じることのできる体制の例）
① 相談窓口で受け付けることのできる相談として、職場におけるパワーハラスメントのみならず、セクシュアルハラスメント等も明示すること。
② 職場におけるパワーハラスメントの相談窓口がセクシュアルハラスメント等の相談窓口を兼ねること。

(2) 事業主は、職場におけるパワーハラスメントの原因や背景となる要因を解消するため、次の取組を行うことが望ましい。

なお、取組を行うに当たっては、労働者個人のコミュニケーション能力の向上を図ることは、職場におけるパワーハラスメントの行為者・被害者の双方になることを防止する上で重要であることや、業務上必要かつ相当な範囲で行われる適正な業務指示や指導については、職場におけるパワーハラスメントには該当せず、労働者が、こうした適正な業務指示や指導を踏まえて真摯に業務を遂行する意識を持つことも重要であることに留意することが必要である。

イ　コミュニケーションの活性化や円滑化のために研修等の必要な取組を行うこと。

（コミュニケーションの活性化や円滑化のために必要な取組例）

①　日常的なコミュニケーションを取るよう努めることや定期的に面談やミーティングを行うことにより、風通しの良い職場環境や互いに助け合える労働者同士の信頼関係を築き、コミュニケーションの活性化を図ること。

②　感情をコントロールする手法についての研修、コミュニケーションスキルアップについての研修、マネジメントや指導についての研修等の実施や資料の配布等により、労働者が感情をコントロールする能力やコミュニケーションを円滑に進める能力等の向上を図ること。

ロ　適正な業務目標の設定等の職場環境の改善のための取組を行うこと。

（職場環境の改善のための取組例）

①　適正な業務目標の設定や適正な業務体制の整備、業務の効率化による過剰な長時間労働の是正等を通じて、労働者に過度に肉体的・精神的負荷を強いる職場環境や組織風土を改善すること。

(3)　事業主は、4の措置を講じる際に、必要に応じて、労働者や労働組合等の参画を得つつ、アンケート調査や意見交換等を実施するなどにより、その運用状況の的確な把握や必要な見直しの検討等に努めることが重要である。なお、労働者や労働組合等の参画を得る方法として、例えば、労働安全衛生法（昭和47年法律第57号）第18条第1項に規定する衛生委員会の活用なども考えられる。

6　事業主が自らの雇用する労働者以外の者に対する言動に関し行うことが望ましい取組の内容

3の事業主及び労働者の責務の趣旨に鑑みれば、事業主は、当該事業主が雇用する労働者が、他の労働者（他の事業主が雇用する労働者及び求職者を含む。）のみならず、個人事業主、インターンシップを行っている者等の労働者以外の者に対する言動についても必要な注意を払うよう配慮するとともに、事業主（その者が法人である場合にあっては、その役員）自らと労働者も、労働者以外の者に対する言動について必要な注意を払うよう努めることが望ましい。

こうした責務の趣旨も踏まえ、事業主は、4(1)イの職場におけるパワーハラスメントを行ってはならない旨の方針の明確化等を行う際に、当該事業主が雇用する労働者以外の者（他の事業主が雇用する労働者、就職活動中の学生等の求職者及び労働者以外の者）に対する言動についても、同様の方針を併せて示すことが望ましい。

また、これらの者から職場におけるパワーハラスメントに類すると考えられる相談があった場合には、その内容を踏まえて、4の措置も参考にしつつ、必要に応じて適切な対応を行うように努めることが望ましい。

7　事業主が他の事業主の雇用する労働者等からのパワーハラスメントや顧客等からの著しい迷惑行為に関し行うことが望ましい取組の内容

事業主は、取引先等の他の事業主が雇用する労働者又は他の事業主（その者が法人である場合にあっては、その役員）からのパワーハラスメントや顧客等からの著しい迷惑行為（暴行、脅迫、ひどい暴言、著しく不当な要求等）により、その雇用する労働者が就業環境を害されることのないよう、雇用管理上の配慮として、例えば、(1)及び(2)の取組を行うことが望ましい。また、(3)のような取組を行うことも、その雇用する労働者が被害を受けることを防止する上で有効と考えられる。

(1)　相談に応じ、適切に対応するために必要な体制の整備

事業主は、他の事業主が雇用する労働者等からのパワーハラスメントや顧客等からの著しい迷惑行為に関する労働者からの相談に対し、その内容や状況に応じ適切かつ柔軟に対応するために必要な体制の整備として、4(2)イ及びロの例も参考にしつつ、次の取組を行うことが望ましい。また、併せて、労働者が当該相談をしたことを理由として、解雇その他不利益な取扱いを行ってはならない旨を定め、労働者に周知・啓発することが望ましい。

イ　相談先（上司、職場内の担当者等）をあらかじめ定め、これを労働者に周知すること。

ロ　イの相談を受けた者が、相談に対し、その内容や状況に応じ適切に対応できるようにすること。

(2)　被害者への配慮のための取組

事業主は、相談者から事実関係を確認し、他の事業主が雇用する労働者等からのパワーハラスメントや顧客等からの著しい迷惑行為が認められた場合には、速やかに被害者に対する配慮のための取組を行うことが望ましい。

（被害者への配慮のための取組例）

事案の内容や状況に応じ、被害者のメンタルヘルス不調への相談対応、著しい迷惑行為を行った者に対する対応が必要な場合に一人で対応させない等の取組を行うこと。

⑶　他の事業主が雇用する労働者等からのパワーハラスメントや顧客等からの著しい迷惑行為による被害を防止するための取組

⑴及び⑵の取組のほか、他の事業主が雇用する労働者等からのパワーハラスメントや顧客等からの著しい迷惑行為からその雇用する労働者が被害を受けることを防止する上では、事業主が、こうした行為への対応に関するマニュアルの作成や研修の実施等の取組を行うことも有効と考えられる。

また、業種・業態等によりその被害の実態や必要な対応も異なると考えられることから、業種・業態等における被害の実態や業務の特性等を踏まえて、それぞれの状況に応じた必要な取組を進めることも、被害の防止に当たっては効果的と考えられる。

■指導書

指導書

○○○○　殿

令和○年○月○日
株式会社○○○○
○○部部長　　○○○○

下記の事項についてすみやかに改善してください。

貴殿に対し、これまで何度も口頭で同様の注意・指導をしてきたところですが、改善がないため、本書にて改めて指導します。

1

2

3

4

以上

下記に記入の上、3営業日以内に会社に提出してください。

株式会社○○○○　御中

本指導書に基づく指導内容を理解し、遵守、改善します。

令和○年○月○日

従業員氏名　　　　　　㊞

■弁明通知書

弁明通知書

●●●●　殿

令和●年●月●日
株式会社●●●●
代表取締役●●●●

貴殿については、下記懲戒処分の原因となる事実について、懲戒処分の手続を開始することを決定しました。貴殿に対し下記のとおり弁明の機会を付与します。弁明の機会の付与の方式は、弁明書の提出によるものとします。弁明書の提出先及び提出期限は、下記のとおりです。

1　懲戒処分の根拠となる就業規則の条項

第●条（懲戒の事由）

2　労働者が次のいずれかに該当するときは、懲戒解雇とする。ただし、平素の服務態度その他情状によっては、普通解雇、減給又は出勤停止とすることがある。

⑬　正当な理由なく会社の業務上重要な秘密を外部に漏洩して会社に損害を与え、又は業務の正常な運営を阻害したとき。

2　懲戒処分の原因となる事実

令和●年●月●日、社内において重要な秘密情報として保管されている顧客リスト●●●件をメールに添付して自身の私用メールアドレスに送信し、それを同業他社に提供したことにより、会社から顧客への連絡と謝罪を行う事態を生じさせ、会社に損害を与え、また会社の業務の正常な運営を阻害したこと

3　弁明書の提出先

株式会社●●●●　人事部　人事部長●●●●

4　弁明書の提出期限

令和●年●月●日正午

以上

■弁明書

弁明書

株式会社○○○○　御中

令和○年○月○日

氏名

私は、今回、貴社が私に対する懲戒処分を検討している件につき、以下のとおり弁明します。

□ 弁明することはありません。

□ 弁明内容は以下のとおりです。

(弁明内容記載欄)

■36協定届の記載例

３６協定届の記載例

（様式第９号（第16条第１項関係））

労働時間の延長及び休日の労働は必要最小限にとどめられるべきであり、労使当事者はこのことに十分留意した上で協定するようにしてください。
なお、使用者は協定した時間数の範囲内で労働させた場合であっても、労働契約法第５条に基づく安全配慮義務を負います。

◆３６協定で締結した内容を協定届（本様式）に転記して届け出てください。
３６協定届（本様式）を用いて３６協定を締結することもできます。
その場合には、記名押印又は署名など労使双方の合意があることが明らかとなるような方法により締結することが必要です。必要事項の記載があれば、協定届様式以外の形式でも届出できます。

◆３６協定の届出は電子申請でも行うことができます。
◆（任意）の欄は、記載しなくても構いません。

表面

様式第９号（第16条第１項関係）

時間外労働
休日労働　に関する協定届

労働保険番号	□□□□□□□□□□□□□□□□□□
法人番号	□□□□□□□□□□□□□

労働保険番号・法人番号を記載してください。

事業場（工場、支店、営業所等）ごとに協定してください。

事業の種類	事業の名称	事業の所在地（電話番号）	協定の有効期間
金属製品製造業	○○金属工業株式会社　○○工場	（〒○○○－○○○○）○○市○○町１－２－３（電話番号：○○○－○○○○－○○○○）	○○○○年４月１日から１年間

この協定が有効となる期間を定めてください。１年間とすることが望ましいです。

時間外労働

区分	時間外労働をさせる必要のある具体的事由	業務の種類	労働者数（満18歳以上の者）	所定労働時間（１日）（任意）	延長することができる時間数　１日　法定労働時間を超える時間数	１日　所定労働時間を超える時間数（任意）	１箇月（①については45時間まで、②については42時間まで）　法定労働時間を超える時間数	１箇月　所定労働時間を超える時間数（任意）	１年（①については360時間まで、②については320時間まで）起算日（年月日）○○○○年４月１日　法定労働時間を超える時間数	１年　所定労働時間を超える時間数（任意）
① 下記②に該当しない労働者	受注の集中	設計	10人	７．５時間	3時間	３．５時間	30時間	40時間	250時間	370時間
	製品不具合への対応	検査	10人	７．５時間	2時間	２．５時間	15時間	25時間	150時間	270時間
	臨時の受注、納期変更	機械組立	20人	７．５時間	2時間	２．５時間	15時間	25時間	150時間	270時間
② １年単位の変形労働時間制により労働する労働者	月末の決算事務	経理	5人	７．５時間	3時間	３．５時間	20時間	30時間	200時間	320時間
	棚卸	購買	5人	７．５時間	3時間	３．５時間	20時間	30時間	200時間	320時間

１年間の上限時間を計算する際の起算日を記載してください。その１年間においては協定の有効期間にかかわらず、起算日は同一の日である必要があります。

対象期間が３か月を超える１年単位の変形労働時間制が適用される労働者については、②の欄に記載してください。

事由は具体的に定めてください。

業務の範囲を細分化し、明確に定めてください。

１日の法定労働時間を超える時間数を定めてください。

１か月の法定労働時間を超える時間数を定めてください。①は45時間以内、②は42時間以内です。

１年の法定労働時間を超える時間数を定めてください。①は360時間以内、②は320時間以内です。

休日労働

休日労働をさせる必要のある具体的事由	業務の種類	労働者数（満18歳以上の者）	所定休日（任意）	労働させることができる法定休日の日数	労働させることができる法定休日における始業及び終業の時刻
受注の集中	設計	10人	土日祝日	1か月に1日	8:30～17:30
臨時の受注、納期変更	機械組立	20人	土日祝日	1か月に1日	8:30～17:30

上記で定める時間数にかかわらず、時間外労働及び休日労働を合算した時間数は、１箇月について100時間未満でなければならず、かつ２箇月から６箇月までを平均して80時間を超過しないこと。☑
（チェックボックスに要チェック）

時間外労働と法定休日労働を合計した時間数は、月100時間未満、２～６か月平均80時間以内でなければいけません。これを労使で確認の上、必ずチェックを入れてください。チェックボックスにチェックがない場合には、有効な協定届とはなりません。

協定の成立年月日　○○○○年　3　月　12　日

協定の当事者である労働組合（事業場の労働者の過半数で組織する労働組合）の名称又は労働者の過半数を代表する者の　職名　検査課主任　氏名　山田花子

管理監督者は労働者代表にはなれません。

協定書を兼ねる場合には、労働者代表の署名又は記名・押印などが必要です。

協定の当事者（労働者の過半数を代表する者の場合）の選出方法（　投票による選挙　）

上記協定の当事者である労働組合が事業場の全ての労働者の過半数で組織する労働組合である又は上記協定の当事者である労働者の過半数を代表する者が事業場の全ての労働者の過半数を代表する者であること。☑
（チェックボックスに要チェック）

上記労働者の過半数を代表する者が、労働基準法第41条第２号に規定する監督又は管理の地位にある者でなく、かつ、同法に規定する協定等をする者を選出することを明らかにして実施される投票、挙手等の方法による手続により選出された者であって使用者の意向に基づき選出されたものでないこと。☑（チェックボックスに要チェック）

○○○○年　3　月　15　日

使用者　職名　工場長　氏名　田中太郎

協定書を兼ねる場合には、使用者の署名又は記名・押印などが必要です。

○○　労働基準監督署長殿

労働者の過半数で組織する労働組合が無い場合には、３６協定の締結をする者を選ぶことを明確にした上で、投票・挙手等の方法で労働者の過半数代表者を選出し、選出方法を記載してください。
使用者による指名や、使用者の意向に基づく選出は認められません。
チェックボックスにチェックがない場合には、形式上の要件に適合している協定届とはなりません。

裏面

様式第９号（第 16 条第１項関係）（裏面）

（記載心得）

1　「業務の種類」の欄には、時間外労働又は休日労働をさせる必要のある業務を具体的に記入し、労働基準法第 36 条第６項第１号の健康上特に有害な業務について協定をした場合には、当該業務を他の業務と区別して記入すること。なお、業務の種類を記入するに当たつては、業務の区分を細分化することにより当該業務の範囲を明確にしなければならないことに留意すること。

2　「労働者数（満 18 歳以上の者）」の欄には、時間外労働又は休日労働をさせることができる労働者の数を記入すること。

3　「延長することができる時間数」の欄の記入に当たつては、次のとおりとすること。時間数は労働基準法第 32 条から第 32 条の５まで又は第 40 条の規定により労働させることができる最長の労働時間（以下「法定労働時間」という。）を超える時間数を記入すること。なお、本欄に記入する時間数にかかわらず、時間外労働及び休日労働を合算した時間数が１箇月について 100 時間以上となつた場合、及び２箇月から６箇月までを平均して 80 時間を超えた場合には労働基準法違反（同法第 119 条の規定により６箇月以下の懲役又は 30 万円以下の罰金）となることに留意すること。

（１）「１日」の欄には、法定労働時間を超えて延長することができる時間数であつて、１日についての延長することができる限度となる時間数を記入すること。なお、所定労働時間を超える時間数についても協定する場合においては、所定労働時間を超える時間数を併せて記入することができる。

（２）「１箇月」の欄には、法定労働時間を超えて延長することができる時間数であつて、「１年」の欄に記入する「起算日」において定める日から１箇月ごとについての延長することができる限度となる時間数を 45 時間（対象期間が３箇月を超える１年単位の変形労働時間制により労働する者については、42 時間）の範囲内で記入すること。なお、所定労働時間を超える時間数についても協定する場合においては、所定労働時間を超える時間数を併せて記入することができる。

（３）「１年」の欄には、法定労働時間を超えて延長することができる時間数であつて、「起算日」において定める日から１年についての延長することができる限度となる時間数を 360 時間（対象期間が３箇月を超える１年単位の変形労働時間制により労働する者については、320 時間）の範囲内で記入すること。なお、所定労働時間を超える時間数についても協定する場合においては、所定労働時間を超える時間数を併せて記入することができる。

4　②の欄は、労働基準法第 32 条の４の規定による労働時間により労働する労働者（対象期間が３箇月を超える１年単位の変形労働時間制により労働する者に限る。）について記入すること。なお、延長することができる時間の上限は①の欄の労働者よりも短い（１箇月 42 時間、１年 320 時間）ことに留意すること。

5　「労働させることができる法定休日の日数」の欄には、労働基準法第 35 条の規定による休日（１週１休又は４週４休であることに留意すること。）に労働させることができる日数を記入すること。

6　「労働させることができる法定休日における始業及び終業の時刻」の欄には、労働基準法第 35 条の規定による休日であつて労働させることができる日の始業及び終業の時刻を記入すること。

7　労働基準法第 36 条第６項第２号及び第３号の要件を遵守する趣旨のチェックボックスについて、「２箇月から６箇月まで」とは、起算日をまたぐケースも含め、連続した２箇月から６箇月までの期間を指すことに留意すること。また、チェックボックスにチェックがない場合には有効な協定とはならないことに留意すること。

8　協定については、労働者の過半数で組織する労働組合がある場合はその労働組合と、労働者の過半数で組織する労働組合がない場合は労働者の過半数を代表する者と協定すること。なお、労働者の過半数を代表する者は、労働基準法施行規則第６条の２第１項の規定により、労働基準法第 41 条第２号に規定する監督又は管理の地位にある者でなく、かつ、同法に規定する協定等をする者を選出することを明らかにして実施される投票、挙手等の方法による手続により選出された者であつて、使用者の意向に基づき選出されたものでないこと。これらの要件を満たさない場合には、有効な協定とはならないことに留意すること。また、これらの要件を満たしていても、当該要件に係るチェックボックスにチェックがない場合には、届出の形式上の要件に適合していないことに留意すること。

9　本様式をもつて協定とする場合においても、協定の当事者たる労使双方の合意があることが、協定上明らかとなるような方法により締結するよう留意すること。

10　本様式で記入部分が足りない場合は同一様式を使用すること。この場合、必要のある事項のみ記入することで差し支えない。

（備考）

1　労働基準法施行規則第 24 条の２第４項の規定により、労働基準法第 38 条の２第２項の協定（事業場外で従事する業務の遂行に通常必要とされる時間を協定する場合の当該協定）の内容を本様式に付記して届け出る場合においては、事業場外労働の対象業務については他の業務とは区別し、事業場外労働の対象業務である旨を括弧書きした上で、「所定労働時間」の欄には当該業務の遂行に通常必要とされる時間を括弧書きすること。また、「協定の有効期間」の欄には事業場外労働に関する協定の有効期間を括弧書きすること。

2　労働基準法第 38 条の４第５項の規定により、労使委員会が設置されている事業場において、本様式を労使委員会の決議として届け出る場合においては、委員の５分の４以上の多数による議決により行われたものである旨、委員会の委員数、委員の氏名を記入した用紙を別途提出することとし、本様式中「協定」とあるのは「労使委員会の決議」と、「協定の当事者である労働組合」とあるのは「委員会の委員の半数について任期を定めて指名した労働組合」と、「協定の当事者（労働者の過半数を代表する者の場合）の選出方法」とあるのは「委員会の委員の半数について任期を定めて指名した者（労働者の過半数を代表する者の場合）の選出方法」と読み替えるものとする。なお、委員の氏名を記入するに当たつては、任期を定めて指名された委員とその他の委員とで区別することとし、任期を定めて指名された委員の氏名を記入するに当たつては、同条第２項第１号の規定により、労働者の過半数で組織する労働組合がある場合においてはその労働組合、労働者の過半数で組織する労働組合がない場合においては労働者の過半数を代表する者に任期を定めて指名された委員の氏名を記入することに留意すること。

3　労働時間等の設定の改善に関する特別措置法第７条の規定により、労働時間等設定改善委員会が設置されている事業場において、本様式を労働時間等設定改善委員会の決議として届け出る場合においては、委員の５分の４以上の多数による議決により行われたものである旨、委員会の委員数、委員の氏名を記入した用紙を別途提出することとし、本様式中「協定」とあるのは「労働時間等設定改善委員会の決議」と、「協定の当事者である労働組合」とあるのは「委員会の委員の半数の推薦者である労働組合」と、「協定の当事者（労働者の過半数を代表する者の場合）の選出方法」とあるのは「委員会の委員の半数の推薦者（労働者の過半数を代表する者の場合）の選出方法」と読み替えるものとする。なお、委員の氏名を記入するに当たつては、推薦に基づき指名された委員とその他の委員とで区別することとし、推薦に基づき指名された委員の氏名を記入するに当たつては、同条第１号の規定により、労働者の過半数で組織する労働組合がある場合においてはその労働組合、労働者の過半数で組織する労働組合がない場合においては労働者の過半数を代表する者の推薦に基づき指名された委員の氏名を記入することに留意すること。

（2020.12）

■36協定届の記載例（特別条項）

３６協定届の記載例（特別条項）

（様式第９号の２（第16条第１項関係））

労働時間の延長及び休日の労働は必要最小限にとどめられるべきであり、労使当事者はこのことに十分留意した上で協定するようにしてください。なお、使用者は協定した時間数の範囲内で労働させた場合であっても、労働契約法第５条に基づく安全配慮義務を負います。

◆臨時的に限度時間を超えて労働させる場合には様式第９号の２の協定届の届出が必要です。
◆様式第９号の２は、
・限度時間内の時間外労働についての届出書（１枚目）と、
・限度時間を超える時間外労働についての届出書（２枚目）
の２枚の記載が必要です。

◆３６協定で締結した内容を協定届（本様式）に転記して届け出てください。
－３６協定届（本様式）を用いて３６協定を締結することもできます。その場合には、記名押印又は署名など労使双方の合意があることが明らかとなるような方法により締結することが必要です。
－必要事項の記載があれば、協定届様式以外の形式でも届出できます。

◆３６協定の届出は電子申請でも行うことができます。
◆（任意）の欄は、記載しなくても構いません。

１枚目（表面）

時間外労働
休日労働
に関する協定届

労働保険番号	□□□□□□□□□□□□□□□□□（都道府県／所掌／管轄／基幹番号／枝番号／被一括事業場番号）
法人番号	□□□□□□□□□□□□□

> 労働保険番号・法人番号を記載してください。

様式第９号の２（第16条第１項関係）

> 事業場（工場、支店、営業所等）ごとに協定してください。

事業の種類	事業の名称	事業の所在地（電話番号）	協定の有効期間
金属製品製造業	○○金属工業株式会社 ○○工場	（〒○○○－○○○○）○○市○○町１－２－３（電話番号：○○○－○○○○－○○○○）	○○○○年4月1日から1年間

> この協定が有効となる期間を定めてください。１年間とすることが望ましいです。

時間外労働	時間外労働をさせる必要のある具体的事由	業務の種類	労働者数（満18歳以上の者）	所定労働時間（１日）（任意）	延長することができる時間数 １日 法定労働時間を超える時間数	１日 所定労働時間を超える時間数（任意）	１箇月（①については45時間まで、②については42時間まで） 法定労働時間を超える時間数	１箇月 所定労働時間を超える時間数（任意）	１年（①については360時間まで、②については320時間まで）起算日（年月日）○○○○年4月1日 法定労働時間を超える時間数	１年 所定労働時間を超える時間数（任意）
① 下記②に該当しない労働者	受注の集中	設計	10人	7．5時間	3時間	3．5時間	30時間	40時間	250時間	370時間
	製品不具合への対応	検査	10人	7．5時間	2時間	2．5時間	15時間	25時間	150時間	270時間
	臨時の受注、納期変更	機械組立	20人	7．5時間	2時間	2．5時間	15時間	25時間	150時間	270時間
② １年単位の変形労働時間制により労働する労働者	月末の決算事務	経理	5人	7．5時間	3時間	3．5時間	20時間	30時間	200時間	320時間
	棚卸	購買	5人	7．5時間	3時間	3．5時間	20時間	30時間	200時間	320時間

休日労働	休日労働をさせる必要のある具体的事由	業務の種類	労働者数（満18歳以上の者）	所定休日（任意）	労働させることができる法定休日の日数	労働させることができる法定休日における始業及び終業の時刻
	受注の集中	設計	10人	土日祝日	1か月に1日	8:30～17:30
	臨時の受注、納期変更	機械組立	20人	土日祝日	1か月に1日	8:30～17:30

上記で定める時間数にかかわらず、時間外労働及び休日労働を合算した時間数は、１箇月について100時間未満でなければならず、かつ２箇月から６箇月までを平均して80時間を超過しないこと。☑
（チェックボックスに要チェック）

> 対象期間が３か月を超える１年単位の変形労働時間制が適用される労働者については、②の欄に記載してください。

> 事由は具体的に定めてください。

> 業務の範囲を細分化し、明確に定めてください。

> １日の法定労働時間を超える時間数を定めてください。

> １か月の法定労働時間を超える時間数を定めてください。①は45時間以内、②は42時間以内です。

> １年間の上限時間を計算する際の起算日を記載してください。その１年間においては協定の有効期間にかかわらず、起算日は同一の日である必要があります。

> １年の法定労働時間を超える時間数を定めてください。①は360時間以内、②は320時間以内です。

> 時間外労働と法定休日労働を合計した時間数は、月100時間未満、２～６か月平均80時間以内でなければいけません。これを労使で確認の上、必ずチェックを入れてください。チェックボックスにチェックがない場合には、有効な協定届とはなりません。

1枚目
（裏面）

様式第９号の２（第16条第１項関係）（裏面）

（記載心得）

1　「業務の種類」の欄には、時間外労働又は休日労働をさせる必要のある業務を具体的に記入し、労働基準法第 36 条第６項第１号の健康上特に有害な業務について協定をした場合には、当該業務を他の業務と区別して記入すること。なお、業務の種類を記入するに当たつては、業務の区分を細分化することにより当該業務の範囲を明確にしなければならないことに留意すること。

2　「労働者数（満 18 歳以上の者）」の欄には、時間外労働又は休日労働をさせることができる労働者の数を記入すること。

3　「延長することができる時間数」の欄の記入に当たつては、次のとおりとすること。時間数は労働基準法第 32 条から第 32 条の５まで又は第 40 条の規定により労働させることができる最長の労働時間（以下「法定労働時間」という。）を超える時間数を記入すること。なお、本欄に記入する時間数にかかわらず、時間外労働及び休日労働を合算した時間数が１箇月について 100 時間以上となつた場合、及び２箇月から６箇月までを平均して 80 時間を超えた場合には労働基準法違反（同法第 119 条の規定により６箇月以下の懲役又は 30 万円以下の罰金）となることに留意すること。

（1）「１日」の欄には、法定労働時間を超えて延長することができる時間数であつて、１日についての延長することができる限度となる時間数を記入すること。なお、所定労働時間を超える時間数についても協定する場合においては、所定労働時間を超える時間数を併せて記入することができる。

（2）「１箇月」の欄には、法定労働時間を超えて延長することができる時間数であつて、「１年」の欄に記入する「起算日」において定める日から１箇月ごとについての延長することができる限度となる時間数を 45 時間（対象期間が３箇月を超える１年単位の変形労働時間制により労働する者については、42 時間）の範囲内で記入すること。なお、所定労働時間を超える時間数についても協定する場合においては、所定労働時間を超える時間数を併せて記入することができる。

（3）「１年」の欄には、法定労働時間を超えて延長することができる時間数であつて、「起算日」において定める日から１年についての延長することができる限度となる時間数を 360 時間（対象期間が３箇月を超える１年単位の変形労働時間制により労働する者については、320 時間）の範囲内で記入すること。なお、所定労働時間を超える時間数についても協定する場合においては、所定労働時間を超える時間数を併せて記入することができる。

4　②の欄は、労働基準法第 32 条の４の規定による労働時間により労働する労働者（対象期間が３箇月を超える１年単位の変形労働時間制により労働する者に限る。）について記入すること。なお、延長することができる時間の上限は①の欄の労働者よりも短い（１箇月 42 時間、１年 320 時間）ことに留意すること。

5　「労働させることができる法定休日の日数」の欄には、労働基準法第 35 条の規定による休日（１週１休又は４週４休であることに留意すること。）に労働させることができる日数を記入すること。

6　「労働させることができる法定休日における始業及び終業の時刻」の欄には、労働基準法第 35 条の規定による休日であつて労働させることができる日の始業及び終業の時刻を記入すること。

7　労働基準法第 36 条第６項第２号及び第３号の要件を遵守する趣旨のチェックボックスについて、「２箇月から６箇月まで」とは、起算日をまたぐケースも含め、連続した２箇月から６箇月までの期間を指すことに留意すること。また、チェックボックスにチェックがない場合には有効な協定とはならないことに留意すること。

8　協定については、労働者の過半数で組織する労働組合がある場合はその労働組合と、労働者の過半数で組織する労働組合がない場合は労働者の過半数を代表する者と協定すること。なお、労働者の過半数を代表する者は、労働基準法施行規則第６条の２第１項の規定により、労働基準法第 41 条第２号に規定する監督又は管理の地位にある者でなく、かつ、同法に規定する協定等をする者を選出することを明らかにして実施される投票、挙手等の方法による手続により選出された者であつて、使用者の意向に基づき選出されたものでないこと。これらの要件を満たさない場合には、有効な協定とはならないことに留意すること。

9　本様式をもつて協定とする場合においても、協定の当事者たる労使双方の合意があることが、協定上明らかとなるような方法により締結するよう留意すること。

10　本様式で記入部分が足りない場合は同一様式を使用すること。この場合、必要のある事項のみ記入することで差し支えない。

（備考）

労働基準法施行規則第 24 条の２第４項の規定により、労働基準法第 38 条の２第２項の協定（事業場外で従事する業務の遂行に通常必要とされる時間を協定する場合の当該協定）の内容を本様式に付記して届け出る場合においては、事業場外労働の対象業務については他の業務とは区別し、事業場外労働の対象業務である旨を括弧書きした上で、「所定労働時間」の欄には当該業務の遂行に通常必要とされる時間を括弧書きすること。また、「協定の有効期間」の欄には事業場外労働に関する協定の有効期間を括弧書きすること。

（2020.12）

2枚目（表面）

臨時的な特別の事情がなければ、限度時間（月45時間又は42時間・年360時間又は320時間）を超えることはできません。
限度時間を超えて労働させる必要がある場合でも、時間外労働は限度時間にできる限り近づけるように努めてください。

様式第９号の２（第16条第１項関係）

時間外労働
休日労働
に関する協定届（特別条項）

臨時的に限度時間を超えて労働させることができる場合	業務の種類	労働者数（満18歳以上の者）	1日（任意）延長することができる時間数：法定労働時間を超える時間数	1日（任意）延長することができる時間数：所定労働時間を超える時間数（任意）	1箇月（時間外労働及び休日労働を合算した時間数。100時間未満に限る。）限度時間を超えて労働させることができる回数（6回以内に限る。）	1箇月 延長することができる時間数及び休日労働の時間数：法定労働時間を超える時間数と休日労働の時間数を合算した時間数	1箇月 延長することができる時間数及び休日労働の時間数：所定労働時間を超える時間数と休日労働の時間数を合算した時間数（任意）	1箇月 限度時間を超えた労働に係る割増賃金率	1年（時間外労働のみの時間数。720時間以内に限る。）起算日（年月日）OOOO年4月1日 延長することができる時間数：法定労働時間を超える時間数	1年 延長することができる時間数：所定労働時間を超える時間数（任意）	1年 限度時間を超えた労働に係る割増賃金率
突発的な仕様変更	設計	10人	6時間	6．5時間	4回	60時間	70時間	35%	550時間	670時間	35%
製品トラブル・大規模なクレームへの対応	検査	10人	6時間	6．5時間	3回	60時間	70時間	35%	500時間	620時間	35%
機械トラブルへの対応	機械組立	20人	6時間	6．5時間	3回	55時間	65時間	35%	450時間	570時間	35%

限度時間を超えて労働させる場合における手続	労働者代表者に対する事前申し入れ
限度時間を超えて労働させる労働者に対する健康及び福祉を確保するための措置	（該当する番号）①、③、⑩　（具体的内容）対象労働者への医師による面接指導の実施 、対象労働者に11時間の勤務間インターバルを設定、職場での時短対策会議の開催

上記で定める時間数にかかわらず、時間外労働及び休日労働を合算した時間数は、１箇月について100時間未満でなければならず、かつ２箇月から６箇月までを平均して80時間を超過しないこと。☑
（チェックボックスに要チェック）

協定の成立年月日　OOOO 年　3　月　12 日

協定の当事者である労働組合（事業場の労働者の過半数で組織する労働組合）の名称又は労働者の過半数を代表する者の　職名 検査課主任　氏名 山田花子

協定の当事者（労働者の過半数を代表する者の場合）の選出方法（　投票による選挙　）

上記協定の当事者である労働組合が事業場の全ての労働者の過半数で組織する労働組合である又は上記協定の当事者である労働者の過半数を代表する者が事業場の全ての労働者の過半数を代表する者であること。☑
（チェックボックスに要チェック）

上記労働者の過半数を代表する者が、労働基準法第41条第２号に規定する監督又は管理の地位にある者でなく、かつ、同法に規定する協定等をする者を選出することを明らかにして実施される投票、挙手等の方法による手続により選出された者であって使用者の意向に基づき選出されたものでないこと。☑（チェックボックスに要チェック）

OOOO 年　3　月　15 日

使用者　職名 工場長　氏名 田中太郎

O O　労働基準監督署長殿

1年間の上限時間を計算する際の起算日を記載してください。その1年間においては協定の有効期間にかかわらず、起算日は同一の日である必要があります。

限度時間を超えて時間外労働をさせる場合の割増賃金率を定めてください。この場合、法定の割増率（25%）を超える割増率となるよう努めてください。

事由は一時的又は突発的に時間外労働を行わせる必要のあるものに限り、できる限り具体的に定めなければなりません。「業務の都合上必要なとき」「業務上やむを得ないとき」など恒常的な長時間労働を招くおそれがあるものは認められません。

業務の範囲を細分化し、明確に定めてください。

月の時間外労働の限度時間（月45時間又は42時間）を超えて労働させる回数を定めてください。年6回以内に限ります。

限度時間（月45時間又は42時間）を超えて労働させる場合の、1か月の**時間外労働と休日労働の合計の時間数**を定めてください。**月100時間未満**に限ります。なお、この時間数を満たしていても、**2～6か月平均で月80時間**を超えてはいけません。

限度時間を超えて時間外労働をさせる場合の割増賃金率を定めてください。この場合、法定の割増率（25%）を超える割増率となるよう努めてください。

限度時間（年360時間又は320時間）を超えて労働させる1年の**時間外労働（休日労働は含みません）の時間数**を定めてください。**年720時間以内**に限ります。

時間外労働と法定休日労働を合計した時間数は、月100時間未満、2～6か月平均80時間以内でなければいけません。これを労使で確認の上、必ずチェックを入れてください。チェックボックスにチェックがない場合には、有効な協定届とはなりません。

限度時間を超えて労働させる場合にとる手続について定めてください。

限度時間を超えた労働者に対し、裏面の記載心得1（9）①～⑩の健康確保措置のいずれかの措置を講ずることを定めてください。該当する番号を記入し、右欄に具体的内容を記載してください。

管理監督者は労働者代表にはなれません。

協定書を兼ねる場合には、労働者代表の署名又は記名・押印などが必要です。

協定書を兼ねる場合には、使用者の署名又は記名・押印などが必要です。

労働者の過半数で組織する労働組合が無い場合には、36協定の締結をする者を選ぶことを明確にした上で、投票・挙手等の方法で労働者の過半数代表者を選出し、選出方法を記載してください。
使用者による指名や、使用者の意向に基づく選出は認められません。
チェックボックスにチェックがない場合には、形式上の要件に適合している協定届とはなりません。

2枚目（裏面）

様式第９号の２（第16条第１項関係）（裏面）

（記載心得）

1　労働基準法第36条第１項の協定において同条第５項に規定する事項に関する定めを締結した場合における本様式の記入に当たつては、次のとおりとすること。

（１）「臨時的に限度時間を超えて労働させることができる場合」の欄には、当該事業場における通常予見することのできない業務量の大幅な増加等に伴い臨時的に限度時間を超えて労働させる必要がある場合をできる限り具体的に記入すること。なお、業務の都合上必要な場合、業務上やむを得ない場合等恒常的な長時間労働を招くおそれがあるものを記入することは認められないことに留意すること。

（２）「業務の種類」の欄には、時間外労働又は休日労働をさせる必要のある業務を具体的に記入し、労働基準法第36条第６項第１号の健康上特に有害な業務について協定をした場合には、当該業務を他の業務と区別して記入すること。なお、業務の種類を記入するに当たつては、業務の区分を細分化することにより当該業務の範囲を明確にしなければならないことに留意すること。

（３）「労働者数（満18歳以上の者）」の欄には、時間外労働又は休日労働をさせることができる労働者の数を記入すること。

（４）「起算日」の欄には、本様式における「時間外労働・休日労働に関する協定届」の起算日と同じ年月日を記入すること。

（５）「延長することができる時間数及び休日労働の時間数」の欄には、労働基準法第32条から第32条の５まで又は第40条の規定により労働させることができる最長の労働時間（以下「法定労働時間」という。）を超える時間数と休日労働の時間数を合算した時間数であつて、「起算日」において定める日から１箇月ごとについての延長することができる限度となる時間数を100時間未満の範囲内で記入すること。なお、所定労働時間を超える時間数についても協定する場合においては、所定労働時間を超える時間数と休日労働の時間数を合算した時間数を併せて記入することができる。

「延長することができる時間数」の欄には、法定労働時間を超えて延長することができる時間数を記入すること。「１年」にあつては、「起算日」において定める日から１年についての延長することができる限度となる時間数を720時間の範囲内で記入すること。なお、所定労働時間を超える時間数についても協定する場合においては、所定労働時間を超える時間数を併せて記入することができる。

なお、これらの欄に記入する時間数にかかわらず、時間外労働及び休日労働を合算した時間数が１箇月について100時間以上となつた場合、及び２箇月から６箇月までを平均して80時間を超えた場合には労働基準法違反（同法第119条の規定により６箇月以下の懲役又は30万円以下の罰金）となることに留意すること。

（６）「限度時間を超えて労働させることができる回数」の欄には、限度時間（１箇月45時間（対象期間が３箇月を超える１年単位の変形労働時間制により労働する者については、42時間））を超えて労働させることができる回数を６回の範囲内で記入すること。

（７）「限度時間を超えた労働に係る割増賃金率」の欄には、限度時間を超える時間外労働に係る割増賃金の率を記入すること。なお、当該割増賃金の率は、法定割増賃金率を超える率とするよう努めること。

（８）「限度時間を超えて労働させる場合における手続」の欄には、協定の締結当事者間の手続として、「協議」、「通告」等具体的な内容を記入すること。

（９）「限度時間を超えて労働させる労働者に対する健康及び福祉を確保するための措置」の欄には、以下の番号を「（該当する番号）」に選択して記入した上で、その具体的内容を「（具体的内容）」に記入すること。

① 労働時間が一定時間を超えた労働者に医師による面接指導を実施すること。

② 労働基準法第37条第４項に規定する時刻の間において労働させる回数を１箇月について一定回数以内とすること。

③ 終業から始業までに一定時間以上の継続した休息時間を確保すること。

④ 労働者の勤務状況及びその健康状態に応じて、代償休日又は特別な休暇を付与すること。

⑤ 労働者の勤務状況及びその健康状態に応じて、健康診断を実施すること。

⑥ 年次有給休暇についてまとまつた日数連続して取得することを含めてその取得を促進すること。

⑦ 心とからだの健康問題についての相談窓口を設置すること。

⑧ 労働者の勤務状況及びその健康状態に配慮し、必要な場合には適切な部署に配置転換をすること。

⑨ 必要に応じて、産業医等による助言・指導を受け、又は労働者に産業医等による保健指導を受けさせること。

⑩ その他

2　労働基準法第36条第６項第２号及び第３号の要件を遵守する趣旨のチェックボックスについて、「２箇月から６箇月まで」とは、起算日をまたぐケースも含め、連続した２箇月から６箇月までの期間を指すことに留意すること。また、チェックボックスにチェックがない場合には有効な協定とはならないことに留意すること。

3　協定については、労働者の過半数で組織する労働組合がある場合はその労働組合と、労働者の過半数で組織する労働組合がない場合は労働者の過半数を代表する者と協定すること。なお、労働者の過半数を代表する者は、労働基準法施行規則第６条の２第１項の規定により、労働基準法第41条第２号に規定する監督又は管理の地位にある者でなく、かつ、同法に規定する協定等をする者を選出することを明らかにして実施される投票、挙手等の方法による手続により選出された者であつて、使用者の意向に基づき選出されたものでないこと。これらの要件を満たさない場合には、有効な協定とはならないことに留意すること。また、これらの要件を満たしていても、当該要件に係るチェックボックスにチェックがない場合には、届出の形式上の要件に適合していないことに留意すること。

4　本様式をもつて協定とする場合においても、協定の当事者たる労使双方の合意があることが、協定上明らかとなるような方法により締結するよう留意すること。

5　本様式で記入部分が足りない場合は同一様式を使用すること。この場合、必要のある事項のみ記入することで差し支えない。

（備考）

1　労働基準法第38条の４第５項の規定により、労使委員会が設置されている事業場において、本様式を労使委員会の決議として届け出る場合においては、委員の５分の４以上の多数による議決により行われたものである旨、委員会の委員数、委員の氏名を記入した用紙を別途提出することとし、本様式中「協定」とあるのは「労使委員会の決議」と、「協定の当事者である労働組合」とあるのは「委員会の委員の半数について任期を定めて指名した労働組合」と、「協定の当事者（労働者の過半数を代表する者の場合）の選出方法」とあるのは「委員会の委員の半数について任期を定めて指名した者（労働者の過半数を代表する者の場合）の選出方法」と読み替えるものとする。なお、委員の氏名を記入するに当たつては、任期を定めて指名された委員とその他の委員とで区別することとし、任期を定めて指名された委員の氏名を記入するに当たつては、同条第２項第１号の規定により、労働者の過半数で組織する労働組合がある場合においてはその労働組合、労働者の過半数で組織する労働組合がない場合においては労働者の過半数を代表する者に任期を定めて指名された委員の氏名を記入することに留意すること。

2　労働時間等の設定の改善に関する特別措置法第７条の規定により、労働時間等設定改善委員会が設置されている事業場において、本様式を労働時間等設定改善委員会の決議として届け出る場合においては、委員の５分の４以上の多数による議決により行われたものである旨、委員会の委員数、委員の氏名を記入した用紙を別途提出することとし、本様式中「協定」とあるのは「労働時間等設定改善委員会の決議」と、「協定の当事者である労働組合」とあるのは「委員会の委員の半数の推薦者である労働組合」と、「協定の当事者（労働者の過半数を代表する者の場合）の選出方法」とあるのは「委員会の委員の半数の推薦者（労働者の過半数を代表する者の場合）の選出方法」と読み替えるものとする。なお、委員の氏名を記入するに当たつては、推薦に基づき指名された委員とその他の委員とで区別することとし、推薦に基づき指名された委員の氏名を記入するに当たつては、同条第１号の規定により、労働者の過半数で組織する労働組合がある場合においてはその労働組合、労働者の過半数で組織する労働組合がない場合においては労働者の過半数を代表する者の推薦に基づき指名された委員の氏名を記入することに留意すること。

（2020.12）

■支払誓約書

支払誓約書

株式会社○○○○

代表取締役　○○○○殿

令和○年○月○日

住所＿＿＿＿＿＿＿＿＿＿＿＿＿＿＿＿

氏名＿＿＿＿＿＿＿＿＿＿＿＿＿＿＿印

私は、貴社の金銭を以下のとおり横領しました。

その金額について以下のとおり申告します。

日付	横領金額	横領の手段

以下の３点を確約いたします。

1　上記合計＿＿＿＿＿円は、必ず貴社に返済いたします。

2　横領金額については上記申告が正しい金額であり、申告せずに隠している横領は存在しないことを確約いたします。

3　私の横領に関連して、貴社と貴社の顧客その他第三者との間でトラブルが発生したり、私の在職中の業務に疑義が生じた時は、貴社に協力してトラブルの解決、疑義の解消、貴社への説明を行うことを誓約いたします。

■分割払いの合意書

合意書

株式会社○○○○（以下「甲」という）と従業員○○○○（以下「乙」という）、連帯保証人○○○○は、乙が甲から横領した金銭の返済について以下のとおり合意する。

第１条　乙は甲に対し､乙の横領行為による損害賠償金として､金＿＿＿＿＿＿円の支払義務があることを認める。

第２条　乙は甲に対し、前条の金員を分割して、令和○年○月から令和○年○月まで毎月末日限り、
金＿＿＿＿＿＿円（ただし、最終月については金＿＿＿＿＿＿円）
を支払う。

第３条　前条の支払は甲の指定する口座への振込送金によるものとし、振込手数料は乙が負担する。

第４条　以下の場合には、乙は当然に期限の利益を喪失し、残債務全額に期限の利益を喪失した日の翌日から年14.6％の遅延損害金を付加した額をただちに支払う。
（１）第２条の分割払いを１回でも遅滞した場合
（２）乙が第三者から差押、仮差押、仮処分、強制執行もしくは公租公課の滞納処分を受けたとき、または乙について破産もしくは民事再生の申し立てがあったとき
（３）甲に事前に通知せずに、乙が住所を移転したとき

第５条　連帯保証人＿＿＿＿＿は、上記第１条ないし第４条に基づく乙の甲に対する債務を連帯して保証する。

第６条　乙及び連帯保証人＿＿＿＿＿は、本合意を強制執行認諾文言付き公正証書にすることを承諾する。
公正証書の作成費用は乙の負担とする。

第７条　本合意に関する一切の紛争は甲の本店所在地を管轄する地方裁判所を第１審の専属的合意管轄とする。

本合意を証するためこの合意書を３通作成し、各自１通ずつ保有する。

令和○年○月○日

甲　　　住所
　　　　社名
　　　　代表取締役　　　　㊞

乙　　　住所
　　　　氏名　　　　㊞

（連帯保証人）　　住所
　　　　氏名　　　　㊞

■身元保証書

身元保証書

株式会社○○○○御中

身元保証人（以下、甲という）は、貴社がその業務のため雇用する従業員（以下、乙という）について、次のとおり身元保証いたします。

第１条　乙が貴社在職中または貴社退職後に、その雇用契約上の義務に違反し、または故意もしくは過失によって貴社に損害を被らせたときは、金○○○万円を限度として、甲は乙と連帯して、貴社に対し、その損害を賠償します。

第２条　この身元保証の期間は本書の作成日から５年間とし、乙が貴社に在職中に身元保証の期間が終了するとき、または乙の異動や昇進に際して貴社から求められたときは、甲及び乙は、すみやかに再度、身元保証書を貴社に提出いたします。

令和○年○月○日

甲（身元保証人）
住所
氏名　　　　　　　　　　　　　　　　㊞
勤務先

乙（従業員）
住所
氏名　　　　　　　　　　　　　　　　㊞

■ハラスメント相談窓口設置のお知らせ

相談窓口設置のお知らせ

従業員各位

当社では、職場内でのハラスメントの相談を受け付けるための相談窓口を下記のとおり設置しました。社内相談窓口、社外相談窓口のどちらでも相談が可能です。ハラスメントを受けた方、見た方は、そのままにせず、下記窓口に相談してください。

1　社内相談窓口

本社（○○ビル○階）　内線○○○○　メールアドレス●●●@●●●●
相談担当者　○○○○

2　社外相談窓口

○○○法律事務所　電話番号○○○○　メールアドレス●●●@●●●●
相談担当者　○○○○

3　相談受付時間

平日午前○○時○○分～午後○○時○○分

4　相談者のプライバシーは守ります。事前に相談者の承諾がない限り、加害者を含む第三者に相談内容を伝えることはありません。

5　ハラスメントの相談をしたこと、事実関係の確認に協力をしたことを理由に不利益な取り扱いがされることはありません。

6　この相談窓口でセクハラ、パワハラ、妊娠、出産、育児休業等に関するハラスメントについて相談が可能です。

あとがき

すべての労務トラブルは話し合いによる解決が原則

本書では、問題社員の退職勧奨というテーマについて解説いたしました。

弁護士がこういったテーマについて解説することは、批判的な意見もあると思います。

実際、私は、問題社員対応についてYouTubeでの解説も行っていますが、これについて、従業員の立場の人から辛辣なコメントをいただくことは多々あります。そういった経験から、本書でこのテーマを扱うことについては私自身も迷いがありましたが、問題社員の対応に困っている経営者や管理職に解雇以外の正しい解決策を知ってほしいという気持ちで、出版を決断しました。

本書の最後にお伝えしたいことが２つあります。

まず、１つ目は、問題社員トラブルに限らず、すべての労務のトラブルは話し合いで解決することが原則だということです。

本書で扱った問題社員トラブルのほかにも、会社を経営していると、様々な労務トラブルが起こります。

例えば、賃金体系を変更したり、あるいは従業員の賃金を減額しなければならない場面で従業員とトラブルになることがあります。また、事業が縮小し、余剰人員が出たときのリストラの場面で従業員とトラブルになることがあります。労災事故が起きてしまい、その補償について従業員とトラブルになることもあるでしょう。

こういったトラブルは、すべて話し合いで解決することが原則であり、会社の経営者あるいは管理職としては、安易に交渉を切り上げて、裁判に発展することがないように、従業員と粘り強い交渉をする力を身に付ける必要があります。賃金の減額、余剰人員のリストラ、労災事故といったトラブル、そして本書のテーマである問題社員トラブルはどれをとっても、話をすればすぐに解決するようなものではありません。そのため、話がつかなかったからといってすぐにあきらめるのではなく、相手の感情を受けとめながら、あきらめずに交渉による解決の道を探る忍耐力をつけることが必要です。

このような忍耐をしてでも話し合いによる解決をするべき理由は、裁判になれば、時間、労力、費用の面で会社の負担が非常に大きいためです。また、会社が労務の裁判を抱えることは、職場環境や会社経営自体にも悪影響を与えかねません。本書では問題社員トラブルをテーマに、これらの点を説明しましたが、実は問題社員トラブル以外の労務のトラブルでも同じことがいえるのです。

次に、2つ目ですが、話し合いによる解決をするためには、交渉の腕を磨き、従業員を説得する力を磨く必要があります。そのときのポイントの1つは、法律の理屈だけでなく、相手の心の動きをよく把握するということです。本書では、退職勧奨のテーマについて、「問題社員の自己認識のゆがみを修正する」という表現でこの点についてお伝えしましたが、相手の心の動きをよく把握する必要があることは、その他の労務トラブルの交渉でも同じです。

例えば、余剰人員をリストラしなければならない場合、まず、トップや役員が自分の身を切る姿勢を示さなければ、一般の社員に納得してもらうことはできません。役員報酬を減らす、身内の役員を引退させる、役員車両を廃止するといった目にみえる形で経営について責任を取る姿勢を示すことではじめて、一般の社員に対して、リストラを納得させることができます。これらの点は、法律上は必ずしも必要のないことですが、一般の社員に納得してもらうために通らなければならない道だといえます。

また、リストラの相談でときどきあるのが、赤字の仕事を多く引き受けてしまった結果、業務自体は忙しいけれども、収支があっておらず、リストラをしなければならないという場面です。赤字だから人件費を下げなければならず、そのためにはリストラをしなければならないというのは理屈としては正しいです。しかし、リストラされる側の心理を考えると、会社が忙しい状態で、一般社員に「赤字だからやめてほしい」という話をしても、なかなかうまくいかないことが多いです。一般社員からすると、「忙しいのに従業員をリストラする」というのは納得がいかないのです。「忙しいのにリストラしたら、よけい忙しくなる」と考えるからです。これを解決するためには、会社の危機を十分に従業員に訴えることと並行して、利益が出ない仕事を断ることによって、まず会社がひまな状態をつくることが必要です。この点も、一般の従業員に納得してもらうための、いわば心の問題といえるでしょう。

このように、交渉で上手に話をまとめるためには、相手の心の動きをよく把握しなければならないということをおさえておいていただきたいと思います。

相手の心は、時期によって変化します。相手の心の状態を察知して、交渉がまとまりやすい時期を選んで話し合いをすることも大事なポイントです。

最後になりましたが、この度の出版にあたり、日本法令の田村和美さんには大変お世話になりました。感謝申し上げます。また、出版にあたって貴重な経験を共有してくれた咲くやこの花法律事務所のメンバーにも感謝したいと思います。

本書により、労務トラブルを話し合いで円満に解決しようと努力する会社が少しでも増えれば、これほどうれしいことはありません。最後までお読みいただきありがとうございました。

令和３年９月

弁護士法人咲くやこの花法律事務所
弁護士　西川《にしかわ》 暢春《のぶはる》

■著者プロフィール

西川　暢春（にしかわ　のぶはる）

東京大学法学部卒業。弁護士法人咲くやこの花法律事務所代表弁護士。企業側弁護士として、解雇紛争の深刻さ、裁判の長期化が企業経営に深刻な支障を及ぼすことを痛感し、解雇によらない問題社員対応の解決策を模索。問題社員対応に悩む顧問先を訪問し、能力不足、規律違反などの問題がある従業員と直接話し合いをし、解決することを実践してきた。その経験を通じ、多くの労使紛争で、企業側代理人として裁判によらない解決を実現。全国の中小企業経営者や社会保険労務士からZoomや電話での相談を受け付け、事務所顧問先約360社。YouTubeメディア「弁護士西川暢春の咲くや企業法務TV」を毎週更新し、企業の労務管理について解説。Twitterでは社会保険労務士向けに毎平日６時半に労働判例情報をツイート中。

■YouTubeメディア
弁護士西川暢春の咲くや企業法務TV
https://www.youtube.com/channel/UCbwp9BNVEUan_fZwOErmBhQ

■企業向けブログ
咲くや企業法務.NET
https://kigyobengo.com/media/

■Twitter
https://twitter.com/nobunobuno

問題社員トラブル円満解決の実践的手法
訴訟発展リスクを９割減らせる
退職勧奨の進め方

令和３年10月20日　初版発行
令和４年11月１日　初版４刷

検印省略

日本法令®

〒101-0032
東京都千代田区岩本町１丁目２番19号
https://www.horei.co.jp/

著　者	西　川　暢　春
発行者	青　木　健　次
編集者	岩　倉　春　光
印刷所	丸　井　工　文　社
製本所	国　宝　社

（営　業）	TEL	03-6858-6967	Eメール	syuppan@horei.co.jp
（通　販）	TEL	03-6858-6966	Eメール	book.order@horei.co.jp
（編　集）	FAX	03-6858-6957	Eメール	tankoubon@horei.co.jp

（バーチャルショップ）　https://www.horei.co.jp/iec/
（お詫びと訂正）　https://www.horei.co.jp/book/owabi.shtml
（書籍の追加情報）　https://www.horei.co.jp/book/osirasebook.shtml

※万一、本書の内容に誤記等が判明した場合には、上記「お詫びと訂正」に最新情報を掲載しております。ホームページに掲載されていない内容につきましては、FAXまたはEメールで編集までお問合せください。

ISBN 978-4-539-72849-9